本书系北京市新闻出版广电局（北京市版权局）研究中心
2018年项目"版权前沿案例研究"成果

Comments on Frontier Copyright Cases

（2017-2018）

版权前沿案例评析

（2017—2018）

王志 主编　蔡玫 执行主编

人民出版社

前　言

　　版权法来自于实践领域,又服务于实践领域。版权制度的创设目的之一便是解决随着传播技术的发展而出现的创作者与相关群体的利益分配不均而带来的社会问题。技术实践、产业发展实践和司法实践是版权立法的重要推动力量。长久以来,法学界公认为版权是一种复杂的民事权利,其复杂性不仅体现在保护对象、权利归属、权利内容和边界、侵权认定及其救济的准确界定上,也体现在其本身就是各种利益交织和博弈的产物。因此,如何通过立法、司法和执法来有效地平衡著作权人、传播者和使用者的利益就成了版权制度所要解决的核心问题。而在版权相关制度规则的创设和实践过程中,不能忽视对版权产业的保护。版权产业的发展对版权立法与司法实践至关重要,版权产业的利益诉求常常成为某项版权制度或规则诞生的原因,而在司法实践中,随着产业发展而出现的新问题,往往成为我们检视现有版权相关制度的素材。近年来,体育赛事直播、网络游戏直播、短视频以及网络链接、聚合服务等相关产业的发展对版权规则的合理解释和制度完善发起了挑战。关注产业实践,不仅能使我们更深刻地理解法律的内涵与意蕴,也能使我们发现现有立法之不足,为相关规范的完善提供实践素材。从这个角度说,实践也是版权制度不断发展的重要动力。各方主体的利益冲突经由法律裁决,不仅能够实现普法的目的,为类案处理提供参考,在有的情况下还能促进规则的改革与完善。

　　加强案例研究、注重发挥案例的指导作用或参考作用是趋势所在和现实所需。案例在知识产权领域发挥着至关重要的作用,最高人民法院即通过在北京知识产权法院设立案例指导研究基地的方式,将知识产权领域具有典型意义的案件以发布指导案例的形式作为各级法院处理类案的参考。在知识产权案例中,版权案例一直是数量最多且问题较为复杂,可以说,重视案例是版权研究的题中应有之义。通过对典型个案裁判而形成的判决结果,不仅是当事人之间权利义务的调整，也是对实务界的引导，更是学术界研习的对象。法律的生命不仅在于正确的逻辑推演，更在于经验。当法律规定不够明确或者没有及时将某种应由法律规制的社会关系纳入调整范围时，就需要在个案裁判中通过各种解释方法对法律的漏洞进行填补，此时个案就具有了确立规则的意义。我国版权制度的设计具有被动性和仓促性，且由于当初立法时非系统性地借鉴不同法系的相关规定导致制度移植存在一些问题，因此就需要在司法裁判过程中通过价值衡量和法律解释来贯彻版权法保护独创性表达、促进作品的创作和传播的立法目的。

开展针对性的案例研究，能够生动准确地反映出司法实践中多发的纠纷类型以及法律在囊括这些社会现象时存在的问题。例如，版权法关于客体范围的规定究竟是封闭的还是开放的，就因"音乐喷泉案"而引起了广泛的关注和讨论；而关于体育赛事直播节目的性质，也因不断产生的争议案件而成为版权领域的焦点问题。在版权权利的限制等方面，未经许可直播游戏画面而产生的相关案例也再次引起了关于合理使用认定的讨论。因此，通过鲜活的案例，我们可以更加明确法律规定的含义，并可在新生的社会现象中发现版权法律制度及规则的不足之处或尚待澄清之处。我们还应该看到，相比较而言，版权法律制度在我们国家建立的时间较短，因此若要深入了解制度机理，还应借助比较法的方法，从其他国家的成熟做法中总结经验。世界上典型的判例法国家，如英国和美国，虽有关于版权的成文法，但法官也在规则创立方面发挥着重要的作用，其形成的有拘束力的判例说理往往较为充分，可作为我们了解他国制度和司法态度的重要参考。因此，本书也选取了一些较为典型的国外案例，作为我国司法实践中发生的类似案例的对照参考，同时也为学界进行比较法研究提供素材。

本书选取了2017—2018年间国内外审结的与版权有关的典型、前沿或有重大意义的案件，尽可能通过有限数量的案例全面反映版权领域的热点、疑难、重要问题。总体来说，本书具有如下特点：（一）选取案例具有代表性。既选取了互联网内容产业中的前沿案例，也选取了传统版权产业中的典型案例。互联网的快速发展改变了作品的传播和利用方式，通过网络获取作品已经成为常态。本书收录的案例多为网络环境中发生的版权侵权与犯罪以及相关的行政案件,但同时也兼顾传统出版行业中的版权侵权纠纷,全面反映不同行业多发的典型纠纷形态。(二)选取案例类型全面。选取与版权相关的民事、刑事和行政案例,涵盖不同领域的热点与难点问题,反映出版权全方位保护与制度衔接的相关问题。不但选取了纯粹的版权典型案例,也选取了版权与其他知识产权交叉的典型案例,关注不同法律的竞合保护问题。(三)选取案例内外兼收。在重点选取国内案例的基础上,也兼收国外司法实践中的典型案例,选取了若干具有重大影响的国外典型案例,并且注重选取不同法系的代表国家的典型案例,以供研究或借鉴之用。(四)选取案例具有针对性。选取的案例全面反映版权领域的热点与难点问题,案例覆盖了近两年来版权领域的前沿动态和疑难典型问题,涉及信息网络传播权侵权的认定和举证责任的分担问题、同人作品的侵权判定、体育赛事节目的性质认定,以及游戏改编、直播侵权的判定与私服、外挂等的犯罪认定等问题。(五)选取案例兼顾实体法与程序法。本书选取的案例做到了实体法律适用与程序保护相结合。不仅涉及通过实体法律的适用实现对权利人保护的典型案例,也兼收通过程序法上的措施有效保护权利人利益的案件,综合体现著作权人合法权益的多种救济途径。

　　本书以案例评析的形式,分国内篇与国外篇,通过介绍基本案情、总结典型意义、提炼裁判要旨、归纳裁判理由,最终对法院的判决进行规范和学理层面的评析,通过个案全面反映出裁判者对相关法律问题的态度以及学理上存在的不同观点,使得本书既有实践意义又具理论高度。概括来说,本书选取并评析的案例包括:

　　一、在民事案件部分,主要选取了反映版权许可领域的纠纷,如有关专有许可合同范围解释的"教育科学出版社诉长江文艺出版社等侵害专有出版权纠纷案",以及多层转授权中前手与后手责任认定的"吴雪岚诉网易公司、蓝狮子公司侵害作品信息网络传播权纠纷案";对我国著作权法有关作品的规定是封闭式还是开放式进行探讨的"中科水景诉中科恒业等侵害著作权纠纷案",该案同时反映了在面临新类型的作品出现时,应通过何种法律解释方法将其纳入版权法保护范围的问题;同时本书还选取了"新浪公司诉天盈九州公司体育赛事直播节目网络转播侵权案",该案涉及体育赛事节目性质的认定以及实时转播行为的法律适用问题;反映游戏改编以及游戏直播方面的纠纷，以"明河社等诉火谷公司等侵害作品改编权及不正当竞争纠纷案"和"网易公司诉华多公司侵害著作权及不正当竞争纠纷案"为典型，分别介绍了关于游戏改编的侵权认定、游戏画面的性质、权利归属以及直播所侵犯的具体版权权项等问题的讨论；同人作品的侵权与不正当竞争行为的认定，以"金庸诉江南等著作权侵权及不正当竞争纠纷案"为代表。国外典型案例方面，选取了涉及 API 的版权保护问题"甲骨文诉谷歌侵犯版权案"，关于网络服务提供商帮助侵权责任认定的"美国 BMG 公司诉 Cox 公司侵犯版权案"以及同人作品侵权判定的"《星际迷航》版权纠纷案"等。

二、在刑事案件部分，本书主要选取了涉及著作权犯罪以及帮助犯认定的案例，如"秦某等侵犯著作权案"中对量刑标准及缓刑适用的认定等；游戏领域为著作权犯罪的高发区，常见的有私服、外挂的罪名认定问题，本书选取了"郑某某等侵犯著作权案"以及"蔡某某等侵犯著作权案"进行评析。网络环境下著作权犯罪的手段更加多样化，本书在此部分也选取了国内首例利用电商、社交、云存储多平台侵犯著作权的刑事案件"宗某等侵犯著作权案"，及以非法获取计算机信息系统数据罪对相关行为进行定性、间接实现对著作权保护的"晟品公司、侯某某等非法获取计算机信息系统数据案"等。在国外典型案例部分，选取了英国的"Regina 诉 Wayne Evans 侵犯版权案"，在该案中，法院针对网站提供能够链接至第三方网站并下载盗版音乐的种子文件的行为作出了威慑性判决，并针对量刑标准进行了详细阐释。

三、在行政案件部分，本书主要选取了"牟乾公司诉上海静安市场监管局行政处罚纠纷案"，在该案中，法院对应受版权法保护的计算机软件作品构成商业秘密的条件进行了认定，而该案也反映了行政诉讼中的举证责任负担等一般性问题；此外本书还选取了国内首起侵犯金融资讯类文字作品版权的行政处罚案件"上海智器公司侵犯信息网络传播权行政处罚案"以及数字图书馆未经许可使用他人作品而受行政处罚的"北京优阅盈创公司侵犯文字作品著作权行政处罚案"，利用 VR 技术侵犯影视作品版权而受行政处罚的"北京优阅盈创公司侵犯文字作品著作权行政处罚案"。最后该部分选取的"广州'MTV235'网侵犯影视作品著作权行政处罚案"，反映了刑事处罚与行政程序进行衔接时，"先罚后刑"或"先刑后罚"情形下的处罚规则等问题。

北京市版权局为本书的顺利出版提供了大力支持,本书在编写过程中也得到了相关领导和负责人员的鼎力相助,在此表示衷心的感谢。需要说明的是,由于选编评析的前沿案例中部分疑难版权问题在实践领域尚存争议,编写组一己之见,还请方家指正。同时,本书在成文中可能还有疏漏讹传之处,亦请同仁批评。

目　录

行 政 | XINGZHENG

国外篇 | GUOWAI PIAN

国 内 篇

GUONEI PIAN

民 事

MINSHI

取得专有出版权的汇编作品侵权认定：

教育科学出版社诉长江文艺出版社等侵害专有出版权纠纷案

┃典型意义┃

　　著作权人与图书出版者在签订专有出版权合同时，双方常常忽略对专有出版权的范围作出详细约定，若发生纠纷，此时如何确定许可的范围便会成为案件争议的焦点。本案即为对通过合同取得的"专有出版权"的范围界定问题而起的纠纷。法院通过该案明确了专有出版权不属于著作邻接权的范畴，《著作权法》第三十一条中的"专有出版权"包括了复制权与发行权两个权项。通过合同取得的专有出版权赋予了被许可人在约定的时间和地域范围内以独占方式出版合同约定的作品的权利。另外，本案明确了多卷本图书的专有出版权与单部作品的专有出版权同时分别许可他人使用时的侵权判定问题，专有出版权的客体范围指向的是图书的整体或实质性部分，若第三人对被许可人通过合同取得专有出版权的作品的非实质性部分进行使用，不构成对被许可人专有出版权的侵害。在涉案作品是汇编作品的情况下，第三人对汇编作品非实质部分的复制发行不会侵害被许可人的专有出版权。此案在双方未对专有出版权进行详细约定的情况下如何确定许可合同的范围问题具有重要意义。

┃裁判要旨┃

　　专有出版权指的是在图书出版发行行业内出版者通过合同取得的复制权和发行权两个权项，虽然其在著作权法中的位置处于第四章"出版、表演、录音录像、播放"中，但并不属于邻接权范畴。《中华人民共和国著作权法实施条例》第二十八条规定："图书出版合同中约定图书出版者享有专有出版权但没有明确其具体内容的，视为图书出版者享有在合同有效期限内和在合同约定的地域范围内以同种文字的原版、修订版出版图书的专有权利。"对该条进行文义解释，其中的"具体内容"不包括"合同有效期限"和"合同约定的地域范围"，其指向的是合同的客体范围和具体使用方式等内容。在专有出版合同双方当事人未对专有出版权的客体范围进行约定的情况下，专有出版权指向的客体应为作品的整体或实质性部分，第三人复制发行被许可人享有专有出版权的作品的非实质性部分不构成对专有出版权的侵害。

| 案情介绍 |

（2015）朝民（知）初字第 39059 号

（2016）京 73 民终第 1080 号

本案为原告教育科学出版社与被告长江文艺出版社有限公司（本文简称长江文艺出版社）、被告北京图书大厦有限责任公司亚运村分店（本文简称图书大厦亚运村分店）因侵犯专有出版权而产生的纠纷。2000 年 6 月 16 日，教育科学出版社与苏霍姆林斯基的法定继承人苏霍姆林斯卡娅·奥莉加·瓦（本文简称奥莉加）签订了《著作权使用同意书》，合同中约定了教育科学出版社在合同有效期间内享有在中国境内以中文版图书形式出版发行图书《苏霍姆林斯基选集（五卷本）》（本文简称《苏》）的专有使用权。合同到期后双方又进行了两次续签。在第二次续签中，双方约定：自 2015 年 5 月 1 日起至 2020 年 12 月 31 日止，奥莉加授权教育科学出版社将作品《苏》由俄文翻译成中文以图书形式在中华人民共和国境内出版发行的专有权利。2001 年 8 月，教育科学出版社出版发行图书《苏》，共五卷，第二卷由《年轻一代共产主义信念的形成》《怎样培养真正的人》《给老师的 100 条建议》三部分组成，署名蔡汀、王义高、祖晶主编，字数 542 千字。《给老师的 100 条建议》篇目署名周蕖、王义高、刘启娴、董友、张德广译，申强校。

2014 年 2 月，长江文艺出版社与奥莉加签订《出版合同》，约定：奥莉加授权长江文艺出版社将作品《给老师的建议》由俄文翻译成中文并以精装图书的形式在中华人民共和国境内出版发行的专有权利，合同有效期为三年。

2014年11月，长江文艺出版社出版发行图书《给老师的建议》，署名B.A.苏霍姆林斯基著，周蕖、王义高、刘启娴、董友、张德广译，申强校，字数219千字。经比对，图书《给老师的建议》与图书《苏》第二卷中《给教师的100条建议》内容基本相同。2015年2月5日，教育科学出版社在图书大厦亚运村分店以38元的价格购买图书《给老师的建议》一本，取得购书发票一张。图书大厦亚运村分店提供了北京台湖出版物会展贸易中心有限责任公司配送中心发货单等单据。教育科学出版社认为长江文艺出版社、图书大厦亚运村分店侵害了其享有的专有出版权，遂诉至法院。一审法院认为长江文艺出版社的行为侵害了教育科学出版社的专有出版权，判决被告长江文艺出版社于判决生效之日立即停止出版发行涉案图书《给老师的建议》；被告北京图书大厦亚运村分店于判决生效之日立即停止销售涉案图书《给老师的建议》；被告长江文艺出版社在判决生效之日起三十日内在一家北京或湖北出版、全国发行的报纸上刊登声明，为原告教育科学出版社消除影响；长江文艺出版社于判决生效之日起十日内赔偿原告教育科学出版社经济损失6万元及合理开支1万元。

被告长江文艺出版社不服一审法院作出的判决，以其已经向作者及其法定继承人和译者取得了涉案图书的授权、取得了涉案图书的专有出版权、教育科学出版社享有的专有出版权不包括出版缩编本的内容为由提起了上诉。二审另查明，《苏》书第一至三卷各包括3部作品，第四卷包括2部作品，第五卷包括68篇论文。经审理，二审法院作出了撤销一审判决，驳回教育科学出版社诉讼请求的终审判决。

| 裁判理由 |

一审法院认为：《中华人民共和国著作权法》第三十一条规定："图书出版者对著作权人交付出版的作品，按照合同约定享有的专有出版权受法律保护，他人不得出版该作品。"根据奥莉加与教育科学出版社连续签订的专有出版权合同，结合《苏》书持续多年出版且多次获奖的事实，可以认定教育科学出版社取得了图书《苏》的专有出版权。作为同业者的长江文艺出版社未尽谨慎注意义务，在应知《苏》享有专有出版权的情况下复制发行了《给老师的建议》一书。从著作权人处获得授权不能成为长江文艺出版社侵害教育科学出版社专有出版权的免责事由,由此认定长江文艺出版社侵害了教育科学出版社的专有出版权。图书大厦亚运村分店说明了图书合法来源,应停止销售但不承担赔偿责任。

二审法院认为:根据全案证据可以认定教育科学出版社取得了在合同约定时间内《苏》书的专有出版权。专有出版权不属于著作邻接权,而是指在特定领域即图书出版发行行业内著作权中的复制权和发行权这两个权项。教育科学出版社依法取得的专有出版权受法律保护,他人不得侵害。专有出版权指向的客体范围是图书的整体或实质性部分,不能延及图书中各非实质性组成部分。图书《给老师的建议》仅为教育科学出版社享有专有出版权的《苏》书(共五卷)中的一卷中的一部分,即《给教师的100条建议》,不构成《苏》书(五卷本)的实质性部分,理由是:1.汇编作品的著作权不等于其中被汇编作品的著作权的总和;2.汇编作品的市场影响和价值不等于其中被汇编作品的市场影响和价值的总和;3.《中华人民共和国著作权法》第二十七条规定:许可使用合同和转让合同中著作权人未明确许可、转让的权利,未经著作权人同意,另一方当事人不得行使。因此,在著作权人既享有汇编作品著作权又享有其中被汇编的各个作品的著作权的情况下,著作权人许可他人使用汇编作品并不当然意味着著作权人许可他人使用被汇编的各个作品。由此判定长江文艺出版社未侵害教育科学出版社的权利,撤销了一审判决,驳回了教育科学出版社的诉讼请求。

| 案件分析 |

一、专有出版权的含义

《著作权法》第三十一条规定:"图书出版者对著作权人交付出版的作品,按照合同约定享有的专有出版权受法律保护,他人不得出版该作品。"专有出版权与"表演、录音录像、播放"共同作为第四章的内容对有关作品传播过程中的相关事项作出了规定。从法律规定中可以看出,专有出版权是通过合同取得的,行使主体应是图书出版者。虽然专有出版权与其他邻接权共处一章,但从权利的取得和内容来看,其与著作权法中的录音录像制作者权、表演者权和广播组织者权具有根本不同。专有出版权成立的基础并非是出版者在作品传播过程中付出了劳动，对出版者在传播作品中的付出进行法律保护的规定应是《著作权法》第三十六条中的版式设计权。专有出版权并不是一项单独的权利，而是图书出版者根据合同取得的专有许可使用著作权中的复制权与发行权这两个权项的综称。在本案中，苏霍姆林斯基的法定继承人奥莉加在多次签订的著作权许可使用合同中都表示"授权教育科学出版社将《苏霍姆林斯基选集（五卷本）》由俄文翻译成中文以图书形式在中华人民共和国境内出版发行的专有权利"，由此可以认定教育科学出版社享有对《苏》书五卷本的专有出版权，但争议的焦点在于该专有出版权所涵盖的范围，其究竟仅指包括对作品的选择编排在内的作品的整体，还是及于五卷本中各个单独的作品，一审法院与二审法院对此作出了不同的认定。而法院之所以作出截然不同的认定结果，在很大程度上是因为对教育科学出版社通过专有出版合同取得的作品的性质认定不同。一审法院实际上认为教育科学出版社通过合同取得的是《苏》书五卷本这一文字作品的专有出版权，其他主体对该作品中的内容进行复制发行就会落入五卷本这一文字作品的禁止权范围内。二审法院则认为《苏》书五卷本不仅是文字作品，同时也是汇编作品。长江文艺出版社对教育科学出版社通过合同取得专有出版权的《苏》书五卷本这一汇编作品的非实质性部分的复制发行，不构成对教育科学出版社专有出版权的侵害。

二、汇编作品的认定

《著作权法》第十四条规定，汇编若干作品、作品的片段或者不构成作品的数据或者其他材料，对其内容的选择或者编排体现独创性的作品，为汇编作品，并对汇编作品的权利行使作出了相应的规定。TRIPs 协定第十条也有关于汇编作品的规定，从协定规定的内容来看，其并不要求被汇编的对象必须是作品，对数据或其他材料的汇编若具有智力创造性，就可作为汇编作品受到保护。同时该条还强调了，该保护不延及数据或材料本身。1990 年的《著作权法》中，只规定基于对作品进行编辑的编辑人可以享有著作权。2001 年《著作权法》的修订中，对汇编作品的定义及权利行使规则进行了完善，即对作品、作品的片段或不构成作品的数据进行汇编的，只要对内容的选择或编排具有独创性,汇编者就可对其独创性的汇编享有著作权。值得注意的是,虽然《著作权法》第十四条规定了对"其他材料"的汇编也可能构成汇编作品,但此处的"其他材料"并不包含物质材料,而只能是信息资料。[①] 汇编作品的独创性体现与传统的文字、美术等作品不同,其不是对某些具有文学艺术或科学的美感的表达,而是在对信息材料的汇编上体现了汇编者个性化的选择,被汇编的信息是否构成作品在所不问。若仅仅是用惯常的排列方式对信息进行汇编,或者不同的人按某种要求对信息的汇编结果基本相同,不存在过大的差异,则该汇编就不具有独创性,汇编者就不能对其汇编享有著作权。如按照姓名首字母顺序对一份名单进行排列,按发表年份对老舍创作的作品在一本书中进行收录等,由于这些排列方式为常见的排列方式,不能反映出汇编者的个性化选择,故不能作为汇编作品受到保护。汇编作品的独创性可以体现在对作品的选择上,也可以体现于对作品的编排中,比如某汇编者依自己对各个城市的了解,选择了十个城市作为"中国最适合旅游城市",则作者在对中国诸多城市的选择中体现了自己独特的认知和选择标准,该选择具有独创性,可作为汇编作品受到保护。又如依诗句中出现的食物,按不同菜系、不同口味对历代古诗以某种具有独创性的排列方法进行编排,此时汇编者也可以享有汇编作品著作权保护。本案中,原告教育科学出版社通过合同取得的是《苏》书五卷本的专有出版权。《苏》书共分五卷,且每一卷都由若干独立的作品组成,不同汇编者对包含在《苏》书五卷本中的各独立作品进行汇编,可以产生多种汇编结果,汇编者依自己的选择标准将若干独立的作品汇编成不同的卷册,并最终形成了五册卷本。因此可以认定,《苏》书五卷本呈现的最终汇编结果具有独创性,对作品进行汇编分本之人可以享有汇编作品著作权。

本案中,苏霍姆林斯基创作的各作品符合文字作品的构成要件,应属文字作品。[②] 而基于对作品或不构成作品的材料进行的体现汇编者独创性的选择编排则可以享有汇编作品著作权。汇编者基于对被汇编的作品或不构成作品的材料进行的个性化选择或编排而享有著作权,相应地,汇编者受著作权保护

---

① 参见王迁:《论汇编作品的著作权保护》,《法学》2015 年第 2 期。
② 《中华人民共和国著作权法实施条例》第四条第一项:文字作品,是指小说、诗词、散文、论文等以文字形式表现的作品。

的部分,只能是其付出独创性劳动的部分,①即以一种体系化的方式呈现的作品、数据或其他信息的集合。② 在被汇编的文字作品著作权人与汇编者不为同一人的情况下,两者的权利范围较为容易界定,文字作品著作权人享有文字作品的著作权,汇编者对作品进行的选择与编排若具有独创性则可享有汇编作品著作权。此时他人未经许可复制单个文字作品不构成对汇编者的汇编作品复制权的侵害,他人对相同作品进行的编排与汇编者不同也不会侵害其汇编作品的著作权,但会构成对被汇编的文字作品的著作权侵权。本案的特殊之处在于,著作权人同时享有文字作品的著作权与基于对文字作品的汇编而享有的汇编作品著作权。③ 此时著作权人在与他人签订的专有出版权合同中,仅对被许可人享有专有出版权进行约定而未对专有许可的范围作出规定,便会引发对被许可人权利范围的解释问题。

三、本案中"专有出版权"的范围界定

本案的难点即在于对合同中约定的"专有出版权"范围的解释。对此,一审法院认为,"长江文艺出版社在教育科学出版社专有出版权授权期内出版发行了图书《给老师的建议》,该书作者及内容与图书《苏》重要组成部分之一《给教师的 100 条建议》相同。"④因此判定长江文艺出版社的行为构成侵权。其实质是认为合同中约定的专有出版权的范围及于被汇编的各单独作品。而二审法院则认为,合同中约定的专有出版权指向的客体应为图书的整体或实质性部分,《给老师的建议》为《苏》书中的非重要部分,因此长江文艺出版社对《苏》书五卷本这一汇编作品第二卷中的一部分进行复制发行,不构成对教育科学出版社取得的《苏》书五卷本专有出版权的侵犯。确定本案中专有出版权的范围,涉及对合同条款的解释问题。我国《合同法》第一百二十五条第一款规定:"当事人对合同条款的理解有争议的,应当按照合同所使用的词

---

① 参见陶舒亚:《汇编作品著作权相关问题探析》,《中国政法大学学报》2010 年第 5 期。

② 参见王迁:《论汇编作品的著作权保护》,《法学》2015 年第 2 期。

③ 参见北京知识产权法院(2016)京 73 民终 1080 号民事判决书,本案中的文字作品及汇编作品著作权都由苏霍姆林斯基的继承人奥莉加享有。

④ 北京知识产权法院(2016)京 73 民终 1080 号民事判决书。

句、合同的有关条款、合同的目的、交易习惯以及诚实信用原则,确定该条款的真实意思。"因此,文义解释应是对合同进行解释的首要解释方法。《著作权法》第二十七条规定:"许可使用合同和转让合同中著作权人未明确许可、转让的权利,未经著作权人同意,另一方当事人不得行使"。从教育科学出版社与著作权人之间的约定来看,合同条款的表述为"授权教育科学出版社将作品《苏霍姆林斯基选集(五卷本)》由俄文翻译成中文以图书的形式在中华人民共和国境内出版发行的专有权利"。① 本案中,作为苏霍姆林斯基继承人的奥莉加既拥有被汇编的各个作品的著作权,同时也享有基于对作品的汇编而产生的汇编作品著作权。对该条款进行文义解释,合同中对授权范围的约定是《苏》书五卷本出版发行的权利,可知教育科学出版社取得的是《苏》书五卷本整体的专有出版权,双方并未对单个作品的许可使用作出约定。而结合《著作权法》第二十七条的规定,在著作权许可使用合同中,在对权利内容约定不明时,法律作出了有利于著作权人的解释,即不得随意扩大授权许可的范围。

综上可以得出,教育科学出版社取得的专有许可的权利范围应是对作品以《苏》书五卷本的形式复制发行的权利,他人若将同样的五卷本在中国出版发行,或者出版发行的作品构成五卷本的实质性部分,在满足读者购买需求方面构成对教育科学出版社出版发行的《苏》书五卷本的替代,则可认为该行为构成对教育科学出版社通过合同取得的专有出版权的侵害。《苏》书五卷本的第二卷由《年轻一代共产主义信念的形成》《怎样培养真正的人》《给老师的100条建议》三部分组成,长江文艺出版社出版发行的《给老师的建议》仅为第二卷中的三部作品之一,从在五卷本中所占的比例来看,不构成《苏》书五卷本的实质性部分。教育科学出版社取得的是《苏》书五卷本的专有出版权,从文义解释的角度看,应指的是以五卷本的编排方式对其中所包含的各个作品进行复制发行的权利。在著作权人未明确被许可人教育科学出版社有权对五卷本中的各个作品进行单独使用的情况下,对各个单独作品进行使用的权利仍保留在著作权人手中,著作权人仍可许可他人对各个单部作品进行出版。

---

① 北京知识产权法院(2016)京73民终1080号民事判决书。

二审法院在对本案的分析中也认为教育科学出版社取得的仅是汇编作品整体的著作权，长江文艺出版社出版的《给老师的建议》一书不构成《苏》书五卷本这一汇编作品的实质性部分，因此对其中单个作品的出版发行并不会侵害教育科学出版社取得的专有出版权。汇编作品的价值与其中所包含的各个被汇编的单独作品不同，对汇编作品来说，其独创性体现在对各作品的选择编排之中。就本案来说，阅读《苏》书五卷本与仅阅读其中一卷的一部分，所获得的信息、阅读体验是不同的，两者很难构成市场替代。二审法院也在判决理由部分指出，"汇编作品的市场影响和价值不等于其中被汇编作品的市场价值的总和……"。综上所述，二审法院所作出的长江文艺出版社出版发行《苏》书五卷本一卷中的一部分不构成对教育科学出版社对《苏》书这一汇编作品专有出版权的侵犯的认定是合理的。

（作者：丛立先　张媛媛）

著作权多重许可中的各方责任认定：

吴雪岚诉网易公司、蓝狮子公司侵害作品信息网络传播权纠纷案

| 典型意义 |

网络环境下公众获得作品、接触作品的方式已经发生了深刻的变化。各种网络阅读平台为用户更便捷地获取作品、优化阅读体验提供了技术条件。为使在网络中传播作品的行为具有合法性，网络服务提供者需获取相关作品的信息网络传播权。而在作品交易许可较为活跃的当下，层层转授权使得作品的许可或转让链条被延长。本案即为知名作家吴雪岚享有著作权的小说《甄嬛传》的信息网络传播权在被层层转授权后，前手没有及时将作品许可使用期限经过的情况告知后手，而后手亦未尽积极审查义务，及时发现作品授权许可使用期间经过的事实，在信息网络传播权许可使用期间届满后仍在其经营的网站上提供涉案作品。通过本案，法院明确了作品被许可使用人应对合同的许可使用事项负谨慎注意义务，许可人应及时将合同履行和终止情况告知被许可人，若因合同双方当事人的过错，致使在许可期间经过后被许可人仍对作品进行使用，从而侵犯到著作权人权利的，许可人与被许可人构成共同侵权，对赔偿数额负连带责任。此外，本案亦明确了在网站备案主体与实际运营主体不一致时，如无相反证据，两者均作为平台运营者对平台中的侵权行为承担连带责任。

| 裁判要旨 |

侵权主体的确定应结合当事人提交的证据进行综合判断。网站运营者作为平台的维护、收益获得主体应对平台上的侵权行为承担责任。而网站运营

主体的确定,不仅可依据网站备案显名的主体来进行,在有证据证明的情况下,实际承担网站内容提供、运营维护的主体也应对侵权行为承担责任。本案当事人主张提供涉案侵权作品的"网易云阅读平台"由广州网易公司独立运营,但从法院查明的事实和原告提交的证据来看,在"网易云阅读"主页底部的"帮助中心",点击"内容提供商上传具体内容—授权书.pdf",显示涉案作品的被授权方为杭州网易公司。同时,平台网站底部标注的座机客户电话归属地也是杭州。虽然平台网站的备案主体是广州网易公司,但以上事实均会使公众产生杭州网易公司是平台运营主体的信赖。可认定杭州网易公司与广州网易公司皆为"网易云阅读平台"的运营商,应对侵权行为共同承担责任。

包括信息网络传播权在内的著作权本质上是私权,是绝对权与对世权,侵权责任的承担不以过错为前提。杭州网易公司与广州网易公司作为专业的电子阅读平台经营者,对使用作品的授权是否完整、有效负有审查义务,对授权使用期间应负合理注意义务。在层层转授权中,作为前手的许可人怠于通知被许可人许可合同终止的事实,致使被许可人在前手丧失权源的情况下仍基于所谓的"授权许可合同"在网络上向公众提供作品,则前手的行为是侵权行为发生的直接原因,应当同作为后手的被许可人承担共同侵权责任。

案情介绍

(2017)浙 8601 民初第 1005 号

(2018)浙 01 民终第 250 号

本案为原告吴雪岚因作品信息网络传播权被侵权而与被告广州网易计算机系统有限公司(本文简称广州网易公司)、被告网易(杭州)网络有限公司(本文简称杭州网易公司)和被告杭州蓝狮子文化创意股份有限公司(本文简称蓝狮子公司)发生的纠纷。吴雪岚,笔名流潋紫,系小说《后宫·甄嬛传》的作者。2013 年 1 月 17 日,吴雪岚与紫风工作室签订《授权书》,将涉案作品的独家信息网络传播权及转授权的权利授予紫风工作室,授权期限为 2013 年 1 月 17 日到 2017 年 12 月 31 日。2013 年 1 月 18 日,紫风工作室与杭州蓝狮子文化创意有限公司签订《数字出版协议》,将涉案作品的非独家信息网络传播权及转授权的权利授予杭州蓝狮子文化创意有限公司,并约定合同期限截至 2016 年 10 月 17

日,期满前一个月,如双方未书面通知对方终止协议,则该协议自动延长一年。后杭州蓝狮子文化创意有限公司更名为蓝狮子公司。2016 年 1 月 25 日,杭州网易公司与蓝狮子公司签订合同,将之前从蓝狮子公司处取得的信息网络传播权的许可使用期限顺延至 2017 年 12 月 31 日。2016 年 9 月,紫风工作室向蓝狮子公司发出《合作协议终止通知》,写明授权有效期截止到 2016 年 10 月 17 日止,后双方达成补充协议,将合同有效期限延长至 2016 年 12 月 31 日。蓝狮子公司取得的信息网络传播权授权期间经过后,其未通知杭州网易公司。2017 年 3 月 15 日,吴雪岚委托代理人通过公证,证明在"网易云阅读平台"通过付费可以阅读《后宫·甄嬛传》(足本全六册)。通过在"工业和信息化部 ICP/IP 地址/域名信息备案管理系统"中查询"163.com"网站备案公共信息,显示主办单位为广州网易公司。而"yuedu.163.com"(网易云阅读平台)上显示的内容提供商授权书的被许可人为杭州网易公司。吴雪岚认为杭州网易公司、广州网易公司以及蓝狮子公司的行为侵害了其享有的信息网络传播权,遂诉至法院。一审法院判决杭州网易公司、广州网易公司、蓝狮子公司于一审判决生效之日起十日内赔偿吴雪岚经济损失及制止侵权行为所支付的合理开支共计人民币 24000 元,驳回了吴雪岚的其他诉讼请求。

被告广州网易公司、杭州网易公司以及蓝狮子公司不服一审判决提起上诉,二审法院对一审判决予以了维持。

裁判理由

一审法院认为:关于本案中"网易云阅读"平台主体的确定,虽然通过在"工业和信息化部 ICP/IP 地址/域名信息备案管理系统"中查询"163.com"网站备案公共信息,页面显示的主办单位为广州网易公司,但在"yuedu.163.com"(网易云阅读平台)中,通过对网站内容提供商的授权书进行查看,显示的被授权方为杭州网易公司。涉案作品的信息网络传播权亦是杭州网易公司从蓝狮子公司处取得的。双方在签订许可使用协议时明确约定将涉案作品的信息网络传播权授权杭州网易公司在"网易云阅读平台"等网易产品中使用,因此蓝狮子公司对于作品使用的重要目的,即在"网易云阅读平台"上使用是知晓的,由此可以推定,蓝狮子公司对"网易云阅读平台"的主办单位广州网易公司在该平台上使用作品默认给予了授权。对于平台备案主体与获得内容使用许可主体不一致的情况,互为关联企业的杭州网易公司、广州网易公司未能作出合理解释,综合现有证据,可以认定杭州网易公司与广州网易公司系"网易云阅读平台"的共同运营商。

信息网络传播权作为著作权中的一项专有权利,在性质上属于绝对权,侵权构成不以行为人主观过错或侵权获利为要件。就本案来说,杭州网易公司在 2016 年 1 月 25 日续签协议时,知道也应当知道蓝狮子公司的授权期限即将到期。虽然蓝狮子公司与紫风工作室在授权协议中约定"期满前一个月内,如双方均未以书面通知对方终止协议,则协议自动延长一年",但协议延长的前提是双方均未通知对方终止协议。杭州网易公司理应在蓝狮子公司获得的原授权期限(2016 年 10 月 17 日)届满前后的合理期间向蓝狮子公司确认授权协议是否自动延长一年,而非听之任之。紫风工作室在授权协议期满前已经书面通知蓝狮子公司终止协议,合同期间延长一年的条件已经不具备,故杭州网易公司难言尽到了审查义务,主观上存在过失。蓝狮子公司在明知自身获得的授权许可期间已于 2016 年 10 月 17 日届满且授权人已书面告知终止履行,授权协议无法自动延长一年的情况下,理应及时告知杭州网易公司,却没有采取必要措施,致使杭州网易公司与广州网易公司在授权期间届满后仍然提供涉案作品,从而侵犯了著作权人的信息网络传播权,构成对直接侵权行为的帮助,因此蓝狮子公司与杭州网易公司和广州网易公司应对该侵权行为承担共同侵权责任。

二审法院亦认为在本案中,蓝狮子公司未对授权终止事宜及时作出通知与杭州网易公司、广州网易公司怠于审查授权期间是否延长的行为共同造成涉案作品信息网络传播权被侵犯的后果,故三者应承担共同侵权责任,并最终驳回上诉,维持了原判。

| 案件分析 |

本案涉及在作品信息网络传播权的层层转授权中,前手怠于向后手通知许可协议终止的情况,而后手亦未尽到对取得的许可使用合同能否继续履行进行审查确认的注意义务,从而在前手丧失权利来源的情况下,继续通过网络传播涉案作品,被认为侵犯了涉案作品的著作权而起的纠纷。该案是杭州互联网法院成立后首次开庭审理的案件。

一、网站备案主体与实际运营主体不一致时责任主体的认定

本案的第一个问题即是如何确定提供侵权作品的网络服务平台的经营主体,即责任主体的确定。从当事人提交的经公证的证据内容来看,在"工业和信息化部 ICP/IP 地址/域名信息备案管理系统"中查询到的网站主办单位是广州网易公司。但通过对提供侵权内容的网站——"网易云阅读平台"中关于内容提供商上传具体内容授权书的查看,其显示取得许可的主体是杭州网易公司。网站底部标注的座机客户电话归属地也为杭州。依服务内容的不同,互联网服务提供商可分为网络内容提供商(ICP)和网络服务提供商(ISP)。实践中,ICP 网络备案主体和实际运营主体不一致的情形主要有:1. ICP 备案主体聘请他人实际运营网站;2. ICP 备案主体以租赁等方式将网站实际经营权转让给他人;3. ICP 备案主体与他人共同经营该网站。① 本案即属于第三种情况。从侵权责任一般原理来看,对侵权行为的发生有控制力或从中获益的主体应该对行为的后果负责。一般在行政机关的登记备案信息具有公示效力,可作为公众确定网站运营主体的依据。但在有的情况下,网站实际运营者并没有一一在备案信息中进行登记,此时主张实际运营主体承担责任,就要举出证据证明该主体参与了网站的实际运营。本案中的杭州网易公司与广州网易公司之间具有关联关系,关联公司之间存在商业合作很常见,广州网易公司与杭州网易公司在上诉请求中也声称"杭州网易公司仅负责日常的书籍版权采购,采购后即将书籍的信息网络传播权授予广州网易公司"。② 根据《互联网信息服务管理办法》的规定,ICP 经营许可证作为从事经营性互联网服务商的资质证书,由国家机关核发。③ 但无论是工信部的备案信息,还

① 参见柯敏杰:《多重转授权下各方主体侵权责任的认定》,"知产力"微信公众号文章,https://mp.weixin.qq.com/s/PkLcdyyUBagYQAdpmtq11g,访问时间:2018 年 8 月 20 日。
② 杭州市中级人民法院(2018)浙 01 民终第 250 号民事判决书。
③ 参见柯敏杰:《多重转授权下各方主体侵权责任的认定》,"知产力"微信公众号文章,https://mp.weixin.qq.com/s/PkLcdyyUBagYQAdpmtq11g,访问时间:2018 年 8 月 20 日。

是"网易云阅读"上提供的授权书显示的被许可主体，都具有公示公信的作用，使公众产生网站经营主体为二者的信赖。虽然杭州网易公司未在工信部的备案信息中登记为主办单位，但从涉案网站提供的经营者信息来看，杭州网易公司的确进行了网站内容和客户服务的提供，参与了网站的运营，且对外显示了主体身份，因此可认为杭州网易公司为该网站的实际运营者之一，应对该案中的侵权行为负责。故一审法院综合各种情况和现有证据，认定杭州网易公司与广州网易公司为"网易云阅读平台"的共同运营商的做法值得赞同。

二、本案中各方主体责任的认定

一般认为，著作权作为一项绝对权、对世权，侵权认定不以行为人具有主观过错为前提，只要未经许可实施了受权利人控制的行为，同时又不构成合理使用或法定许可，则可被认定构成对著作权的侵犯。也有观点认为，知识产权侵权责任的归责原则，应置于《侵权责任法》乃至整个民法体系下进行认定，在相关法律没有明确规定其为无过错责任的情况下，知识产权侵权责任的承担应以过错为要件。但郑成思教授在论及知识产权的归责原则时曾谈到，由于知识产权的无形性使得侵权行为具有普遍性，在知识产权纠纷中，原告要证明被告"有过错"往往很困难，被告证明自己"无过错"又很容易，在知识产权领域适用过错责任原则，会使知识产权保护制度在很大程度上丧失实际意义。① 故一般认为，知识产权侵权责任的承担不需要行为人具有过错，但过错这一主观状态会影响到赔偿数额的认定。

本案中，蓝狮子公司在与杭州网易公司签订授权许可期限延长的协议之后，收到了其前手许可人的《合作协议终止通知》，但并未及时通知作为后手的杭州网易公司，导致网易公司在失去授权基础的情况下实施了将作品在网络中传播的行为。杭州网易公司与广州网易公司在上诉请求中称其"始终依据与蓝狮子公司之间的有效协议使用涉案作品，不构成侵权"。著作权侵权的认定不考虑行为人主观过错，且杭州网易公司与蓝狮子公司之间的约定不能对抗合同之外的第三人，不能因为双方之间存在许可协议就主张权利来源

---

① 参见郑成思：《版权法》（上），中国人民大学出版社 2009 年版，第 247—266 页。

合法，不应对相关权利人承担侵权责任。蓝狮子公司在其取得的涉案作品信息网络传播权许可使用期间经过以后，未及时告知后手被许可人——杭州网易公司，致使作品在 2017 年 1 月 1 日之后处于未经授权在网络中传播的状态，而作品是由"网易云阅读平台"提供的，所以，可以认定杭州网易公司与广州网易公司作为平台运营主体应对侵权行为负责。

著作权侵权责任的认定不以主观过错为要件，且停止侵权等责任的承担亦不需要侵权人具有过错。本案中，吴雪岚向一审法院起诉时请求杭州网易公司、广州网易公司立即停止侵权。但证据显示"网易云阅读平台"已经将涉案作品下线，因此停止侵权的请求已经实现，对该诉讼请求法院不再处理。[①]著作权不同于物权，对一般动产来说，占有动产即推定其为所有人，交付即可作为物权变动的要件；对于不动产来说，则一般以登记作为权利公示的手段。著作权的无形性决定了权利变动归属的查明不能依占有来判断，因此，对受让或取得许可的著作权来说，就要从著作权的登记情况与许可合同链条的完整性上来判断自身取得权利的有效性。本案的授权链条为吴雪岚→紫风工作室→蓝狮子公司→杭州网易公司，在紫风工作室与蓝狮子文化创意有限公司（后更名为"蓝狮子公司"）签订的涉案作品非独家信息网络传播权及转授权许可协议中，约定授权期限截止到 2016 年 10 月 17 日，期满前一个月内，如双方均未以书面形式通知对方终止协议，则协议自动延长一年。蓝狮子公司自信可以在协议到期后获得期限的顺延，于是在 2016 年 1 月与杭州网易公司签订变更协议，将之前的信息网络传播权许可合同期限延长到了 2017 年 12 月 31 日。但在 2016 年 9 月，紫风工作室向蓝狮子公司发出了《合作协议终止通知》，虽然双方后经协商将许可合同有效期延长至了 2016 年 12 月 31 日，但此期间经过后，紫风工作室就终止了对蓝狮子公司的授权，相应地，杭州网易公司从蓝狮子公司处获得的授权也失去了权利来源。杭州网易公司作为被许可人，应当负谨慎注意义务，积极审查合同链条中各主体通过合同取得的授权的有效性和完整性，应当知晓其前手蓝狮子公司取得的许可使用权在 2016 年 10 月 17 日到期后，存在不能获得顺延的可能，并有义务在此日期前后积极确

---

① 参见杭州市中级人民法院(2018)浙 01 民终第 250 号民事判决书。

认其前手蓝狮子公司是否获得了合同许可使用期间的延长,但其怠于审查确认,以"不负有主动审查义务,为了保证合同履行顺畅,不加重下游合同方的履行负担,法律并未要求下游合同方负有主动审查义务"为由,主张本身并无过错。[①] 但从著作权本身的无形性特征和商业交易中各主体应负的谨慎注意义务方面来看,难谓杭州网易公司主观上不存在过失。因此,作为平台共同运营者的杭州网易公司和广州网易公司应共同承担对著作权人的侵权责任。蓝狮子公司作为杭州网易公司的前手,在与紫风工作室的信息网络传播权许可合同到期后,本应及时通知被许可人杭州网易公司,但其未尽《合同法》所要求的通知、协助履行义务,将权源丧失的事实及时告知杭州网易公司,致使杭州网易公司基于所谓取得的"授权"继续在其经营的网站上提供涉案作品。蓝狮子公司在许可合同期间经过以后继续许可他人对作品进行使用,构成对权利人享有的著作权的侵犯。《侵权责任法》第八条规定:两人以上共同实施侵权行为,造成他人损害的,应当承担连带责任。据此,蓝狮子公司的授权使得"网易云阅读平台"继续提供侵权作品,蓝狮子公司应当与杭州网易公司、广州网易公司承担连带责任。因此,法院对蓝狮子公司、杭州网易公司和广州网易公司三者责任的认定是正确的。

本案明确了在著作权许可转让的交易实践中,各主体应负谨慎注意义务,审查自身取得权利的有效性。此既是对自身权益的保护,也是对著作权侵权风险的管控、对著作权人权利的合理避让。在权利多层许可转让中,各方主体应对权利许可转让链条的完整性和有效性及时进行核实,以自身取得的权利来源于前手的许可或转让不足以证明自身无过错。多层转授权中,前手的行为与后手的侵权有因果关系的,构成共同侵权行为,可在一案中对两者的侵权责任进行判定,不必另案认定前手的责任,以减少讼累。

（作者：丛立先　张媛媛）

---

① 杭州市中级人民法院(2018)浙 01 民终第 250 号民事判决书。

裁量性赔偿方法的具体适用：

腾讯公司诉暴风公司《中国好声音》侵权案

| 典型意义 |

本案是针对著作权侵权行为运用裁量性赔偿方法确定损害赔偿数额的典型案例。暴风集团股份有限公司(本文简称暴风公司)未经许可在其运营的暴风影音客户端提供了六期深圳市腾讯计算机系统有限公司(本文简称腾讯公司)取得信息网络传播权独占许可的电视节目《中国好声音》。涉案电视节目具有较高的收视率,而侵权公司经营的网站用户数量众多,在行业中的影响力较大。基于腾讯公司提交的证据,可以断定暴风公司的行为给原告造成了巨大的损失,但无法精确计算损失数额。一审法院通过适用法定赔偿方式确定被告单期赔偿原告损失 100 万元,制止侵权行为的合理开支 1 万元。二审法院运用裁量性赔偿,详细地阐述了著作权侵权损害赔偿的目的、原则、赔偿数额确定方法和裁量性赔偿的具体内容。明确了要谨慎适用法定赔偿,积极引导当事人通过举证确定被侵权作品的市场定价,对于权利人提供了用以证明实际损失或侵权人违法所得的部分证据,足以认定计算赔偿所需的部分数据的,应尽量选择运用裁量性赔偿方法确定损害赔偿数额。本案对于更加科学合理地确定著作权侵权损害赔偿数额,更有力地保护著作权人的利益,更充分地补偿其因侵权行为遭受的损失具有重要意义。

| 裁判要旨 |

著作权侵权损害赔偿的目的既包括弥补权利人的损失,也包括预防侵权行为的再次发生。当前确定损害赔偿的基本原则是加大对著作权侵权的惩治力度,提高赔偿数额,探索建立著作权侵权惩罚性赔偿制度。在确定具体赔偿数额时,要依照《著作权法》规定的损失计算顺序,慎重适用法定赔偿。要善于运用根据具体证据酌定实际损失或侵权所得的裁量性赔偿方法,引导当事人对于损害赔偿积极举证,提高损害赔偿计算的合理性。应尽力查明涉案作品以涉案侵权方式使用时的正常许可费,以作品的市场价格来合理确定赔偿数额。在市场价格难以查明时,可通过举证责任转移、妨碍举证等方法进行司法定价。本案中,腾讯公司通过许可使用合同取得了作品的独占信息网络传播权,但其没有将涉案作品许可他人进行信息网络传播,则其获得许可的对价可以作为确定正常许可费,即作品市场价格的参考。

在律师费的确定上,由于目前律师收费存在多种形式,当事人没有提交律师费发票,但确有律师参加诉讼,则应依有关规定,综合案件的性质、复杂程度等因素酌情确定合理的律师费。

|案情介绍|

(2016)京 0107 民初第 4684 号

(2017)京 73 民终第 1258 号

本案为原告腾讯公司与被告暴风公司因信息网络传播权侵权而起的纠纷。腾讯公司从灿星公司处通过合同取得综艺节目《中国好声音》第三季共16 期节目的独占信息网络传播权。灿星公司后又通过合同将维权的权利、转授权的权利独占授予腾讯公司,授权期限为三年,从涉案节目在电视台首播之日起算。腾讯公司共支付许可使用费 1.2 亿元。暴风公司未经许可在其经营的网站及视频播放器上提供了第三季中的六期《中国好声音》节目。腾讯公司就该六期节目分别提起了诉讼,本案为腾讯公司主张暴风公司未经许可提供第二期节目构成信息网络传播权侵权而起的纠纷。涉案节目首轮播出时间为 2014 年 7 月 25 日,该日,国家版权局公布了 2014 年第二批重点影视作品预警名单,《中国好声音》位列名单之首。国家版权局要求相关网站对名单内的作品采取如下保护措施:直接提供内容的网站未经许可不得上传预警名单内的作品;用户上传内容网站应禁止用户上传预警名单内的作品;提供搜索链接网站应仅提供正版授权网站的搜索结果及跳转链接服务;电商网站及应用平台应加快处理预警名单内作品权利人关于删除侵权内容或断开侵权链接的通知。在该节目首期播出之前，腾讯公司委托中国版权保护中心工作人员刘芊向暴风公司工作人员通过 EMS 特快专递发送包含权属证明的警示通知，并通过电子邮件逐期向暴风公司工作人员发送警示通知。暴风公司无视腾讯公司的权利声明，在其经营的网站和视频播放器上提供了《中国好声音》第三季中的六期节目。一审法院判决暴风公司单期节目赔偿腾讯公司损失 100 万元，合理费用支出 1 万元。

被告暴风公司以判决赔偿数额过高为由提起上诉，二审法院对一审判决予以了维持。

｜裁判理由｜

一审法院认为：对于本案的争议焦点一，即暴风公司是否实施了原告腾讯公司所诉的侵权行为，根据涉案节目片尾署名，可推定著作权人为灿星公司，腾讯公司从著作权人处取得了涉案节目的信息网络传播权的独占许可权以及维权的权利，因此具有提起诉讼的权利基础。暴风公司未经许可在其经营的客户端上提供了涉案节目的在线播放服务，侵害了著作权人的信息网络传播权，腾讯公司有权提起诉讼。暴风公司抗辩称原告取证过程不清洁，其网站多次被他人效仿，因此不能证明该客户端为暴风公司所经营，一审法院认为根据公证处的回函以及暴风公司的举证情况，能够认定侵权行为的存在。

对于争议焦点二，赔偿数额的确定，原告为证明其损失，提出以其获得 16 期节目独占许可而支出的许可费、原告签订的广告合同总金额计算单期节目的广告损失。被告认为原告 16 期节目采购成本为 1.2 亿元，而其随机抽取的 13 份广告合同总金额却达 1.9 亿元，因此，原告不存在损失。一审法院认为，根据案件事实和当事人的举证，无法查明权利人实际损失和被告的侵权获益，因此，综合考量 1. 涉案综艺节目《中国好声音（第三季）》具有很高的知名度和影响力；2. 根据腾讯公司支付的授权费用及节目广告收入情况，可得出该节目具有较高的商业价值；3. 暴风公司在节目《中国好声音（第三季）》被列入国家版权局公布的 36 部重点影视作品预警名单和腾讯公司委托中国版权保护中心多次发出预警通知的情况下，仍实施侵权行为，主观恶意明显；4. 暴风公司网站的知名度高、用户数量大，其在播放页面上投入了广告，因此可推定其通过实施侵权行为违法获利数额较大。综合以上因素，确定腾讯公司因暴风公司的侵权行为所遭受的损失已超过法定赔偿的上限 50 万元，因此判定暴风公司单期赔偿腾讯公司 100 万元损失。对于腾讯公司主张因诉讼支出的律师费、公证费 1 万元，虽未提交相关单据，但依据本案诉讼标的金额、确有律师出庭应诉且针对本案提交了多份公证书等事实，对合理费用支出 1 万元予以了支持。

二审法院总结争议焦点为一审法院的判赔金额是否过高。对此，二审法院认为，著作权损害赔偿的目的既包括弥补权利人损失，也包括预防和教育。因此，应坚持加大对著作权侵权的惩治力度、提高赔偿数额、探索建立著作权侵权惩罚性赔偿制度、由侵权人承担合理开支，提高侵权成本的规则。在损失计算的方法上，应依照《著作权法》规定的计算方式的顺位，引导当事人积极举证，在权利人提供了计算损失的部分证据的情况下，运用裁量性赔偿的方法对损失进行计算，而非直接适用法定赔偿。利用裁量性赔偿确定侵权赔偿数额，计算依据是客观的市场价格，市场价格即涉案作品以涉案侵权方式合法使用时的正常许可费。当正常许可费难以查明时，可在释明的前提下，通过举证责任的转移，妨碍举证等方法进行司法定价。侵权人或中立第三方对涉案侵权行为的宣传，应当作为侵权人违法所得的证据。在运用裁量性赔偿酌定损害赔偿数额时要考虑作品的性质、类型、文学价值、历史价值、获奖情况及社会影响等；作者方面要考虑作者的地位、贡献、获奖情况及社会影响等；侵权方面应考虑侵权行为的方式、手段、持续时间、影响范围、商业性使用的程度、与侵权目的的关联与配合程度。对于情节严重的行为包括恶意侵权、大规模侵权及重复侵权等情形适用惩罚性赔偿。本案可以运用裁量性赔偿的方法确定损害赔偿数额，虽然腾讯公司未将作品许可他人使用，但其获得许可的对价可作为确定作品市场价格的参考。暴风公司认为应将许可费分摊到三年的许可期间作为损失计算的参照，二审法院认为此类综艺节目在首轮播出时价值最高，此后递减，因此许可费不是在许可期间内平均地分摊。暴风公司的侵权行为发生在首轮热播期间，致使腾讯公司独家播放的目的落空。在国家版权局公布包含涉案作品的重点影视作品名单后暴风公司仍实施侵权行为，可以看出暴风公司侵权恶意明显,且系大规模侵权,侵权时间长、影响范围广,因此维持了一审的判决数额。

| 案件分析 |

本案二审法院通过运用裁量性赔偿的方法对腾讯公司因侵权行为遭受的损失进行确定,使得赔偿数额的计算更加合理,更加有据可依。该类综艺节目嘉宾阵容往往比较强大,制作成本较高,因而许可使用费也较为高昂。在此之前,综艺节目信息网络传播权侵权的判赔数额一般是数万元,法院在该案中具体适用的损失计算方法,对于更加合理地确定侵权人的损失、震慑潜在的侵权者具有重要的作用。

一、裁量性赔偿的含义

《著作权法》第四十九条规定:"侵犯著作权或者与著作权有关的权利的,侵权人应当按照权利人的实际损失给予赔偿;实际损失难以计算的,可以按照侵权人的违法所得给予赔偿。赔偿数额还应当包括权利人为制止侵权行为所支付的合理开支。权利人的实际损失或者侵权人的违法所得不能确定的,由人民法院根据侵权行为的情节,判决给予五十万元以下的赔偿。"可见法律规定的损失计算方式为权利人损失、侵权人获益和法定赔偿,其并没有对本案所采用的"裁量性赔偿"计算方法进行规定。此处所称的裁量性赔偿,是基于司法实践经验而总结出的损失计算方法,指"在计算赔偿所需的部分数据确有证据支持的情况下,人民法院根据案情运用裁量权,确定计算赔偿所需要的其他数据,从而确定公平合理的赔偿数额"。① 北京市高级人民法院在 2018 年 4 月 20 日发布实施的《侵害著作权案件审理指南》中,也对裁量性赔偿计算方法予以确认。其在 8.4 条规定:"确定损害赔偿数额应当遵循权利人实际损失、侵权人违法所得、法定赔偿的顺序。无法精确计算权利人实际损失或者侵权人的违法所得时,可以根据在案证据裁量确定赔偿数额,该数额可以高于法

---

① 参见 2013 年 10 月 22 日最高人民法院召开的"人民法院加大知识产权司法保护力度的有关情况新闻发布会"的具体内容。

定赔偿数额。无法精确计算权利人实际损失或侵权人的违法所得，也无合理方法裁量确定赔偿数额的，应当适用法定赔偿确定数额。"并在 8.8 条规定了运用裁量性赔偿应当考虑的因素。由此可见，裁量性赔偿是推算权利人实际损失或侵权人违法所得的计算方法，并非司法实践中另行创设的损害赔偿计算方式。由于知识产权的无形性，在侵权行为发生后，权利人很难举证证明侵权行为给自己带来的确切损失，有时即使权利人举出损失减少的证据，受制于因果关系的证明难度，也很难得出权利人利益的减损是侵权行为所导致的必然结果，因此司法实践中极少有成功援用权利人损失来确定损失赔偿数额的案例。而受侵权人财务管理混乱、侵权产品售价低廉、侵权行为具有隐蔽性等现实因素的制约，权利人取得反映侵权获利的证据十分困难，因此运用侵权获益来确定侵权损害赔偿数额的案例也不多见，司法实践中的现实状况是，法定赔偿的适用比例畸高，在很多情况下，权利人的损失不能得到充分补偿。据中南财经政法大学知识产权研究中心对 2008—2013 年间全国各级法院审理的4768 件知识产权侵权案例的统计显示，在著作权、专利权和商标权领域，采用法定赔偿的比例分别占到了 78.54%、97.25% 和 97.63%。① 甚至很多权利人在诉讼请求中即直接提出适用法定赔偿来确定损失赔偿数额。但法定赔偿一般都有最高额限制，如著作权法中规定的 50 万元上限，且依法定赔偿确定赔偿数额的过程往往缺乏对损失计算依据的说明，其更多依赖法官的自由裁量权，由此也导致了类似案件不同法院依法定赔偿确定的数额之间有较大的差异，不利于司法裁判的稳定性和统一性的实现。在有的情况下，根据当事人的举证，虽然不能准确计算出权利人的实际损失或侵权人获益，但可以依据现有证据确定据以推算二者之一所需的部分数据，为了实现对权利人损失的充分弥补、损失计算的科学性和裁判的公平性，司法实践中逐渐探索出了利用裁量性赔偿计算损失的方法，其不是在《著作权法》规定的三种损失计算方式之外创设的第四种计算方式，而是确定实际损失和侵权获益的变通方法。北京市高级人民法院发布的《侵害著作权案件审理指南》中，也明确了在无法精确计

---

① 参见中南财经政法大学知识产权研究中心：《知识产权侵权损害赔偿案例实证研究报告》，载《国家知识产权战略实施研究基地 2012 年度研究成果汇编（中南财经政法大学分册）》。

算权利人损失或侵权获益时,可以根据在案证据对二者进行裁量确定。只有在既无法精确计算权利人损失也无法通过裁量性赔偿方法确定二者之一时,才可考虑适用法定赔偿确定赔偿数额。由此可见,裁量性赔偿只是计算实际损失或侵权获益的一种方法。

二、裁量性赔偿与法定赔偿的不同

裁量性赔偿不同于法定赔偿。法定赔偿虽然也依靠当事人对损失的举证,但在当事人举证不能、而确实存在侵犯权利人著作财产权的行为的,法官依然可通过运用裁量权确定损害赔偿数额。而裁量性赔偿则是运用当事人提供的证明一部分损失的证据,来推算出侵权行为给权利人造成的全部损失。其确定损失的基本方法是"部分确定＋全部推算",不要求当事人对全部损失或侵权获益进行证明。裁量性赔偿更加依赖当事人的举证,无论是实际损失还是侵权获益的推算,都以当事人举证证明的部分计算数据为基础。因此在不能精确计算实际损失或侵权获益的情况下,运用裁量性赔偿,可以在当事人举出的部分计算数据的基础上,确定全部实际损失或侵权获益,增强赔偿数额的确定对证据的依赖,提高赔偿数额确定的合理性。再者就是法定赔偿50万元的最高额限定,导致了依此酌情确定的赔偿数额在面对侵权行为给权利人造成的损失高于50万元时存在救济不力的情况,但裁量性赔偿不受法定赔偿最高额的限制,因此更能充分弥补权利人的损失。由于对证据的依赖程度不同,相应地,裁量性赔偿与法定赔偿相比,对法官自由裁量权的限制也就更大,不同法院在类似案件中运用裁量性赔偿确定的赔偿数额差距就不至于过大。裁量性赔偿能够减小裁判尺度不统一带来的司法不确定性以及在一定程度上解决法定赔偿最高限额对赔偿数额的限制问题。司法实践中为了解决上述问题,也出台过一些意见,如《关于当前经济形势下知识产权审判服务大局若干问题的意见》中提到,①"对于难以证明侵权受损或侵权获利的具体数额,但有证据证明前述数额明显超过法定赔偿最高限额的,应当综合全案的证据情况,在法定最高限额以上合理确定赔偿额。"

---

① 法发〔2009〕23号。

三、司法实践中对裁量性赔偿方法的运用

在商标和专利侵权案件中,也有在不能证明侵权行为给权利人造成的确切损失或侵权获益,而根据现有证据又可以推断出权利人的损失超过法定赔偿最高限额的情况下,运用裁量性赔偿方法确定赔偿数额的案例。如在"宝马股份公司诉广州世纪宝驰服饰实业有限公司侵害商标权及不正当竞争纠纷案"中,法院就认为,宝马公司提交的证据足以证明世纪宝驰公司侵权主观恶意明显、侵权时间长、范围广、获利巨大,远远超过人民币 200 万元,因此全额支持了宝马公司 200 万元的赔偿诉讼请求。[①] 在"珠海格力电器股份有限公司诉广东美的制冷设备有限公司等侵害发明专利权纠纷案"中,法院认为,在美的公司生产的四种型号的产品均侵犯格力公司专利权的情况下,其仅提供了一种型号产品的销售利润为 47.7 万元,在一审法院释明后果的情况下,其拒不提供其他型号的相关数据,由此可以推定美的公司生产的其余三种型号的产品利润均不少于 47.7 万元,故综合该案全部证据确定美的公司应赔偿格力公司经济损失人民币 200 万元。[②] 从目前运用裁量性赔偿方法确定损害赔偿数额的案件来看,都是在根据现有证据可以证明给权利人带来的损失超过了法定赔偿的最高限额时,运用此方法来确定赔偿数额的。

结合北京市高级人民法院发布的《侵害著作权案件审理指南》第 8.8 条规定的通过裁量确定赔偿数额应当考虑的因素以及本案在运用裁量性赔偿方法确定赔偿数额时考虑的因素来看,适用裁量性赔偿确定赔偿数额时一般应考虑的因素有原告主张权利的作品的市场定价、作品类型、营利模式、销售情况以及行业的正常利润率,侵权商品的售价、销售数量、所在行业的正常利润率以及作品对商品售价的贡献率、侵权行为的持续时间、影响范围等。市场定价能够较为合理准确地反映出作品在一定时期内的价值,以此作为确定赔偿数额的参考具有科学性。确定作品市场定价可以参考作品的许可使用费等。上述因素均为对客观因素的考量,关于非客观因素是否需要纳入裁量性赔偿

---

① 参见北京市高级人民法院(2012)高民终字第 918 号民事判决书。
② 参见广东省高级人民法院(2011)粤高法民三终字第 326 号民事判决书。

需要考虑的因素中,存在不同的观点,但应认为,裁量性赔偿并未完全摒弃自由裁量,当事人的主观状态、恶意程度会对赔偿数额的确定产生影响。[①] 在本案中,法院即认为暴风集团的行为属于明知故犯,主观恶意明显,并将此纳入确定赔偿数额时考虑的因素中。

适用裁量性损害赔偿方法确定赔偿数额的基础在于当事人提交了原告损失或被告获利的初步证据,被告自我宣称的产品销售数量、销售利润等。[②] 本案即明确了"……要善于运用根据具体证据酌定实际损失或侵权所得的裁量性赔偿方法,引导当事人对于损害赔偿问题积极举证,进一步提高损害赔偿计算的合理性"[③]。对于适用裁量性赔偿的具体内容,本案也在判决书的说理部分进行了详细的阐述,即损害赔偿的计算依据是客观的市场价格,作品的市场价格是指涉案作品以涉案侵权方式合法使用的正常许可费。本案中,腾讯公司在取得独占信息网络传播权及转授权的权利后,没有许可他人使用,因此法院将腾讯公司获得许可所支付的许可费作为确定损失的依据。根据腾讯公司提交的证据,可以看出其已经实际履行许可合同的付款义务,取得的独占使用权的正常许可费为750万元一期,授权使用的期限为3年。暴风公司经营的网站影响力较大,能够产生较高的广告收益。且暴风公司在国家版权局公布包含涉案作品的重点影视作品预警名单以及腾讯公司逐期向其发送警示函的情况下,仍然在节目热播期间通过其经营的网站提供涉案作品,主观恶意明显。暴风公司的侵权行为发生在涉案综艺节目热播期间,使腾讯公司独家通过信息网络传播涉案综艺节目的目的落空,给腾讯公司造成的损失已高于法定的50万元上限。同时法院也通过本案明确了审查权利人正常许可费、侵权人违法所得的一般规则,以及酌情确定赔偿数额应当考虑的其他因素、对情节严重侵权的行为的处理和合理开支的范围以及审查合理开支的一般规则,对

---

① 参见孙志峰:《知识产权裁量性赔偿标准:既是机遇又是挑战》,"知识产权那点事"微信公众号文章,https://mp.weixin.qq.com/s/AEg89VppgoOVYQyKD7Aq1w,访问时间:2018年7月26日。

② 参见王东勇:《裁量性损害赔偿制度在侵犯专利权纠纷案件中的运用》,《电子知识产权》2014年第6期。

③ 参见北京知识产权法院(2017)京73民终1258号民事判决书。

今后类案的处理具有重要意义。① 本案凸显了司法发挥能动性通过多种方式确定作品的市场定价,对于科学确定著作权侵权损害赔偿数额、保护权利人合法利益具有重要意义。

(作者:丛立先　张媛媛)

---

① 参见北京知识产权法院(2017)京 73 民终 1258 号民事判决书。

诉前责令停止侵权：

合一公司诉中国联通公司著作权侵权案

| 典型意义 |

随着电信网、广播电视网、互联网的互联互通，三网融合背景下的版权侵权更易发生、规模更大、对权利人造成的损害后果也更为严重。热播影视作品在网络环境中很容易遭到非法传播，且损害结果往往具有突发性和扩大性。本案即为一起成功运用诉前责令停止侵权程序制止未经许可在网络中传播影视作品的侵权行为的典范。因涉案电视剧具有较高的收视率，被申请人在手机客户端上提供视频播放的行为将会造成观众分流，严重影响申请人的收益。诉前责令停止侵权的成功运用将会有效地遏制侵权行为，避免侵权后果的进一步扩大，对更好地保护著作权人的利益具有重要的制度价值，可以有效降低因诉讼周期较长而给权利人带来的损失无法弥补或难以有效弥补的风险。本案对市场价值较高的影视作品及时通过诉前责令停止侵权来避免更为严重的损失具有重要参考意义。

| 裁判要旨 |

网络环境下作品的传播规模往往较大，一旦发生侵权行为，给权利人造成的损失也时常难以估算。若能适时运用诉前责令停止侵权，在提起诉讼之前先使侵权行为得到有效控制，对于保护著作权人的利益来说具有重要意义。采取诉前责令停止侵权一般需要考虑的因素有：1. 申请人胜诉的可能性；2. 不采取有关措施，是否会给申请人的合法权益造成难以弥补的损害；3. 申请人提供担保的情况；4. 责令被申请人停止侵权行为对社会公共利益的影响。但在司法实践中，如何判定"难以弥补的损害"是较为疑难的问题。

对于著作权侵权诉前责令停止侵权申请的审查，若申请人能够证明其合法拥有相关著作权，并有制止侵权行为的权利，而被申请人实施了侵权行为，即可认定符合采取诉前责令停止侵权的条件，在提供担保的情况下，可采取诉前责令停止侵权措施。在侵权事实清楚，原告具有较高的胜诉可能性时，采取诉前责令停止侵权措施就是合理的。对"难以弥补的损害"认定过于严格，会限制诉前责令停止侵权的正常适用，针对遏制网络环境下即发、大规模的著作权侵权行为不能发挥良好的制度功效。

| 案情介绍 |

（2017）鲁 02 行保第 2 号

本案申请人为合一信息技术（北京）有限公司（本文简称合一公司），因著作权侵权而向法院提起对被申请人中国联通青岛市分公司、中国联通青岛市分公司安徽路营业厅以及中国联通广东省分公司（本文简称中国联通公司）的诉前责令停止侵权申请。《军师联盟》第一季（确定名为：《大军师司马懿之军师联盟》）为合一公司拥有合法版权的电视剧。中国联通青岛市分公司、中国联通青岛市分公司安徽路营业厅以及中国联通广东省分公司未经许可通过"沃视频"平台（"沃视频"iPhone 版、Android 版）向公众提供《军师联盟》第一季的视频，合一公司认为上述被申请人的行为侵犯了其依法享有的信息网络传播权，向青岛市中级人民法院提出诉前行为保全申请，并提供了担保，请求法院采取措施在诉前责令被申请人停止侵权行为。

近年来，热播剧频遭信息网络传播权侵权的问题愈发突出。制作精良、投资巨大的影视作品在网络中遭非法传播的情形十分常见。诉前责令停止侵权措施的有效采取，将从制度上对网络版权环境的净化起到关键作用。一般来说，收视率越高、社会影响力越大的影视作品遭受侵权的概率也就越大，而此类影视作品在互联网经济中所能带来的广告收益、流量收益等也会因侵权行为而被极大地分流，从而对权利人的合法权益造成严重影响。若不及时制止此类侵权行为，给权利人造成的损失很可能是难以估算的。《军师联盟》播出后收视率走高，上线一周播放量破十亿，收官时播放量将近六十亿，豆瓣评分8.1，在索福瑞媒介研究有限公司发布的 2017 年 7 月 9 日（周日）省级卫视黄金剧场电视剧收视率排行榜中，《军师联盟》位居榜单第二位，具有较高的商业价值。因此，合一公司向法院提起诉前责令停止侵权申请。法院经审查支持了申请人的诉前责令停止侵权申请。

┃裁判理由┃

诉前责令停止侵权是程序法中的措施，不解决实体权利义务的争议问题。法院经审查认为，申请人通过授权合法取得了电视剧《军师联盟》第一季（确定名为：《大军师司马懿之军师联盟》）的著作权，并有制止侵权的权利，被申请人通过"沃视频"平台（"沃视频"iPhone 版、Android 版）向公众提供申请人享有著作权的电视剧《军师联盟》第一季（确定名为：《大军师司马懿之军师联盟》），申请人的申请符合法律规定，且申请人已提供担保，依据《中华人民共和国著作权法》第五十条、《最高人民法院关于审理著作权民事纠纷案件适用法律若干问题的解释》第三十条第二款的规定，裁定被申请人中国联合网络通信有限公司青岛市分公司、中国联合网络通信有限公司青岛市分公司安徽路营业厅、中国联合网络通信有限公司广东省分公司立即停止通过"沃视频"平台（"沃视频"iPhone 版、Android 版）向公众提供申请人拥有合法著作权的电视剧《军师联盟》第一季（确定名为：《大军师司马懿之军师联盟》）的行为。申请人应在裁定书送达之日起十五日内向作出裁定的法院提起诉讼，逾期不起诉的，法院将解除该诉前责令停止侵权裁定所采取的措施。该裁定书送达后立即执行。如不服该裁定，可在收到该裁定书之日起十日内向作出裁定的法院申请复议一次，复议期间不停止裁定的执行。

┃案件分析┃

网络环境中，作品传播更为迅速、传播范围更大，一旦发生侵权行为，给权利人造成的损失也将是难以估算的。而网络环境下的侵权行为更加隐蔽和容易进行，某部电视剧的热播往往伴随着大量的侵权行为。近年来，热播电视剧播放前遭泄露、各种网络平台未经许可提供他人享有著作权的影视作品的情形愈演愈烈，在本案中，合一公司（优酷网经营者）拥有电视剧《军师联盟》的信息网络传播权，并通过宣传广告等行为，使该剧具有较高的知名度和视频点击率。而该剧采取的"先网后台"（即先在网络视频播放网站上播出，后在电视台进行播放）的播放模式，对于吸引用户付费观看也具有较强的作用力。但该种模式也注定了，一旦发生侵权行为，将会对视频网站的营利产生巨大影响，直接导致用户分流，网站收入下降。除了对本案中联通分公司的行为申请采取诉前责令停止侵权，合一公司还因"云图直播手机电视""央广手机电视"提供了《军师联盟》电视剧，而将珠海云迈网络科技公司、央广视讯传媒有限公司诉至法院，分别请求赔偿损失及合理费用开支六百万元和七百万元。①

一、关于诉前责令停止侵权行为的相关规定

诉前责令停止侵权属于诉前临时措施的一种。临时措施是指法院在对案件的是非曲直作出最终判决之前，先行采取的保护当事人利益的措施。②《与贸易有关的知识产权协定》（TRIPs 协定）第 50 条即对临时措施进行了规定。我国《著作权法》《商标法》和《专利法》在 2001 年修订时，就以 TRIPs 协定第 50 条为依据，规定了诉前责令停止侵权、诉前证据保全和诉前财产保全三类临时措施。诉前责令停止侵权的采取可以及时制止侵权行为，防止损失的扩大，对于网络环境中的影视作品侵权来说，诉前责令停止侵权对于维护著作权人的权利具有重要作用。影视作品制作周期长、制作成本高，而其在网络中的传播却较为容易和迅速，若等到诉讼程序结束后再依判决责令侵权人停止侵权和赔偿损失，不仅不利于及时制止侵权行为，且较长的诉讼周期会使权利人的损失难以弥补而使制度丧失有效性，降低权利人维权的动力，影响社会的知识产权保护秩序。为了达到 TRIPs 协定的要求，我国在《专利法》《著作权法》和《商标法》的修改中都增加了诉前责令停止侵权的有关规定。《著作权法》第五十条规定："著作权人或者与著作权有关的权利人有证据证明他人正在实施或者即将实施侵犯其权利的行为，如不及时制止将会使其合法权益受到难以弥补的损害的，可以在起诉前向人民法院申请采取责令停止有关行为和财产保全的措施。人民法院处理前款申请，适用《中华人民共和国民事诉讼

① 参见海淀法院网对案件的报道，http://bjhdfy.chinacourt.org/public/detail.php? id = 4874；http://bjhdfy.chinacourt.org/public/detail.php? id = 4873，访问时间：2018 年 7 月 25 日。
② 参见王迁：《知识产权法教程》（第五版），中国人民大学出版社 2016 年版，第 11 页。

法》第九十三条至第九十六条和第九十九条的规定。"①《最高人民法院关于审理著作权民事纠纷案件适用法律若干问题的解释》第三十条第二款规定："人民法院采取诉前措施，参照《最高人民法院关于诉前停止侵犯注册商标专用权行为和保全证据适用法律问题的解释》的规定办理。"结合上述规定，可得出采取诉前责令停止侵权措施的一些程序要件：1.申请人应是权利人或利害关系人，利害关系人包括许可合同的被许可人和权利的合法继承人。2.申请的提出应向侵权行为地或者被申请人住所地或对案件有管辖权的人民法院提出。3.申请人应提交符合要求的书面申请状②、享有著作权的证明、被申请人即将或正在实施侵权行为的证据。4.申请诉前停止侵权应该提供相应的担保，如果被申请人可能因该保全措施遭受更大损失的，法院可以责令申请人追加担保。若仅涉及财产纠纷，被申请人提供担保的，法院应当裁定解除保全措施。5.人民法院接受申请后，应当在48小时内作出裁定，裁定采取保全措施的，应当立即开始执行。当事人对裁定不服的，可以在收到裁定之日起10日内申请复议，复议期间不停止执行。6.法院采取诉前责令停止侵权的措施后，申请人应当在15日内提起诉讼或仲裁，③否则法院将裁定解除保全措施。而根据相关司法解释的规定，④法院在对复议申请进行审查时考虑的因素有：被申请人正在实施或者即将实施的行为是否侵犯知识产权；不采取有关措施，是否会给申请人合法权益造成难以弥补的损害；申请人提供担保的情况；责令被申请人停止有关行为是否损害社会公共利益。诉前责令停止侵权在我国的适用也经历了从制度最初引进时的积极适用到谨慎理性的回归，⑤2009年4月

---

① 依2017年修订的《民事诉讼法》，应该适用第一百零一至第一百零五条和第一百零八条的规定。

② 《最高人民法院关于诉前停止侵犯注册商标专用权行为和保全证据适用法律问题的解释》第三条。

③ 2017年7月1日实施的《中华人民共和国民事诉讼法》第一百零一条规定的是30日，《最高人民法院关于诉前停止侵犯注册商标专用权行为和保全证据适用法律问题的解释》中规定的是15日。

④ 《最高人民法院关于诉前停止侵犯注册商标专用权行为和保全证据适用法律问题的解释》第十一条。

⑤ 杨静：《"难以弥补的损害"之判断规则及类型化研究——以知识产权侵权诉前禁令为视角》，《电子知识产权》2014年第8期。

21 日最高人民法院印发的《关于当前经济形势下知识产权审判服务大局若干问题的意见》中提到，要"严格把握法律条件，慎用诉前停止侵权措施"。[①]

二、美国的"诉前禁令"

司法解释中规定的考量因素与英美法系国家颁布临时禁令时的考量因素十分相似。美国版权法第 502 条规定了版权侵权的禁令救济。禁令分为临时禁令（preliminary injunction）和永久禁令（permanent injunction），临时禁令是法院在提起诉讼后发布的禁令。[②] 法院在颁布临时禁令时要考虑的因素有：1. 原告胜诉的可能性。2. 是否存在难以弥补的损失。有此可能性即可，不要求实际损失已经发生。3. 禁令的采取对双方当事人利益的影响。4. 颁布禁令对公共利益的影响。与英美法系通过具体考量因素限定临时禁令颁发的做法不同，大陆法系国家，如德国，就赋予法官较大的自由裁量权，使法官在个案中决定是否颁发诉前禁令。

三、司法实践中对诉前责令停止侵权适用的困局

从《著作权法》规定的诉前责令停止侵权的适用条件来看，其需要"著作权人或者与著作权有关的权利人有证据证明他人即将实施侵犯其权利的行为，如不及时制止将会使其合法权益受到难以弥补的损害"，但何谓"难以弥补的损害"尚无统一的认识。对于著作权侵权来说，若侵权行为侵犯的是著作人身权，一般能够认定"存在难以弥补的损害"；[③]但若仅仅是侵犯了著作财产权，则判定标准为何，司法实践中存在着不同的做法，有的以侵权行为不具有紧迫性和难以弥补性，或损害是可以用金钱弥补的且没有证据证明被申请人没有赔偿能力而驳回申请，有的则以侵权行为成立的可能性推定存在"难以弥补的损害"。[④]

---

① 参见法发［2009］23 号。

② 李明德：《美国知识产权法》（第二版），法律出版社 2014 年版，第 400 页。

③ 如"钱钟书手稿拍卖案"，参见北京市第二中级人民法院（2013）二中保字第 9727 号民事裁定书。

④ 杨静：《"难以弥补的损害"之判断规则及类型化研究——以知识产权侵权诉前禁令为视角》，《电子知识产权》2014 年第 8 期；北京市第二中级人民法院（2005）二中民保字第 10508 号民事裁定书。

应认为,难以弥补的损害不应仅指用金钱难以弥补,商誉的损失、市场被替代等都会给申请人带来难以量化的损失。《最高人民法院关于审查知识产权与竞争纠纷行为保全案件适用法律若干问题的解释(征求意见稿)》第八条即从市场份额替代、竞争优势的削弱、侵权行为的可控性、对申请人的人身性质权利的侵犯、被申请人赔偿能力等方面对"难以弥补的损害"的认定进行了类型化的列举。① 美国在司法实践中认为难以弥补的损害与申请人证据所能证明的胜诉可能性成反比例关系,即胜诉可能性越大,对难以弥补的损害的证明要求就越低。虽然胜诉可能性不同于我国相关司法解释中所称的侵权成立的可能性,但对胜诉可能性的判断很大程度上依赖于对侵权成立可能性的预估,本文暂不对此作区分。我国的现实情况是,法官基于对保全裁定与最终诉讼结果不一致的担忧,只有在侵权事实较为明显,侵权成立的可能性较大的情况下,才将侵权成立的可能性推定为损害存在的可能性。从本案裁定书的表述来看,是以侵权行为成立的可能性推定存在难以弥补的损害。②

诉前责令停止侵权是在情况较为紧急,如不及时采取措施将会给权利人利益造成难以弥补的损害的情况下作出的,因此对时间的要求较为严格。法律规定"人民法院接受申请后,应在 48 小时内作出裁定",但关于 48 小时的起算点法律没有予以明确。且要在 48 小时内通过证据审查判断侵权行为成立的可能性、损害是否难以弥补,对侵权判定较为复杂的知识产权侵权来说,确实具有一定难度,这也是法官对采取诉前禁令的态度越来越审慎的原因之一。法律规定对裁定不服,可以申请复议,然而复议由本级法院还是上一级法院进行,由原合议庭进行还是另行组成合议庭,法律都没有进行详细规定。有观点认为,在法律没有规定上级复议的情况下,应由原审法院进行复议,但在

---

① 最高人民法院于 2015 年 2 月 26 日发布的《关于审查知识产权与竞争纠纷行为保全案件适用法律若干问题的解释(征求意见稿)》第八条规定,第七条规定的难以弥补的损害是指被申请保全行为给申请人造成的损害是通过金钱赔偿难以弥补或者难以通过金钱计算的。有下列情形之一的,一般认为属于给申请人造成难以弥补的损害:(一)被申请保全行为的发生或者持续,将抢占申请人的市场份额或者迫使申请人采取不可逆转的低价从事经营,从而严重削弱申请人的竞争优势的;(二)被申请保全行为的发生或者持续,将会导致后续侵权行为的难以控制,将显著增加给申请人造成的损害的;(三)被申请保全行为的发生,将会侵犯申请人享有的人身性质的权利的;(四)被申请人无力赔偿的;(五)给申请人造成其他难以弥补的损害的。

② 参见青岛市中级人民法院(2017)鲁 02 行保 2 号民事裁定书。

当事人提交了新的证据时,仍由原合议庭进行复议,否则另行组成合议庭进行复议,该观点较为可取。① 从本案裁定书中"如不服本裁定,可在收到本裁定书之日起十日内向本院申请复议一次"的表述来看,复议是向作出裁定的法院提起的。另外,对于何为"申请错误"也存在着不同的理解,有认为诉前禁令被撤销或申请人未在法定期间内起诉,或起诉后败诉的,即可认定为申请错误;还有一种观点认为,只有在申请人主观上有过错或存在滥诉的情况下,才谈得上申请错误。② 应认为,无论申请人是否存在过错,被申请人的损失总是因为申请人的错误保全行为引起的,且主观状态的查明本来就非常困难,所以,只要申请被撤销、法定期间未起诉或起诉后败诉的,就可以认定"申请错误",此时申请人在提出申请时所提供的担保就可以用于对被申请人的赔偿了。

诉前责令停止侵权为程序法上的措施,不解决当事人之间的实体权利问题,过分强调胜诉可能性或侵权成立的可能性则无法避免未审先判,同时也会不合理地降低该程序在实践中适用的概率,致使一些严重的侵权行为不能被及时遏制而损害到权利人的正当权利。但宽松的认定标准又可能会造成制度滥用。应在对法律规定的因素进行考量的基础上,合理运用担保和反担保制度,审慎地采取诉前责令停止侵权措施,使其在遏制网络环境下即发的、大规模的著作权侵权行为中发挥良好的制度功能。本案中,在侵权事实较为明显、申请人(后将作为原告)的胜诉可能性较大的情况下,法院将此作为采取诉前责令停止侵权措施的重要考量因素,而不是陷入对难以论证的"无法弥补的损害"的分析之中。法院通过在本案中运用诉前责令停止侵权来及时有效地遏制网络环境中的著作权侵权行为,彰显了临时措施在防止损失扩大、更加有效地保护权利人合法利益方面的制度价值。

(作者:丛立先　张媛媛)

① 参见胡充寒:《我国知识产权诉前禁令制度的现实考察及正当性构建》,《法学》2011年第10期。

② 参见罗晓霞:《诉前禁令在知识产权纠纷中的运用研究》,《黑龙江社会科学》2012年第5期。

特殊职务作品与法人作品的认定：

华泰一媒公司诉乐盟童公司侵害作品信息网络传播权纠纷案

| 典型意义 |

随着网络新媒体的不断出现与发展,社会公众接收信息的主要来源也在发生着相应的变化。微信公众号作为当下社会主体对外传输信息的重要平台,也是著作权侵权行为多发的"重灾区"。本案即涉及商事主体未经著作权人许可在微信公众号上转载了权利人享有著作权的作品而起的纠纷。本案明确了未经许可在微信公众号上转载作品的行为侵犯了著作权人的信息网络传播权。另外,本案的特殊之处还在于被转载的文章属于法人作品,著作权由作者所在的单位享有。最后,本案的典型之处还在于法院判定具体赔偿数额时对作品的类型、独创性、作者对作品形成的贡献度、侵权人对作品的使用情况的考量与分析,此对公众号上层出不穷的著作权侵权行为的赔偿数额认定具有参考与借鉴价值。该案的判决也提醒公众号运营主体转载他人作品时应尽合理注意义务,在知晓作品来源的情况下,应先从著作权人处获得授权许可,避免自身的行为落入受著作权人控制的领域。

| 裁判要旨 |

根据《中华人民共和国著作权法实施条例》第二条的规定,构成作品需要满足具有独创性和能够以某种有形形式复制的要件。涉案文章以文字为表现形式,受保护的是其表达内容,因此应属于文字作品。该文字作品发表于《都市快报》,发表时实际参与创作的六位记者都进行了署名。后六位记者出具声明,称该作品著作权归属于都市快报社。将此声明与都市快报社出具的劳

动关系证明相结合，可以认定该作品属于法人作品。著作权排他被许可人经
著作权人的授权，可以以自己的名义针对获得许可使用权项的侵权行为提起
诉讼。

本案中未经许可被转载的作品属于记者针对社会热点问题创作的事实调
查类文章，其中包含了作者对采访对象的选择、对社会问题的看法，达到了受
著作权法保护的独创性高度，但其中包含的大量事实非作者独创形成，此会对
侵权赔偿数额的认定产生影响。

｜案情介绍｜

（2017）浙 8601 民初第 147 号

（2017）浙 01 民终第 6035 号

本案是原告杭州华泰一媒文化传媒有限公司(本文简称华泰一媒公司)
与被告乐盟童商务咨询有限公司(本文简称乐盟童公司)因被告未经许可在
其运营的微信公众号上转载华泰一媒享有相应排他被许可权的著作权的作品
而起的纠纷。2016 年 11 月 9 日《都市快报》B01 至 B08 版面刊登了《疯狂学
而思》一文,全文约 18 千字,署名魏奋、韦嘉蓉、张娜、胡信昌、林碧波、葛亚
琪。后都市快报社将该作品信息网络传播权以排他方式授予华泰一媒公司,
并约定授权作品信息网络传播权受侵犯时,华泰一媒公司有权以自己名义提
起诉讼。授权期间为 2016 年 11 月 9 日至 2017 年 11 月 8 日止。乐盟童公司
运营的微信公众号"乐萌说情商"刊登的《【热点新闻】记者调查:疯狂的学而
思,疯狂的校外培训!》一文为《都市快报》上刊登的《疯狂学而思》原文 8 个版
面中的 5 个版面,约为 12 千字。根据该微信公众号后台数据显示,被诉侵权
文章 2016 年 11 月 14 日的阅读量约为 300,2016 年 11 月 15 日的阅读量约为
100,之后基本为零。2017 年 2 月 13 日,魏奋、韦嘉蓉、张娜、胡信昌、林碧波、
葛亚琪出具"作者声明",该声明载明以上六人为都市快报社的记者,《疯狂学
而思》一文为其在工作期间完成,该作品著作权由都市快报社享有。都市快
报社出具"劳动关系证明"载明魏奋、韦嘉蓉、张娜、胡信昌、林碧波、葛亚琪为
其员工,劳动关系自 2015 年 3 月 16 日起至 2018 年 3 月 16 日止。华泰一媒
公司认为乐盟童公司转载涉案文章的行为侵犯了著作权人的信息网络传播

权,遂诉至法院。一审法院依法定赔偿的损失计算方式判决乐盟童公司赔偿华泰一媒公司经济损失及为制止侵权行为所支付的合理开支共15000元,作为一审被告的乐盟童公司以原审判决确定的赔偿数额不合理为由提起了上诉。二审法院经审理驳回上诉,维持了原判。

裁判理由

一审法院认为:涉案《疯狂学而思》一文具有独创性,符合文字作品的构成要件,属于文字作品。该作品在《都市快报》上发表时署名的六位记者均声明该作品著作权归都市快报社享有,结合都市快报社出具的劳动关系证明,可以认定该作品为法人作品,著作权由都市快报社享有。都市快报社将该作品信息网络传播权以排他方式授予华泰一媒公司行使,并将有关维权的权利授予华泰一媒公司,因此,华泰一媒公司有权提起诉讼。

虽然乐盟童公司没有刊登涉案作品的全部内容,但刊登部分同属著作权法保护的对象。乐盟童公司在其运营的公众号上转载涉案文章的行为侵害了著作权人的信息网络传播权。由于华泰一媒公司因侵权所受的损失或乐盟童公司的侵权获利均无法查明,法院依法适用法定赔偿对损失进行确定。在赔偿数额的确定上,考虑到侵权作品使用了原作品约5/8的内容,并非全部引用,涉案作品大量内容属对受访者陈述的真实记录,而非由都市快报社记者原创,乐盟童公司的微信公众号刊登侵权文章后阅读量约为400,加之华泰一媒公司为诉讼进行了公证取证、委托律师参加诉讼,最终确定乐盟童公司赔偿华泰一媒公司包括合理开支在内的费用共计15000元。

二审法院认为一审法院在赔偿数额的确定上考虑了涉案作品的类型、独创性程度、侵权行为的具体情节,判决乐盟童公司赔偿华泰一媒公司包括合理开支在内共15000元并无不当,因此驳回上诉,维持了原判。

案件分析

本案案情并不复杂,微信公众号作为现代商事主体对外宣传的重要平台,在发布信息时经常出现未经许可使用他人文字作品、美术作品、摄影作品和音乐作品等的行为。本案中,乐盟童公司未经许可在其公众号上转载了他人享有著作权的文字作品,而被该作品信息网络传播权的排他被许可人起诉至法院,要求承担相应的责任。

一、特殊职务作品与法人作品在《著作权法》中的认定难题

本案的特殊之处在于,乐盟童公司在其微信公众号中转载的文章是由都市快报社的六位记者共同创作的作品,后六位记者出具声明称涉案文章是在工作期间完成,著作权归属于都市快报社,而都市快报社亦出具了劳动关系证明。法院在认定涉案作品著作权归属时,作了如下论述:"该文字作品发表于《都市快报》,发表时署名的六位作者均声明该作品著作权归都市快报社享有,结合都市快报社出具的劳动关系证明,可以认定该作品属于法人作品,著作权由都市快报社享有"。法人作品不是《著作权法》中的概念,是当著作权归属于法人或其他组织时对该作品在学理上的一种分类。在构成法人作品的情况下,实际创作的自然人是否还保留署名权在司法实践与学理中都存在着不同的理解。一般认为,《著作权法》第十一条第三款是关于法人作品的规定,该款规定:"由法人或者其他组织主持,代表法人或者其他组织意志创作,并由法人或者其他组织承担责任的作品,法人或者其他组织视为作者。"从法律规定来看,构成法人作品,须满足三个条件:第一,由法人或其他组织主持;第二,代表法人或其他组织意志;第三,由法人或其他组织承担责任。三个要件中,第一个与第三个要件较为容易确认,但第二个要件,即"代表法人或其他组织意志"进行创作,无论是法律规定还是司法实践中,都没有形成确切的判定标准。意志是主观要素,法人或其他组织中由谁下达的命令、指示可以被认定为是"单位的意志"是较为难以判定的问题。我国《著作权法》立法在规定著作权的归属时,不仅规定了法人作品,还规定了职务作品与委托作品。三者之间的关系有一定的交叉重叠之处,这种状况不仅给司法实践中作品权属的认定造成了困扰,且长期以来遭受学者诟病,为此许多学者提出过重构《著作权法》中作品归属的设想。① 《著作权法》第十六条规定,公民为完成法人或者其他组织工作任务所创作的作品是职务作品。《著作权法实施条例》第

---

① 参见王迁:《论"法人作品"规定的重构》,《法学论坛》2007年第6期。

十一条规定,此处的"工作任务",是指公民在该法人或者该组织中应当履行的职责。而《著作权法》第十六条规定的职务作品分两种,一种是一般的为履行工作任务而创作的作品,针对该作品法人或其他组织在作品完成后两年内有优先使用权,另一种为特殊的职务作品(特殊职务作品也为学理上的称谓),该种作品作者仅享有署名权,其他著作权项归属于法人或其他组织。一般认为,《著作权法》第十六条第二款是关于特殊职务作品的规定,《著作权法》中规定的构成特殊职务作品的情形为:1.主要是利用法人或者其他组织的物质技术条件创作,并由法人或者其他组织承担责任的工程设计图、产品设计图、地图、计算机软件等职务作品;2.法律、行政法规规定或者合同约定著作权由法人或者其他组织享有的职务作品。① 此处难以区分的是法人作品与特殊的职务作品。根据法律规定,可以得出,特殊的职务作品也有三个构成要件,即:1.作者与法人或其他组织之间存在劳动关系,此处的劳动关系应指劳动者与用人单位之间签订了固定期限、无固定期限和以完成一定工作任务为期限的劳动合同而形成的劳动关系以及事实劳动关系,为完成某项任务而临时聘请人员所建立的关系不属于此处的劳动关系;2.作品的创作主要是利用了法人或其他组织的物质技术条件,或法律行政法规有规定,或当事人之间有合同约定;3.由法人承担责任。法人作品与特殊职务作品的区别在于作者是否还保留署名权,当完成作品的自然人与法人或其他组织之间存在劳动关系时,该作品究竟属于法人作品还是特殊职务作品就很难判定。如某建筑设计院负责工程设计的工作人员为完成工作任务而绘制的工程设计图是该设计院的作品还是特殊的职务作品,就很难从两者的构成要件上进行区分。

造成这一困局的原因之一是我国兼采了"法人作品"与"特殊的职务作

---

① 《中华人民共和国著作权法》第十六条规定:"公民为完成法人或者其他组织工作任务所创作的作品是职务作品,除本条第二款的规定以外,著作权由作者享有,但法人或者其他组织有权在其业务范围内优先使用。作品完成两年内,未经单位同意,作者不得许可第三人以与单位使用的相同方式使用该作品。有下列情形之一的职务作品,作者享有署名权,著作权的其他权利由法人或者其他组织享有,法人或者其他组织可以给予作者奖励:(一)主要是利用法人或者其他组织的物质技术条件创作,并由法人或者其他组织承担责任的工程设计图、产品设计图、地图、计算机软件等职务作品;(二)法律、行政法规规定或者合同约定著作权由法人或者其他组织享有的职务作品。"

品"这两个分属不同法系的作品权利归属制度,由此造成了权利归属上的重叠。① 而不同的认定结果又对实际创作人的利益归属设定不同。我国《著作权法》将"法人作品"与"特殊职务作品"并行规定的做法是比较独特的。一般来说,只有自然人能够进行思想、情感的表达,法人作为法律拟制的主体,不能像自然人那样将思想情感以特定的符号进行表达而为人所感知。因此,基于创作而产生的权利本应归属于创作作品之人。但随着资本与创作的融合,某些作品的产生,需要法人或其他组织投入大量的物质技术资料,由众多人员参与创作,由此便产生了投资者基于资本投入需要得到回报的利益诉求,以及由于实际参与创作人员过多,作品之上的权利过于密集造成的作品许可使用难以进行等方面的因素的考量,共同推动法人或其他组织提出享有作品之上一切权利的主张。美国立法对此采实用主义态度,利用"雇佣作品"对利益归属进行安排,美国《版权法》第201条规定:"依据本法,在雇佣作品的情况下,雇主或其他委托创作的人视为作者,并且拥有构成版权的所有权利,除非当事人签订书面合同有明确的相反约定"。因此,依据美国《版权法》,雇佣作品的版权从一开始就归属于雇主,而非事实上创作了作品的雇员。② 我国《著作权法》第十一条规定的在符合法人作品的条件下,"法人或其他组织"将被视为作者与美国相同,在此情况下,创作作品的自然人将不享有任何权利。大陆法系国家极度重视作者的精神权利,关于作者与作品的关系有类似"父与子"的比喻。由于德国著作权法典按照一元化理论所导致的人格权方面的利益之不可转让性,雇主所需要的权利只能通过各种使用权的许可而在著作权上设定某种负担来实现。③ 此时雇主取得的只是使用权,而绝不可能成为作者。著作人格权理念是以德国为代表的大陆法系国家将法人视为作者不可逾越的障碍。针对电影作品等特殊的作品类型,法律为作者保留了有限制的著作人身权,而著作财产权则归于投资者行使。④ 我国《著作权法》中特殊职务作品的

---

① 参见王迁:《论"法人作品"规定的重构》,《法学论坛》2007年第6期。
② 参见李明德:《美国知识产权法》(第二版),法律出版社2014年版,第338页。
③ 参见[德]雷炳德:《著作权法》(第十三版),张恩民译,法律出版社2004年版,第409页。
④ 参见郑成思:《版权法》(上),中国人民大学出版社2009年版,第340页;孙新强:《论作者权体系的崩溃与重建——以法律现代化为视角》,《清华法学》2014年第2期。

规定与此有相似之处,即认为主要利用法人或其他组织的物质技术条件创作的工程设计图等作品,实用性大于其所具有的文学艺术美感,由法人和其他组织享有著作财产权更有利于作品的使用。因此,仅为实际创作者保留了署名权。若立法时借鉴大陆法系国家或英美法系国家的做法,仅规定了法人作品或特殊的职务作品之一,并不会带来现今法人作品与特殊职务作品的认定难题,这一点也可以从《著作权法》对构成特殊职务作品的计算机软件与《计算机软件保护条例》著作权归属的认定不一中窥得一斑。① 法人作品与特殊职务作品的并存,导致了当创作作品者与该法人或其他组织存在劳动关系时,依哪种制度确定双方的利益归属就成了问题。此外,造成这种困惑的原因还在于,法人作品的构成要件规定过于模糊,这也为通过解释使法人作品的概念无限扩张提供了可能。法人作品认定的三个要件中,何为"代表法人意志"解释空间最大,法官在具体案件中也没有提供令人信服的理由,② 而作品一旦被认定为法人作品,包括署名权在内的著作权将一概归于法人或其他组织。因此,法人作品概念的模糊不清、在司法实践中的扩张解释将会引发不当侵占实际创作者的利益、抑制创作积极性的危险,还会架空《著作权法》关于特殊职务作品的规定。

二、特殊职务作品与法人作品的区分方法

虽然由于我国《著作权法》在立法时同时借鉴不同法系的规则体系,使得法人作品与特殊职务作品在有的情况下难以区分,若从作品形成的过程来分析,有时确实很难判断该作品究竟是属于法人作品还是特殊的职务作品。但若从最终的作品呈现方面,则可以较为容易地对作品类型进行判断。从《著作权法》规定的法人作品与特殊的职务作品的构成要件来看,其存在如下区

---

① 《著作权法》第十六条规定,对构成特殊职务作品的计算机软件,作者仅保留署名权,而依《计算机软件保护条例》第九条的规定,软件著作权原则上归属于软件开发者。而根据该条例第三条对软件开发者的定义,实际上是认为当开发者为法人或其他组织时,包括署名权在内的软件著作权由该法人或其他组织享有。虽然法律在效力位阶上要高于行政法规,但从同一问题的不同规定中,也可看出规则制定者对此问题认定仍是含混不清。

② 如"杨松云诉修建灵塔办公室著作权纠纷"一案,从二审法院的认定理由中,似乎就可得到有关部门下达任务的行为就可认定是代表了法人的意志。

别:1. 是否要求存在劳动关系不同。法人作品不要求实际创作者与法人或其他组织之间存在劳动关系,某出版社为编撰百科全书临时组成的专家组编写的作品仍能构成法人作品,但构成特殊的职务作品要求作者与法人或其他组织之间存在劳动关系。2. 体现的意志不同。法人作品体现的是法人或其他组织的意志,这是两者最主要的区别,但单位意志也是最不易确定的因素,有认为法人作品中的执笔者是在法人或其他组织的支配或控制下去运用思想、关键性措辞、结构和创作技巧围绕作品的目的进行创作的,而职务作品个人自由发挥的空间比较大。[①] 3. 权利归属不同。在构成法人作品的情况下,基于作品所产生的所有著作权都归属于法人或其他组织,其如同取得作者的地位一般,但在构成特殊的职务作品的情况下,作者还保留了署名权,法人或其他组织未在作品上为作者署名将构成对作者署名权的侵犯。

从这些区别中,我们可以得出如下结论:1. 在作品实际创作者与法人或其他组织之间不存在劳动关系时,便失去了被认定为特殊的职务作品的前提,此时要视情况判断是属于法人作品还是委托作品。2. 构成法人作品时法人或其他组织如同取得了作者的地位,署名应该是法人或其他组织的名称,关于这一点,《国家版权局版权管理司关于〈快乐大本营〉一案给长沙市开福区人民法院的答复》中明确了"法人作品必须由法人署名,不能由别人署名"。[②] 国务院法制办公室在 2014 年 6 月 6 日公布的《中华人民共和国著作权法(修订草案送审稿)》第十五条第三款对职务作品的修改中,规定了由法人或者其他组织主持或者投资,代表法人或者其他组织意志创作,以法人、其他组织或者其代表人名义发表,并由法人或者其他组织承担责任的作品,法人或者其他组织视为作者。送审稿中的此处修改明确了法人作品要以"法人、其他组织或者其代表人名义发表"。但在法人为实际创作人署名时,此时则要结合其他因素来判定是否构成法人作品。3. 从法人作品的内容上可以推断出是否代表了法人意志。另外也可结合作品的性质和用途对是否构成法人作品进行判断。只有实际作者署名发表不能达到预期创作目的和实现预期社会意义的作品,

---

① 参见杨述兴:《职务作品和法人作品》,《电子知识产权》2005 年第 5 期。

② 参见《国家版权局版权管理司关于〈快乐大本营〉一案给长沙市开福区人民法院的答复》(权司[1999]73 号)。

才应当视为法人作品。① 一般来说,法人作品包括法人或其他组织的调研报告、政策分析报告、政策或理论研究文献;法人章程、宣传材料;产品说明书、官方媒体的社论;关系重大社会利益的科技作品;国家机关的文书;官员代表政府的讲话;等等。② 本案中,实际创作作品的六位作者声明涉案作品的著作权归属于都市快报社,而都市快报社亦出具了劳动关系证明,证明六位记者属于报社的工作人员。法院在认定作品归属时,使用了学理上的概念"法人作品",即认为涉案作品著作权归属于都市快报社。从法院判决依据的具体法律规定来看,其依据的是《著作权法》第十一条。但法人作品并不是严格的法律概念,其所包含的具体情形也有广义和狭义之别。虽然作品在发表时署名为六位记者而不是其工作单位都市快报社,但从法院的认定结果来看,可以认为即使在构成法人作品的情况下,作为法人的著作权人依然可以为实际创作者保留署名,此时可看作法人对自己某些权利的放弃。本案中将作品认定为法人作品与特殊的职务作品的意义不是很大,法人放弃了署名权的行使,而实际创作者又声明著作权归属于法人,因此,都市快报社享有基于作品所产生的著作权,有权对作品使用进行许可。

三、报刊转载法定许可抗辩理由不能成立

在本案中,乐盟童公司在二审的上诉请求中提到:原判决确定的赔偿数额不合理,相应的事实之一是涉案作品系上诉人转载于《新华日报》网络版的文章,且转载时未看到"禁止转载"的字样。综合全案事实来看,乐盟童公司在其运营的网络媒体平台上转载涉案文章,没有可被认定为构成合理使用的情形。且其在进行转载时,知晓作品归属于他人,但未事先向有关权利人进行联系核实以获得许可,自身难谓不存在过错。乐盟童公司在其运营的微信公众号上发布涉案文章的行为使得公众可以在自己选定的时间和地点获得作品,构成对权利人信息网络传播权的侵犯。华泰一媒公司从都市快报社获得了涉

---

① 参见邱国侠、张红生:《试析法人作品与职务作品的区分标准》,《河北法学》2004年第2期。

② 参见刘银良:《著作权归属原则之修订——比较法视野下的化繁为简》,《政治与法律》2013年第11期。

案作品信息网络传播权的排他许可,并获以自己名义独立提起诉讼的权利,因此有权对侵权行为提起诉讼。本案所折射出来的问题还包括,我国《著作权法》只规定了报刊转载的法定许可,从法律和司法解释的规定来看,转载主体仅限于报社、期刊社,网络媒体、个人媒体被排除在外。而对转载主体的限定使得网络环境下对报刊转载法定许可的判断问题变得极为复杂。从报刊转载法定许可促进作品传播的制度目的来看,似乎没有理由对传播范围更广、影响力更大的网络媒体进行差别对待,且报刊社利用互联网进行传播的电子报刊到底是网络媒体还是报刊,①这些问题都有待将来的立法或司法解释进行明确规定。虽然对于《著作权法》第三十三条第二款规定的报刊转载法定许可的存废之争尚无定论,但进行制度改造还必须考虑的现实是,网络的跨国界性和便捷性的特点使得网络传播的作品数量庞大、传播速度快且范围更加广泛,将法定许可延及网络环境下势必在网络作品传播领域造成大范围且影响力极为广泛的版权法律冲突现象,因此,对作品转载摘编的口子并不宜开得过大。② 随着网络媒体的发展与壮大,公众获取信息的方式已经发生了巨大的变化。网络媒体转载报刊上登载的文章、网站之间的相互转载现象时常发生,数量与规模都十分巨大。将网络媒体作为转载摘编的法定许可主体,至少还可以使相关权利人获得获取报酬的权利,但如何解决主体扩大后带来的其他问题,也是制度变革所要考虑和衡量的。从《著作权法》最新的修订草案反映的情况来看,立法者并没有扩大转载摘编法定许可主体之意。③ 若草案中的相关规定最终获得通过,那么无论依据现有法律规定还是将来的立法,网络媒体未经许可转载他人享有著作权的作品都将构成对权利人信息网络传播权的侵犯。

另外,二审法院在依法定赔偿方法确定乐盟童公司应承担的赔偿数额时,

---

① 参见丛立先:《转载摘编法定许可制度的困境与出路》,《法学》2010 年第 1 期。

② 参见丛立先:《转载摘编法定许可制度的困境与出路》,《法学》2010 年第 1 期。

③ 参见国务院法制办公室 2014 年 6 月 6 日发布的《中华人民共和国著作权法(修订草案送审稿)》第四十八条:"文字作品在报刊上刊登后,其他报刊依照本法第五十条规定的条件,可以不经作者许可进行转载或者作为文摘、资料刊登。报刊社对其刊登的作品根据作者的授权享有专有出版权,并在其出版的报刊显著位置作出不得转载或者刊登的声明的,其他报刊不得进行转载或者刊登。"

考虑了其所使用的内容在原作品中所占的数量、被侵权作品的性质等因素，认为被侵权作品中"有大量内容属于对受访者陈述的真实记录，而非由都市快报社记者原创"，在各种因素的综合考量下，对最终赔偿数额进行了认定。法院在确定赔偿数额时，对作品独创性进行分析是合理的。从无到有的全新表达独创性当然较高，但本案中的被侵权作品属事实调查类作品，作品中很多内容属受访者的陈述，并非都市快报社记者原创，此会对侵权赔偿数额的认定产生影响。

（作者：丛立先 张媛媛）

网络电视机顶盒生产者与
销售者侵权责任认定:

央视国际公司诉科洛弗公司、开博尔公司
著作权侵权及不正当竞争纠纷案

| 典型意义 |

　　网络电视机顶盒生产者为了规避责任,采取在产品出厂时不在其中内置侵权软件,而由销售者在销售过程中进行下载安装的行为,在诉讼中往往也以侵权软件非生产商提供为由进行抗辩。本案明确了在这种情况下,如何通过证据判断硬件生产者与销售者存在提供侵权软件的共同故意,产品在出厂时不具有侵权功能并不必然免除生产商的共同侵权责任。同时,本案也确定了网络直播侵犯了著作权人的何种权利。最后,在信息网络传播权侵权行为的认定中,若侵权人提出其"仅提供链接服务"的抗辩主张时,双方的举证责任应如何分担法院也进行了说明。网络电视机顶盒生产者为了降低成本、增加产品卖点会存在一些违法违规的行为,但为了逃避法律制裁往往采取一些迂回手段。本案通过对证据的分析,认定了硬件生产者的共同侵权责任,使责任承担更加合理,能够真正起到遏制侵权行为的作用。

| 裁判要旨 |

　　网络电视机顶盒生产者为了使产品功能符合消费者的预期,明知销售者会在产品中安装可以实现直播、点播、回看功能的软件,而为其提供相关软件的下载和更新服务,且在生产者自己经营的网站中也有对相关侵权功能的介绍,现有证据已经足以证明生产者相信即使在产品出厂时没有内置可实现侵权功能的软件,随后也会由销售者代为安装。此时就应认定生产者与销售者就提供软件的行为构成共同故意,进而可判定两者构成共同侵权。权利人证

明使用涉案播放器可以直播、点播和回看其享有著作权和相关权的节目,且在节目播放过程中未跳转至第三方网站,也未显示第三方网址时,就完成了侵害信息网络传播权的初步举证责任。被诉侵权人以其仅提供链接服务,不构成侵权为由抗辩的,应该提供相应证据进行证明。

| 案情介绍 |

（2015）普民三（知）初字第 312 号

（2017）沪 73 民终第 25 号

本案原告为央视国际网络有限公司,被告为网络电视机顶盒生产者深圳市开博尔科技有限公司（本文简称开博尔公司）和网络电视机顶盒销售者上海科洛弗国际商贸有限公司（本文简称科洛弗公司）。中央电视台系 CCTV 系列节目的电视频道运营方,是上述节目频道的广播组织者。同时,中央电视台还享有自行制作的电视节目的著作权。中央电视台将其制作、拍摄或广播的,享有著作权或与著作权有关的权利,或者获得授权的所有电视频道及其所含的全部电视节目向公众传播、广播、提供的权利授权给央视国际网络有限公司（本文简称央视国际公司）在全世界范围内独占行使,并有权以自己名义对外主张、行使上述权利。开博尔公司生产网络电视机顶盒,在国家广播电视总局发布相关限制政策之前,开博尔公司会在机顶盒中预装相关固件,实现央视节目的点播、直播、回看等功能。在限制政策发布之后,开博尔公司就停止了在机顶盒中预装固件的行为。科洛弗公司系开博尔公司在其官网中公布的上海地区总授权代理商,为了使产品功能符合消费者的预期,科洛弗公司在销售网络电视机顶盒时在其中安装了可以实现电视节目点播、直播、回看功能的软件。并有科洛弗公司提交的加盖其公章的、以其法定代表人名义书写的《悔过书》,内容为认识到自己在 2013 年私自安装可以收看央视频道的软件的做法是不对的。开博尔公司在其直销平台京东、天猫等店铺中对这些功能进行宣传介绍,并提供实现这些功能的软件的更新和下载服务。科洛弗公司在其网站上也有对该机顶盒上述功能的介绍。央视国际公司认为开博尔公司和科洛弗公司的行为侵害了其对相关节目享有的著作权及相关权并构成不正当竞争,诉至法院。一审法院认为开博尔公司与科洛弗公司侵犯了央视国际公司相应的著作权与信息网络传播权,判决两被告于判决生效之日立即停止侵犯央视国际公司著作权;开博尔公司于判决生效之日起十日内赔偿央视国际包括合理费用在内的经济损失 250000 元,科洛弗公司对其中的 5000 元承担连带赔偿责任。

被告开博尔公司以其没有在播放器中安装可以实现侵权功能的软件、服务器标准是信息网络传播行为认定的合理标准等为由提起了上诉。二审法院认为一审法院法律适用错误,对其进行了纠正,并对一审判决结果予以了维持。

|裁判理由|

一审法院认为:科洛弗公司抗辩公证的播放机(即机顶盒)实际型号与外包装不符,否认该播放机系其出售。但购买过程经过了公证且网购下单的型号与快递实际交付的机器型号一致,快递附随的发货信息均指向科洛弗公司。科洛弗公司表示出厂的播放机在发货前会从包装中取出进行刷机,在此过程中可能存在因二次包装导致机器实际型号与外包装不符。在没有相反证据证明的情况下,认为科洛弗公司销售了涉案播放机。在开博尔公司是否构成共同侵权的问题上,一审法院认为,央视国际公司提供的证据不足以证明在国家广播电视总局相关限制政策发布后,开博尔公司的产品出厂前预装了相关固件。但在限制政策发布之后,开博尔公司在其直营销售平台京东、天猫等店铺中仍以"电视直播、回看、在线平台、免费"等卖点介绍涉案播放机功能。而科洛弗也非一般销售商,而是开博尔公司对外公布的地区总代理,两者存在密切合作关系。科洛弗在其经营的天猫店铺中也对播放机的功能做了上述宣传。开博尔公司与科洛弗公司应该明白,其对产品功能的描述会使消费者产生预期,意味着最终交付消费者的机器必然安装有具备上述功能的软件,两者通过"裸机出厂+代为安装"的方式进行合作,共同谋取利益,故应共同承担对中央电视台自制节目著作权的侵权责任。对于侵权行为侵犯的具体权项,法院认为直播侵犯了央视国际对节目享有的相应的著作权,"点播"以及"回看"侵犯了央视国际对该节目享有的信息网络传播权。对央视国际的不正当竞争诉求,法院认为所涉侵权行为已通过著作权获得了救济,且播放的节目均显示了央视的台标,故对该项主张不予支持。

二审法院认为:科洛弗公司上海总代理商的身份说明其与开博尔公司的关系密切,且开博尔公司提供相关软件的下载与更新服务,可以认定二者就在涉案播放器内安装相应软件的行为达成了共识,构成共同侵权。该软件的直播、点播、回看功能侵犯了央视国际相应的著作权和信息网络传播权。开博尔主张涉案软件仅提供链接服务,在央视国际有初步证据证明涉案播放器可以直播、点播和回看央视节目,且在节目播放过程中,未跳至第三方网站,未显示第三方网址,也未提示任何来源,央视国际公司已经完成了初步举证责任,开博尔公司欲支持其主张,应提交相应的证据证明,在其未提交相应证明的情况下,法院对其仅提供链接服务的主张不予支持。

在法律适用方面,二审法院认为,一审法院援引《著作权法》第十条第一款第(十)项作出判决系适用法律错误,应适用第十条第一款第(十七)项的规定对侵权行为进行认定,对此予以了纠正。

| 案件分析 |

网络电视机顶盒生产者生产的产品本身无法提供网络服务,不应承担对他人享有著作权的作品在网络中未经许可进行传播的侵权责任,但若根据现有证据可以证明,硬件生产者明知销售者在产品中安装了可以实现侵权功能的软件的情况下,则二者应承担共同侵权责任。[1] 在本案中法院综合现有证据,认定虽然网络电视机顶盒(判决书中所称的"播放器")的生产者未在产品出厂时内置相关固件,使产品具有侵权功能,但其在直营销售网站上进行宣传时却对产品能够实现的侵权功能进行了介绍,而这一宣传相当于对产品功能作出了保证,使需要此功能的消费者因此而作出购买决定。实际上,本案的产品生产者开博尔公司正是借代理商科洛弗公司之手,实施了侵权行为。对于科洛弗公司在产品中安装实现侵权功能软件的行为,开博尔公司是知晓并支持的。因此两者构成共同侵权,应当对侵权行为的后果承担连带责任。如此,

---

[1] 参见杨馥宇:《硬件生产商承担共同侵权责任的司法认定》,中国法院网,https://www.chinacourt.org/article/detail/2018/04/id/3281605.shtml,访问日期:2018 年 8 月 20 日。

方可使责任合理地归属实施侵权行为者,起到《侵权责任法》明确侵权责任、制裁并预防侵权行为的功能。因此,法院的判决理由与判决结果是值得赞同的。

一、生产商与销售商构成共同侵权的理由

在 2014 年,央视国际与开博尔公司就曾因销售商在网络电视机顶盒内安装侵权软件的行为产生纠纷诉诸法院,因两案最终认定的事实不同,从而作出了不同的判定结果。在"央视国际网络有限公司与深圳市开博尔科技有限公司侵害著作权纠纷案"中,开博尔公司的销售商祥远天意公司在其销售的网络电视机顶盒中安装了可以实现点播、直播、回看功能的固件,但法院最终认定央视国际不能提供证据证明相关固件是由开博尔公司安装的,因而没有判定开博尔公司承担侵权责任。① 虽然两案中实现侵权功能的固件都是由销售商安装的,但本案的不同之处在于,开博尔公司在其自营网站上对网络电视机顶盒可以实现的直播、点播、回看功能作了宣传介绍,且为实现上述功能的软件提供了下载与升级服务。开博尔公司的宣传行为实际上是对消费者作出的承诺,表明其对网络电视机顶盒最终实现的侵权功能是明知的。虽然作为硬件生产商,没有证据证明开博尔公司在产品出厂时安装了相关的可以实现侵权功能的固件,但这并不意味着其无须对最终侵权行为承担责任。本案中可以实现侵权功能的固件是由开博尔公司的销售商科洛弗公司在销售时安装的,通过相关固件可以实现对有关电视节目的点播、直播、回看功能,因此,科洛弗公司在本案中直接实施了侵权行为。科洛弗公司系开博尔公司的上海市总代理商,虽然商品在流通过程中,通过层层分销,生产者对最终销售者的控制能力很弱,但一般来说,生产商与总代理商的关系是比较密切的。公证证据显示,在开博尔公司的网站中,网页的"新闻中心"栏目下,有以"贺科洛弗数码成为开博尔上海总代"为标题的新闻报道,并在该报道下方设置有指向科洛弗公司天猫经营店铺的相关链接。对于总代理商的行为,相较而言生产者是具有更高的知悉可能性的。且开博尔公司在其官方网站和自营网站中都对

---

① 参见北京市第一中级人民法院(2014)一中民终字第 3582 号民事判决书。

网络电视机顶盒"具有丰富的资源,内置多家在线平台和视频节目"进行了宣传,并在其官方网站上"通过视频向用户展示了播放器的直播、点播、回看功能和实际效果……同时开博尔公司亦提供相关软件的更新和下载服务"。①以上证据表明,开博尔公司与其代理商科洛弗公司具有提供侵权固件的故意,虽然相关固件是由科洛弗公司安装的,但作为生产商的开博尔公司是明知且为其提供了支持和帮助的。《侵权责任法》第八条规定:"二人以上共同实施侵权行为,造成他人损害的,应当承担连带责任。"构成共同侵权行为,要求行为主体为两人以上且共同实施了侵权行为。本案中,对于在产品中安装侵权软件的行为,作为生产商的开博尔公司与科洛弗公司是具有共同故意的,从该行为的最终效果来看,其侵犯了相关节目著作权人的权利且行为与损害后果之间具有因果关系,故两者构成共同侵权,应承担连带责任。

二、侵权行为侵犯的具体著作权项之分析

关于本案中的网络电视机顶盒所具有的"直播、点播、回看功能"构成对央视国际取得独占许可的节目著作权中何种权项的侵犯,是存在争议的。网络电视机顶盒所能实现的"直播"功能,应该指的是通过网络对中央电视台播放的节目进行实时转播。对于网络直播的性质界定,存在着不同的认识。《著作权法》中的广播权,控制的是"以无线方式公开广播或者传播作品,以有线传播或者转播的方式向公众传播广播的作品,以及通过扩音器或者其他传送符号、声音、图像的类似工具向公众传播广播的作品"的行为。② 概括来说,广播权控制的是初始传播为无线广播的行为、将接收到的广播通过有线或无线转播的行为以及用各种手段公开播放接收到的广播的行为。从网络直播电视台播放节目的方式来看,其符合广播权初始传播为无线广播的要求。但通过网络将接收到的无线广播进行转播的行为是否符合"以有线传播或者转播的方式向公众传播广播的作品"是存在争议的。无线广播(broadcasting)与网络传播具有不同的技术特点。一种观点认为,虽然广播权中的无线转播(re-

---

① 上海知识产权法院(2017)沪73民终第25号民事判决书。
② 参见《中华人民共和国著作权法》第十条第一款第(十一)项。

broadcasting)不能涵盖互联网实时转播行为，但从《伯尔尼公约》之后订立的国际条约的规定和《著作权法》的逻辑结构来看，《著作权法》有关"广播权"规定中的"有线"应被理解为包括互联网在内的任何线路。① 也有观点认为网络实时转播应该由《著作权法》第十条第一款第(十七)项规定的"应当由著作权人享有的其他权利"进行规制。② 本案中，法院在确定侵权行为究竟侵犯了哪些具体的著作权权项时，没有进行详细的分析，但二审法院明确了此处的"直播"侵犯了"应当由著作权人享有的其他权利"。③ 而涉案网络电视机顶盒所能实现的"点播"和"回看"功能，则是对中央电视台享有著作权的电视节目的信息网络传播权的侵犯。《著作权法》第十条第一款第(十二)项规定："信息网络传播权，即以有线或者无线方式向公众提供作品，使公众可以在其个人选定的时间和地点获得作品的权利。"信息网络传播权的特征是交互式传播，强调受众不必被动地在特定时间以特定方式接收广播电台、电视台或其他媒体提供的节目，具有对接收时间和地点的选择自由。虽然涉案网络电视机顶盒提供的是"一周回播功能"，并不是"所有社会公众"在"任何地方"可"随时"获得作品，但信息网络传播权并没有对传播行为的特点作此规定，否则某网站上未经著作权人许可传播的作品可在世界大部分国家获得，仅在某个国家地域范围内不能获得，就不构成对信息网络传播权的侵犯，或者某网络内容提供商未经许可将某作品上传至服务器，但该服务器不是全天开放，每天有若干小时关闭，就认为其不构成对著作权人信息网络传播权的侵犯，该结论无疑是荒谬的。④ 所以，即使涉案网络电视机顶盒仅能为用户提供在一周内的回看功能，但依然具备了信息网络传播权交互式传播的特点，构成对央视节目著作权人信息网络传播权的侵犯，央视国际作为独占被许可人有权对此提

---

① 参见王迁：《论我国〈著作权法〉中的"转播"——兼评近期案例和〈著作权法修改草案〉》，《法学家》2014年第5期。其认为《世界知识产权组织版权条约》第8条以技术中立的方式规定了一项"向公众传播权"，以伞形保护方案的方式将所有向公众传播的方式都纳入著作权人的控制范围之内。我国已经加入该条约，因此有义务对传播权提供第8条的保护水平。

② 参见苏志甫：《从著作权法适用的角度谈对网络实时转播行为的规制》，《知识产权》2016年第8期。

③ 《中华人民共和国著作权法》第十条第一款第(十七)项。

④ 参见王迁：《知识产权法教程》(第五版)，中国人民大学出版社2016年版，第151页。

起诉讼。

三、信息网络传播权侵权的举证规则

《世界知识产权组织版权条约》(WCT)和《世界知识产权组织表演和录音制品条约》(WPPT)中规定了信息网络传播权。作为信息网络时代著作权人控制自己作品传播的重要方式,《著作权法》中也将信息网络传播权作为著作权人的一项权利进行了规定。但关于判定构成信息网络传播行为应依据的标准问题,争议较大,司法实践中存在不同的裁判思路,学理上也是争议迭出。归结起来主要有服务器标准、用户感知标准、实质性替代标准等。服务器标准侧重于从上传作品至服务器的行为本身认定是否构成对信息网络传播权的侵犯,仅提供链接、定位服务而不提供作品在服务器标准下不构成对信息网络传播权的侵害。但随着技术的进步,深层链接的出现对著作权人的利益造成了严重损害,因此有主张以用户是否在主观上感觉到自己在设置链接的网站上获得了作品内容为标准对通过信息网络传播作品的行为进行判断,该标准对于维护著作权人的利益显然更加有利,但也存在以主观感受为认定标准而带来的司法不确定性等问题。虽然对于信息网络传播权的认定标准问题还存有较大的争议,但司法解释对信息网络传播权侵权案件中的举证责任的规定是明确的。《最高人民法院关于审理侵害信息网络传播权民事纠纷案件适用法律若干问题的规定》第六条规定:"原告有初步证据证明网络服务提供者提供了相关作品、表演、录音录像制品,但网络服务提供者能够证明其仅提供网络服务,且无过错的,人民法院不应认定为构成侵权。"因此,在权利人提供的证据证明节目可以播放,依外在形式可推断被诉侵权人提供了相关作品时,就可认定权利人完成了举证责任。被诉侵权方认为自己仅提供了网络服务,如仅对作品进行了跳转、链接,则应提供相应的证据进行证明。该第六条实际上是基于技术中立原则认定网络服务提供者正常提供相关服务的行为不构成侵权,但若依该条主张不承担侵权责任,除了提供证据证明自身仅提供网络服务外,主观上还须不存在过错。在本案中,央视国际已经提供证据证明了涉案播放器可以实现点播、回看功能,在播放过程中也未跳转至第三方网站,也没有显示任何第三方网址,有提供作品的外观,则已完成初步证明责任。开博尔公司辩称"中央电视台节目众多,其他人不可能掌握,只可能采取链接的方式",但其没有提供相应的证据证明,因此根据双方的举证情况,依相关司法解释的规定,应由被告承担举证不能的不利后果。

（作者：丛立先　张媛媛）

音乐喷泉的作品类型认定：

中科水景诉中科恒业等侵害著作权纠纷案

| 典型意义 |

随着科学技术的发展,独创性表达的呈现方式越来越多样。面对新的表达形式的不断出现,如何通过对现有法律规范的解释,为其保护提供法律层面的支持是当前司法实践中面临的重要问题。本案即涉及如何界定"音乐喷泉"这一具有独创性的新的表达方式的作品类型问题以及如何为其保护寻求法律依据的问题。一审法院和二审法院虽然在作品类型和法律适用方面认定不一,但都认为在音乐喷泉中,伴随音乐的节奏、曲调、力度、速度等要素变化而呈现出来的乐曲与相应的灯光、色彩、气爆、水膜等多样动态造型的变换呈现效果具有独创性,且可以通过计算机软件编辑将作品重现,符合作品的一般构成要件,应作为作品受到保护。此案表明了司法实践中在面对著作权客体的相对封闭性与新作品类型的不断出现而产生矛盾与冲突时,尽力通过法律解释对独创性的表达予以保护,避免法律对某些新类型的作品保护不及时而产生的抑制公众创作、阻碍社会文学艺术科学发展的不良后果的出现,同时也启示我们要合理地理解《著作权法》保护的作品客体范围,避免封闭僵化的理解所造成的违背著作权保护本旨的情形出现。

| 裁判要旨 |

随着科学技术的发展,针对在文学、艺术和科学领域出现的一些并非是法律规定的典型类型作品的客体,但具有美感、能被人们所感知的独创性表达如何寻求《著作权法》的保护,此涉及对《著作权法》第三条以及《著作权法实施条例》第二条的理解与解释。从《伯尔尼公约》采取的既列举典型作品类别又规定兜底范围的模式来看,我国在进行著作权立法时,在第三条对客体进行规定时也采取了列举八种典型作品并以"法律、行政法规规定的其他作品"兜底的立法模式。但从《中华人民共和国著作权法释义》的解释来看，"法律、行政法规规定的其他作品"必须由法律和行政法规规定，这意味着在立法之初就明确限制了司法对该条款进行扩大解释适用。目前，在无法律、行政法规明确增加其他具体作品类型的情况下，司法实践不宜适用兜底条款将新的作品类型纳入其中。

涉案音乐喷泉喷射效果的呈现展现出了一种艺术上的美感，设计师通过对喷泉水型、灯光及色彩的变化和音乐情感结合的独特取舍、选择、安排，使观赏者获得了不同于简单喷泉的观感，具有显著的独创性；而通过对相应的喷泉设备和控制系统的施工布局及关联点位，由设计师在音乐喷泉控制系统上编程制作并在相应软件操控下可实现同样喷射效果的完全再现，因此满足"可复制性"的要求。涉案音乐喷泉喷射效果的呈现符合《著作权法实施条例》第二条规定的作品的一般构成要件，属于《著作权法》保护的作品范畴。具体到涉案音乐喷泉属法律规定的哪种作品类型，基于《著作权法实施条例》对美术作品的非封闭式规定，且并未限制"美术作品"的表现形态和存续时间，因此，可以得出法律规定并未有意排除动态的、存续时间较短的造型表达。故可认定涉案音乐喷泉喷射效果的呈现属于美术作品的范畴。在兜底条款的适用有障碍时，法官在法律适用过程中可通过文义解释、价值解释等多种解释方法使解释更符合公平正义，更有利于立法目的的实现。

| 案情介绍 |

（2016）京 0108 民初第 15322 号

（2017）京 73 民终第 1404 号

本案为原告北京中科水景科技有限公司（本文简称中科水景）与被告中科恒业中自技术有限公司（本文简称中科恒业）、被告杭州西湖风景名胜区湖滨管理处（本文简称西湖管理处）因音乐喷泉的相关著作权侵权行为而起的纠纷。中科水景在完成 2014 年青岛世界园艺博览会天水喷泉景观实施项目的过程中，创作了《倾国倾城》《风居住的街道》等音乐喷泉作品，并在国家版权局进行了登记。作品名称为：《水上花园》——音乐喷泉系列作品，作品类别为电影和以类似摄制电影的方法创作的作品。该项目招标人为青岛市政公司、中标人为同方公司。在相关合同中，当事人未对"乐曲的喷泉编辑"知识产权归属作出明确约定。后西湖三公园音乐喷泉提升完善项目招标，中科水景、中科恒业均参加了该招标，最终中科恒业中标。在此过程中，中科水景工作人员曾给西湖管理处工作人员发送过音乐喷泉的相关资料。西湖管理处的工作人员也承认在西湖音乐喷泉改造前曾对青岛世界园艺博览会天水喷泉进行过考察，存在带着摄像机去拍摄，回来进行对比分析的行为。后由中科恒业施工的西湖三公园音乐喷泉改造工程竣工后，播放了与中科水景创作的《倾国倾城》《风居住的街道》音乐喷泉曲目构成实质性相似的音乐喷泉，中科水景遂以著作权侵权为由向法院提起诉讼。

中科水景在一审庭审中表示，由于《著作权法》中没有音乐喷泉这一单独类别，因此在进行著作权登记时，只能选择与音乐喷泉作品最相近的"电影和以类似摄制电影方法创作的作品"这一作品类别进行登记，其实际所要保护的是音乐喷泉的舞美设计、编曲造型、各种意象和装置配合而形成的喷泉在特定音乐背景下形成的喷射表演效果。

一审法院依据《著作权法》第三条第（九）项等判决中科恒业、西湖管理处自判决生效之日起停止侵权；在判决生效之日起三十日内，两被告在一家全国发行的报纸上，向中科水景公开致歉；自判决生效之日起十日内，两被告向中科水景赔偿经济损失及合理支出共计90000元，并驳回了中科水景的其他诉讼请求。

被告中科恒业和被告西湖管理处不服一审判决提起了上诉。二审法院认为一审判决对音乐喷泉构成作品的认定正确，在作品类型认定上适用条款不当，但并未对认定结论产生影响，因此作出了驳回上诉、维持原判的终审判决。

| 裁判理由 |

一审法院认为：中科水景公司提供的著作权登记证书、推荐函、证人证言等证据，能够初步证明其对涉案作品享有著作权。中科恒业、西湖管理处对中科水景所享有的权利及其主体资格提出异议，但未提交足以反驳中科水景享有著作权的证据，因此法院根据优势证据原则，确认中科水景对涉案作品享有著作权。

《著作权法》规定的具体作品类型中,并无音乐喷泉作品或音乐喷泉编曲作品这种作品类别。但涉案音乐喷泉确实具有独创性,整个音乐喷泉包含了舞美、灯光、水型、水柱跑动等方面编辑、构思并加以展现的过程,是艺术创作的过程,所形成的作品应受到《著作权法》的保护。中科水景所主张的喷射表演效果属于著作权法保护的范围。将优酷视频网站中的西湖音乐喷泉作品《倾国倾城》《风居住的街道》与青岛世界园艺博览会天水喷泉的《倾国倾城》《风居住的街道》音乐喷泉作品的效果进行比对,发现二者对于喷泉水流、水型、水柱跑动方向的编排,气爆、水膜等变化的具体细节,以及音律变化与喷泉动态造型的具体配合、意象的整体效果等方面存在较大的相似性,故两者构成实质性相似。一审法院最终依据《中华人民共和国著作权法》第三条第(九)项"法律、行政法规规定的其他作品"认定中科恒业、西湖管理处侵犯了中科水景对涉案音乐喷泉享有的著作权。

二审法院认为:《倾国倾城》《风居住的街道》两首音乐作品是经授权使用,不在请求保护范围之内,但是,伴随音乐的节奏、曲调、力度、速度等要素及其变化而呈现出来的与乐曲相呼应的灯光、色彩、气爆、水膜等多样动态造型的变换在保护范围之内,因此,涉案请求保护的权利载体可以称之为涉案音乐喷泉喷射效果的呈现。

《著作权法》第三条规定了八种法定作品类型和"法律、行政法规规定的其他作品"这一作品类型的兜底条款。《中华人民共和国著作权法实施条例》(以下均简称《实施条例》)第二条规定了作品的一般构成要件,即著作权法所称作品,是指文学、艺术和科学领域内具有独创性并能以某种有形形式复制的智力成果。对于常见客体而言,在认定其是否构成作品的同时就可明确其法定作品类型,因此,在审判实践中,认定是否构成作品与判断其法定作品类型是同时进行的。但伴随着科技的发展,在文学、艺术和科学领域内出现了一些并非是法律规定的典型类型作品的客体,但又富有美感、能被人们所感知的独创性表达,由此引起了作品认定与法定作品类型判断之间的顺序关系的讨论,究其根源,在于《著作权法》第三条与《实施条例》第二条的理解和解释。《伯尔尼公约》第二条对作品的定义采取了既列举典型作品类别又有兜底范围的立法模式,我国《著作权法》第三条也采取了此种模式对作品类型进行规定。虽然我国在《著作权法》立法时为以后可能列入法定类型的作品预留了空间,但"其他作品"必须由法律、行政法规规定,这意味着在立法之初就明确限制了司法对该条款进行扩大解释适用。在目前尚无法律、行政法规明确增加其他具体作品类型的情况下,在司法实践中适用兜底条款是被明确排除的。

在适用兜底条款有障碍的情况下,判断不属于典型类型作品的客体是否构成作品时,法官应当遵循法律解释的逻辑进行法律的解释。涉案音乐喷泉喷射效果的呈现是设计师借助声光电等科技因素精心设计的成果,展现出一种艺术上的美感,属于"文学、艺术和科学领域内的智力成果"范畴。设计师通过对喷泉水型、灯光和色彩的变化与音乐情感结合的独特取舍、选择、安排,使观赏者能够感受到完全不同于简单的喷泉喷射效果的表达,具有显著的独创性。并且通过在音乐喷泉控制系统上编程制作并在相应软件操控下可实现同样喷射效果的完全再现,满足作品"可复制性"的要求,因此符合《实施条例》第二条规定的作品的一般构成要件。而涉案音乐喷泉具体属于哪一种法定的作品类型,在规定的八种作品中,由于涉案音乐喷泉作品是动态的,其可能与电影和以类似摄制电影的方法创作的作品有关,但构成该种作品须满足将画面"摄制在一定介质上"的摄制手段和固定方式,司法应保持必要的谦恭而不进行突破扩张也是法律解释应当遵循的原则。《实施条例》第四条第(八)项规定:"美术作品,是指绘画、书法、雕塑等以线条、色彩或者其他方式构成的具有审美意义的平面或者立体的造型艺术作品。"其中的"等"字意味着其并非是封闭的。《实施条例》有关"美术作品"的规定也并未限制其表现形态和存续时间,虽然司法实践中出现的典型美术作品如绘画、书法、雕塑一般都是静态的、持久固定的表达,但是,法律规定的要件中并未有意排除动态的、存续时间较短的造型表达。在动静形态、存续时间长短均不是美术作品构成要件有意排除范围的情况下,认定涉案音乐喷泉作品喷射效果呈现属于美术作品的保护范畴,不违反法律解释的规则。就法律解释的价值追求而言,进行法律解释时应顺应《著作权法》的立法目的。《著作权法》通过对具有独创性的表达给予保护,鼓励文学、艺术和科学领域的创作,促进更多高质量作品的产生和传播。因此,将涉案音乐喷泉认定为美术作品的保护范畴,有利于鼓励对美的表达形式的创新发展。法院通过对比，认定中科恒业在优酷视频中所展示的喷泉效果内容与中科水景享有著作权的音乐喷泉构成实质性相似，考虑到西湖管理处的工作人员曾经参观过青岛世界园艺博览会的音乐喷泉播放，接触过涉案音乐喷泉的相关资料的事实，根据现有证据，可以认定中科恒业和西湖管理处基于共同的意思联络，在西湖建设相关设施，配置相应的软件，再现了涉案音乐喷泉喷射效果，共同侵犯了中科水景对涉案音乐喷泉享有的著作财产权与著作人身权。

针对西湖管理处主张其构成"免费表演"的合理使用抗辩，法院认为西湖管理处通过播放涉案作品吸引潜在消费者，带动西湖旅游业的发展，从而获得收益，故该抗辩不成立。对于该案还可能涉及的"对设置或陈列在公共场所的艺术品进行临摹、绘画、摄影、录像"而构成合理使用的问题，法院认为虽然此处的合理使用包括以营利为目的对其成果的再行使用，但本案侵权人是将涉案作品完整再现，故也不能构成该种类型的合理使用。

| 案件分析 |

本案关于音乐喷泉的作品类型认定问题再一次引发了关于《著作权法》对作品类型的界定是开放还是封闭的讨论。一审法院认为涉案音乐喷泉属于《著作权法》第三条第（九）项"法律、行政法规规定的其他作品"，二审法院认为适用《著作权法》第三条第（九）项，必须以法律、行政法规有明确规定为前提，在目前尚未有其他法律、行政法规规定新类型作品的情况下，司法应保持必要的谦恭，不对法律进行突破解释，应在法律明确规定的作品类型中为新类型作品寻找保护依据，并最终将涉案音乐喷泉认定为美术作品进行保护。法院在面对新类型作品的出现时，通过法律解释尽力为其寻找《著作权法》层面的保护依据，以此来贯彻《著作权法》鼓励创作的精神的做法值得肯定，但二审法院对《著作权法》的作品客体范围的理解以及将涉案音乐喷泉归入美术作品的做法有待商榷。下面即结合本案所凸显出的问题逐一进行分析。

一、作品登记的意义

科学技术的发展，深刻地改变了作品的传播利用方式和作品的表现形式。

而立法在回应社会现实发展方面永远具有滞后性与被动性。本案即涉及与传统作品表现形式具有很大不同的"音乐喷泉"这一新的艺术领域的表达形式在《著作权法》中该如何进行认定的问题。权利人在进行作品登记时，由于现行法律规定中没有与音乐喷泉对应的作品类型，因此选择了与音乐喷泉作品最相近的"电影和以类似摄制电影方法创作的作品"这一作品类别进行登记，但权利人明确其实际所要保护的是音乐喷泉的舞美设计、编曲造型、各种意象和装置配合而形成的喷泉在特定音乐背景下形成的喷射表演效果。[①]《作品自愿登记试行办法》规定，作品登记是解决著作权纠纷的初步证据。[②] 作品自创作完成时就自动受到保护，登记不是作品受保护的要件，登记时对作品进行的归类也不影响在司法程序中对作品类型的判断。因此，本案中权利人在登记时将音乐喷泉登记为"电影和以类似摄制电影方法创作的作品"不会影响法官对作品实际保护内容的具体判定。

二、《著作权法》对作品进行例举并无封闭作品类型之意

从著作权保护具有独创性的表达，鼓励创作的立法宗旨来看，此种具有较高独创性的表达应该受到保护。但权利人寻求《著作权法》保护的请求权基础为何还存在较大的争议。此涉及对我国《著作权法》及《实施条例》关于著作权客体规定的解释问题。《著作权法》第三条规定："本法所称的作品，包括以下列形式创作的文学、艺术和自然科学、社会科学、工程技术等作品：（一）文字作品；（二）口述作品；（三）音乐、戏剧、曲艺、舞蹈、杂技艺术作品；（四）美术、建筑作品；（五）摄影作品；（六）电影作品和以类似摄制电影的方法创作的作品；（七）工程设计图、产品设计图、地图、示意图等图形作品和模型作品；（八）计算机软件；（九）法律、行政法规规定的其他作品。"可见，《著作权法》对作品类型的规定采取了"例举＋兜底"的立法模式。但在兜底条款的规定上，法律并未以作品的一般构成要件对兜底条款进行表述，而是对新类型作品纳入法律保护设置了"法律、行政法规规定"的条件。那么，其他法律和行政

---

① 参见北京知识产权法院（2017）京 73 民终 1404 号民事判决书。
② 《作品自愿登记试行办法》第一条。

法规是怎么规定的呢？在相关法律中，还未见有关于新作品种类的规定。《实施条例》第二条规定："著作权法所称作品，是指文学、艺术和科学领域内具有独创性并能以某种有形形式复制的智力成果。"可见我国《著作权法》未对作品的一般构成要件进行规定，而是通过行政法规对作品的一般构成要件进行了明确。这种规定方式带来的困惑是，《著作权法》第三条第(九)项的规定究竟指向的是《实施条例》第二条作品的一般构成要件，从而可以通过《实施条例》这一行政法规迂回地达到以作品认定的一般构成要件对作品进行判定，还是新的作品类型必须由法律、行政法规明确进行规定的理解问题。

《伯尔尼公约》第二条之一规定，"文学和艺术作品"一词包括文学、科学和艺术领域内的一切成果，不论其表现形式或方式如何，诸如书籍、小册子和其他文字作品；讲课、演讲、讲道和其他同类性质作品；戏剧或音乐戏剧作品；舞蹈艺术作品和哑剧；配词或未配词的乐曲；电影作品和以类似摄制电影的方法表现的作品；实用艺术作品；与地理、地形、建筑或科学有关的插图、地图、设计图、草图和立体作品。从我国著作权立法借鉴参考的这一重要的国际公约对作品的规定来看，其对作品的界定是"文学、科学和艺术领域的一切成果"，并以列举的方式对典型的作品种类进行了例示。创作自由意味着没有理由要求"作品类型法定"，①凡是体现了作者独创性、个性特征的表达都可享有著作权，这也是《著作权法》的立法本旨所在。《著作权法》中并没有以定义的方式对作品的内涵作出界定，第三条是对作品某些外延的例示，内涵的界定是通过效力位阶低于法律的行政法规进行的。② 事实上，《著作权法》第三条对作品类型进行例举，并无封闭作品类型之意，只是为了与《著作权法》中关于作品的归属、权利内容、权利的限制等条款进行相互衔接之用。如出租权仅限于电影和以类似摄制电影的方法创作的作品以及计算机软件；展览权仅限于美术作品和摄影作品；电影和以类似摄制电影的方法创作的作品的著作权归属于制片者，并在保护期的规定方面与一般作品不同；美术作品原件的所有人享有

---

① 参见杨振：《音乐喷泉第一案二审宣判，喷射效果的呈现构成美术作品》中李琛教授对本案的点评，"京法网事"微信公众号文章，https://mp.weixin.qq.com/s/hzb3nHp8Bop9-z55bux1uA，访问时间：2018 年 8 月 10 日。

② 参见《中华人民共和国著作权法实施条例》第二条。

原件的展览权等;对设置或陈列在室外的艺术作品设定了对其进行合理使用的著作权限制。从各国关于著作权保护客体的立法来看,多未以封闭方式对著作权客体进行规定,德国著作权法第2条第2款规定,作品是指个人的智力创作成果。德国著作权法典试图把所有的文学、科学以及艺术作品都纳入自己的保护范围之内,因而,立法者仅通过举例的方式,对作品类别进行了列举。一旦随着文学、科学或者艺术领域出现了新的作品类别,毫无疑问,这些新的作品类型也受到著作权法的保护。[①] 而美国也通过立法和判例不断地对作品类型进行扩张,以适应新的表达形式寻求法律保护的诉求。

三、涉案音乐喷泉构成《著作权法》中的作品

本案权利人要求保护的音乐喷泉的舞美设计、编曲造型、各种意象和装置配合而形成的喷泉在特定音乐背景下形成的喷射表演效果,符合作品的一般构成要件。第一,该作品是人类的智力成果,通过对音乐、水型、灯光等的编排,使得此种组合呈现出与众不同的视觉和听觉效果。第二,该表达具有独创性,从当事人的举证以及涉案音乐喷泉所表现出来的喷射效果来看,其与简单的喷泉不同,是集音乐、色彩、变换的水型为一体的连续动态视觉效果的呈现,具有较高的独创性。第三,通过操作计算机软件编程,可以实现相同喷射效果的完全再现,此时计算机程序成为作品再现的工具和手段。因此,该音乐喷泉符合作品的一般构成要件。在简单随意的拍摄都可以成为我国《著作权法》所保护的摄影作品的情况下,独创性相比更高的音乐喷泉作品更应受到保护。虽然喷泉造型是连续动态的,且存续时间很短,但存续时间的长短不影响对表达是否构成作品的判断。在雪地中写下的一首诗,即使后来冰雪消融,也不影响该诗作成为受《著作权法》保护的文字作品。因此,音乐喷泉的喷射表演效果应受我国《著作权法》的保护,唯独其受保护所依据的法律规定争议较大。

四、将音乐喷泉认定为电影作品和美术作品的不妥之处

从《著作权法》规定的作品种类来看,音乐喷泉可能构成的作品类型有电

---

① 参见[德]雷炳德:《著作权法》(第十三版),张恩民译,法律出版社2004年版,第112页。

影和以类似摄制电影方法创作的作品(以下简称电影作品)、美术作品。《实施条例》规定,电影作品和以类似摄制电影的方法创作的作品,是指摄制在一定介质上,由一系列有伴音或者无伴音的画面组成,并且借助适当装置放映或者以其他方式传播的作品。因此,构成电影作品需要满足"摄制要件",即将连续画面摄制在一定的载体上。《实施条例》的这一规定在应对技术发展方面显示出了极强的不适应性,很多具有独创性的直播画面因为没有"摄制在一定的介质上"而不能作为电影作品受到保护。其他国家的类似规定因没有"摄制要件"的限定,更能灵活合理地对具有独创性的表达进行保护。如《法国知识产权法典》中规定的"视听作品",是指"有声或无声的电影作品以及其他由连续画面组成的作品"。因此,音乐喷泉在其他国家,或可作为视听作品受到保护。① 虽说电影作品受保护的实质是其具有独创性的连续画面,不应对其他方面作出过多不合理的限制,但在我国现有法律法规的规定下,音乐喷泉确实因不满足"摄制要件"而不能作为电影作品受到保护。那么其是否可以如二审法院所认定的那样,作为美术作品受到保护呢?

《实施条例》第四条第(八)项规定:"美术作品,是指绘画、书法、雕塑等以线条、色彩或者其他方式构成的有审美意义的平面或者立体的造型艺术作品。"二审法院认为,《著作权法》第三条第(九)项"法律、行政法规规定的其他作品"的适用必须以其他法律、行政法规对新的作品类型作出规定为前提,在目前没有法律、行政法规明确增加其他具体作品类型的情况下,在司法裁判中适用该条款是立法明确排除的,②可以通过对现有法律规定的作品类型进行文义解释、价值解释,为音乐喷泉在法定作品类型中寻找《著作权法》保护依据。并认为美术作品中的"绘画、书法、雕塑等"类型列举中的"等",可为美术作品的扩张预留空间,美术作品的定义中也没有排除非静态、非持久固定的作品构成美术作品之可能。因此,音乐喷泉可作为美术作品受到保护。二审法院因此认定一审法院依据《著作权法》第三条第(九)项对音乐喷泉进行保护的做法不当,应将其作为美术作品进行保护。

---

① 参见袁博:《从西湖音乐喷泉案看作品类型的界定》,《中国知识产权报》2017 年 7 月 7 日。

② 参见北京知识产权法院(2017)京 73 民终 1404 号民事判决书。

　　显然,二审法院的这一认定与传统上公众对美术作品的认知不同。一般来说,美术作品指的是静态的书法、绘画或立体雕塑等艺术表现形式,并有原件与复制件之分,原件的价值远高于复制件。《著作权法》第十八条规定:"美术等作品原件所有权的转移,不视为作品著作权的转移,但美术作品原件的展览权由原件所有人享有。"其中强调原件的展览权归原件所有人享有,不仅是出于平衡物权人与著作权人利益的考量,更在于物权人取得原件所花费的代价一般较大,而对原件最主要的利用方式——展览所带来的利益也应该由原件所有人享有。而欧盟、澳大利亚、德国等还赋予艺术作品作者以追续权,因为艺术品的增值主要体现在原件的售价上,①为了使艺术作品的创作者从原件的每次销售中都可以获得一定的利益,避免作者在穷困潦倒时创作的艺术作品以低价售出,而作品之后以高价流转时,作者却不能分享由此带来的利益导致的不公,有的国家针对艺术作品的原件规定了作者享有追续权,确保作者本人能够从作品原件的继续出售行为所获取的收益中获得报酬。② 而从最新的《著作权法》修订草案送审稿中新增的内容来看,也对该制度进行了规定。③由此可见,针对美术作品而言,原件与复制件受法律保护的程度是不同的。而对音乐喷泉来说,则没有所谓的原件与复制件之分,借助于计算机程序,通过对相关设置进行操控,得到的喷射效果基本不会有太大区别,受让人不会因为是所谓的"作品原件"而付出更高的代价。其更多属于科学技术的产物,所谓的"原件"并不会如传统美术作品那样对作者权利产生别样的影响。虽然二审法院也强调"突破一般认知下静态的、持久固定的造型艺术作为美术作品的概念束缚,将涉案音乐喷泉喷射效果的呈现认定为美术作品的保护范畴,有利于鼓励对美的表达形式的创新发展,防止因剽窃抄袭产生的单调雷同表达,

---

　　① 参见王迁:《知识产权法教程》(第五版),中国人民大学出版社2016年版,第122页。

　　② 参见[德]雷炳德:《著作权法》(第十三版),张恩民译,法律出版社2004年版,第286页。

　　③ 国务院法制办公室于2014年6月6日公布《中华人民共和国著作权法(修订草案送审稿)》第十四条规定:"美术、摄影作品的原件或者文字、音乐作品的手稿首次转让后,作者或者其继承人、受遗赠人对原件或者手稿的所有人通过拍卖方式转售该原件或者手稿所获得的增值部分,享有分享收益的权利,该权利专属于作者或者其继承人、受遗赠人。其保护办法由国务院另行规定。"

有助于促进喷泉行业的繁荣发展和与喷泉相关作品的创作革新"①。但将音乐喷泉纳入美术作品的范畴，所带来的不只是传统观念的革新，也会造成概念紊乱、与其他法律条文的规定不相协调的后果。所以，无论将涉案音乐喷泉认定为电影作品还是美术作品都是不恰当的。

五、在《著作权法》中对作品内涵进行明确以及规定兜底条款的必要性

法官与一些学者的困惑在于《著作权法》第三条第(九)项规定的"法律、行政法规规定的其他作品"的指代问题。二审法院认为一审法院适用该条款对音乐喷泉的类型进行认定的做法不正确，是因为目前其他法律和行政法规并未规定新的作品类型。但如前所述，《实施条例》作为行政法规在第二条中规定了作品的一般构成要件。② 在行政法规对作品进行了规定的情况下，通过解释适用《著作权法》第三条第(九)项对作品进行认定是可行的。且从《著作权法》鼓励独创性的表达、促进作品的创作与传播的立法目的来看，对涉案音乐喷泉这一具有较高独创性的表达进行保护是必然的。当然，利用兜底条款对作品类型进行认定所引发的担忧是会赋予法官过多自由裁量权，基于我国《著作权法》中著作权与邻接权二分的立法模式，针对表达的独创性有高低之别，立法对其提供了不同的保护水平。因此，是否构成作品应交由立法者决定，不宜由法官在个案中对是否构成新类型的作品进行判断。③ 当然，针对独创性高低难以判断的新类型的表达，司法应保持必要的谦恭，在不对《著作权法》进行突破式解释的前提下，求助于《著作权法》或其他法律对各方利益归属进行判定。但对于明显具有较高独创性的表达，如本案中的音乐喷泉，则可以适用兜底条款对作品类型进行认定。二审法院认为在兜底条款无所指代的情况下，应通过对法定作品类型的解释，将涉案作品纳入其中。且不说这种做

---

① 北京知识产权法院(2017)京73民终1404号民事判决书。
② 《中华人民共和国著作权法实施条例》第二条："著作权法所称作品，是指文学、艺术和科学领域内具有独创性并能以某种有形形式复制的智力成果。"
③ 参见陈锦川：《法院可以创设新类型作品吗？》，《中国版权杂志》微信公众号文章，https://mp.weixin.qq.com/s/o04AHKDI3wJ8-xEWVTJ5Sg，访问时间：2018年8月15日。

法对固有概念的冲击、与其他法律规范衔接时造成法理上的错位，当其他新类型的作品再次出现，而通过对法定作品类型的解释也无法将其容纳时，二审法院的做法就值得商榷了。在国务院法制办公室 2014 年 6 月 6 日公布的《中华人民共和国著作权法（修订草案送审稿）》第五条第一款规定："本法所称的作品，是指文学、艺术和科学领域内具有独创性并能以某种形式固定的智力表达。"并在第二款第（十六）项作品类别中规定了"其他文学、艺术和科学作品"。若该规定获得通过，我国将在《著作权法》立法层面对作品内涵进行明确，并将以兜底形式为作品类型的扩张预留空间，法官在适用兜底条款对作品类型进行认定时将不会存在法律适用方面的困惑。值得注意的是，对于作品类型化规定的相对封闭式还是开放式，目前还没有定论，期待立法和司法实践尽快在这一基础性问题上达成科学的共识。

六、对于本案中涉及的"合理使用"抗辩的分析

西湖管理处依据《著作权法》第二十二条第一款第（九）项的规定，①认为其在西湖喷放涉案作品，但未向游客收取费用，是免费表演，属于合理使用的范围。二审法院认为西湖管理处通过喷放涉案作品的行为吸引潜在消费者，带动了西湖旅游业发展，增加西湖管理处的相关利益，因此不符合"免费表演"的要件。② 法院在西湖管理处通过播放涉案音乐喷泉获利方面的认定值得赞同，获取收益不限于直接就观看涉案音乐喷泉收取费用，只要侵权人从作品的传播中获益，又不构成合理使用和法定许可的情形下，就应该向著作权人取得许可并支付报酬。但《著作权法》第二十二条第一款第（九）项规定的构成合理使用的情形是对作品的免费表演。西湖管理处的行为不属于对作品的表演，因而不可引用该条款对其行为进行抗辩。另外，法院认为该案还可能涉及《著作权法》第二十二条第一款第（十）项规定的"对设置或者陈列在室外公共场所的艺术作品进行临摹、绘画、摄影、录像"情形的合理使用。《最高人民法院关于审理著作权民事纠纷案件适用法律若干问题的解释》第十八条规

---

① 《中华人民共和国著作权法》第二十二条第一款第（九）项规定，免费表演已经发表的作品，该表演未向公众收取费用，也未向表演者支付报酬，构成合理使用。

② 参见北京知识产权法院（2017）京 73 民终 1404 号民事判决书。

定："著作权法第二十二条第(十)项规定的室外公共场所的艺术作品,是指设置或陈列在室外社会公众活动处所的雕塑、绘画、书法等艺术作品。对前款规定艺术作品的临摹、绘画、摄影、录像人,可以对其成果以合理的方式和范围再行使用,不构成侵权。"此处的"以合理的方式和范围",可以包括以营利为目的的使用,如将公园的雕塑作品拍照并印制成明信片出售。但本案中,侵权人是将权利人的作品完全再现。《实施条例》第二十一条规定:"依照著作权法有关规定,使用可以不经著作权人许可的已经发表的作品的,不得影响该作品的正常使用,也不得不合理地损害著作权人的合法利益。"因此,构成合理使用或法定许可,还须符合该条规定。本案中,西湖管理处对作品的使用行为已经构成对原作品的替代,通过对相同作品的完全再现,以与原作品相同的使用方式对作品进行使用,影响了著作权人对作品的正常使用,所以即使侵权人主张《著作权法》第二十二条第一款第(十)项规定的抗辩,也无法成立。由此,二审法院认定西湖管理处和中科恒业构成共同侵权,根据现有证据来看,有西湖管理处将音乐喷泉相关资料提供给中科恒业,二者共同实施侵权行为的高度盖然性。因此,法院判定二者对侵权行为承担连带责任是合理的。

(作者：丛立先　张媛媛)

体育赛事直播节目的性质认定：

新浪公司诉天盈九州公司体育赛事直播节目网络转播侵权案

| 典型意义 |

本案两审对体育赛事直播节目性质的不同认定再一次引发了对于体育赛事直播节目是否构成作品的讨论。一审法院认定体育赛事直播节目构成作品,而二审通过详细的分析论证了体育赛事直播节目所受客观限制因素过多而不能达到作品所要求的独创性高度,因此不属于著作权法所保护的作品。此判决结果将对今后体育赛事直播节目性质的认定产生重大影响。另外,通过本案,法院也明确了如何通过域名的构成形式来判定责任承担主体的问题。最后,二审法院对未经许可通过网络转播电视台播放的节目的行为受《著作权法》哪一具体条款规制的问题进行了分析,认为一审法院依《著作权法》第十条第一款第十七项"应当由著作权人享有的其他权利"对行为进行认定有误,该行为应受著作权人所享有的广播权的控制。本案表明了司法实践中对体育赛事直播节目性质的一种认定倾向,案件裁决本身的巨大争议对于体育赛事直播节目著作权保护悬疑的解决和体育赛事产业的良性发展具有促进作用。

| 裁判要旨 |

一、关于体育赛事录制形成的画面是否构成作品以及属于何种类型作品的认定,一审法院认为其属于作品但未明确属于哪一种作品类型。《著作权法》第二条第(九)项规定有"其他作品",但其保护的"其他作品"必须由法律、行政法规明确规定,以保证法律的统一。法院无权在《著作权法》规定的法定作品类型之外设定其他作品类型。

二、电影作品核心要素是具体的情节或素材,作者通过对情节或素材的运用而形成的足以表达其整体思想的连续画面即为电影作品,是否具有通常意义上的编剧、演员、配乐等要素,《著作权法》并不关注。就构成要件而言,电影作品至少应符合固定及独创性要求。现场直播过程中,因采取的是随摄随播的方式,此时整体比赛画面并未被固定在有形载体上,此时赛事直播公用信号所承载的画面并不能满足电影作品的固定要求。赛事直播结束后,公用信号所承载的画面整体被稳定固定在有形载体上,此时的公用信号所承载的画面符合固定要求。中国足球协会超级联赛(本文简称中超)赛事节目的摄制受制于赛事本身的客观情形、赛事直播的实时性、对直播团队水准的要求、观众的需求、公用信号的制作标准等客观因素的限制,个性化表达受到制约。从纪实类电影作品独创性的三个角度,即对素材的选择、对素材的拍摄以及对拍摄画面的选择及编排来看,中超赛事公用信号所承载连续画面的个性化选择空间已受到极大的限制,达不到作品所要求的独创性高度,故不能作为作品受到保护。

三、被诉视频播放地址为 ifeng.sports.letv.com,其中 letv.com 为乐视公司的二级域名,而 ifeng 指的是凤凰网。从域名的构成来看,可以看出二者对于内容的提供具有合作关系,凤凰网在合作关系中不仅是提供链接服务,同时也与乐视公司在该网络地址下向公众提供视频。乐视公司仅获得了在自营网站上播放体育赛事的权利,而无权以共建合作平台的方式使用赛事节目。因此,若涉案赛事公用信号所承载的连续画面构成作品,则被诉行为将构成侵犯著作权的行为,凤凰网与乐视公司将承担连带责任。

四、在认定体育赛事公用信号所承载的连续画面不构成电影作品的情况下,承载该节目的广播信号可作为广播组织权的权利客体寻求保护。但广播组织权中的"转播"并不包括网络直播。在我国《著作权法》现有规定下,广播组织权中的"转播"不包括网络直播行为。

| 案情介绍 |

(2014)朝民(知)初字第 40334 号

(2015)京知民终字第 1818 号

本案为原告北京新浪互联信息服务有限公司(本文简称新浪公司)与被告北京天盈九州网络技术有限公司(凤凰网经营者)，以及一审第三人乐视网信息技术(北京)股份有限公司(本文简称乐视网)因未经许可通过网络实时转播体育赛事直播节目而起的纠纷。

国际足球联合会(本文简称国际足联)在2012年7月版的《国际足联章程》的"会员协会的独立性"条款中规定"每个会员协会应独立管理本协会的事务，不受第三方影响"。在"比赛和赛事的权利"章节中的"权利"条款中规定"国际足联、其会员协会以及各洲足联为由其管辖的各项比赛和赛事的所有权利的原始所有者……这些权利包括各种财务权利，视听和广播录制，复制和播放版权，多媒体版权，市场开发和推广权利以及无形资产如会徽及其他版权法规定的权利"。

中国足球协会在2005年1月19日颁布的《中国足球协会章程》中载明中国足球协会是唯一代表中国的国际足球联合会会员和亚洲足球联合会会员，在"赛事及比赛规则"章节中"赛事权利"中载明"本会为中国足球运动的管理机构，是本会管辖的各项赛事所产生的所有权利的最初所有者。这些权利包括各种财务权利，视听和广播录制、复制和播放版权，多媒体版权，市场开发和推广权利以及无形资产如徽章和版权等"。"本会根据需要采取以下方式行使赛事权利：独自使用赛事权利；同第三方合作使用；完全通过第三方来行使权利"。该章程至2013年有效。2006年3月8日，中国足球协会出具授权书，该授权书载明："依据《国际足联章程》和《中国足球协会章程》的规定，中国足球协会是中超联赛所产生的所有权利的最初拥有者……我会授权中超联赛有限责任公司(本文简称中超公司)代理开发经营中超联赛的电视、广播、互联网以及各种多媒体版权……中超公司可以对上述资源进行全球范围内的市场开发和推广，有权进行接洽、谈判及签署相关协议等，有权经中国足球协会备案后在本授权范围内进行转委托"。授权有效期为2006年1月1日至2015年12月31日十年。

2012年3月7日，中超公司与新浪公司签订协议。双方约定，甲方授权乙方在合同期内，享有在门户网站领域独家播放中超联赛视频，包括但不限于比赛直播、录播、点播、延播；上述所提及的门户网站，即中超公司不得再进行任何形式合作的网站，包括但不限于：腾讯网（www.qq.com，www.tencent.com），搜狐（www.sohu.com），网易（www.netease.com，www.163.com），凤凰网（www.ifeng.com），TOM（www.tom.com），人民网（www.people.com），新华网（www.xinhuanet.com），合同有效期自 2012 年 3 月 1 日起至 2014 年 3 月 1 日。后在 2013 年 12 月 24 日，中超公司向新浪公司出具授权书，授权书中申明了中超公司的权利来源、对新浪公司的授权范围以及证明新浪公司有权采取包括诉讼在内的一切法律手段阻止第三方违法使用上述视频并获得赔偿。

中超公司与体奥动力（北京）体育传播有限公司（本文简称体奥动力公司）签订协议书，约定 2012 年 2 月 1 日至 2014 年 12 月 31 日期间，针对中超联赛的网络视频，体奥动力公司拥有将网络视频权独家授予第三方网站或互联网机构播出的权利，但无权授予门户网站等网络。2012 年 3 月 15 日，体奥动力公司向 PPLive Corporation Limited（聚力传媒技术有限公司，本文简称聚力公司）出具授权证明，授权聚力公司 2012 至 2014 赛季中超联赛所有比赛的独家信息网络传播权及分销权，包括直播、延播、点播及制作集锦。2013 年 4 月 19 日，聚力公司与乐视网、乐视网信息技术（香港）有限公司签订 2013—2014 赛季中超联赛内容许可协议书，约定乐视网有权在自营网站上（仅限域名为 www.letv.com 的网站），以个人计算机（包括 PC 网页端及 PC 客户端，不包括手持移动设备、PAD、手机、电视机等）为终端，向公众播放赛事节目，未经聚力公司许可，乐视网不得以链接、共建合作平台等方式与第三方合作或授权第三方使用授权节目。

天盈九州公司为凤凰网（www.ifeng.com）的网站所有者，负责该网站的运营。在凤凰网"中超"栏目下，点击"点此进入视频直播间"后，进入"体育视频直播室"，在其预告页面上注明"凤凰体育将为您视频直播本场比赛，敬请收看！"字样。新浪公司对该直播室有涉案两场比赛（2013 年 8 月 1 日中超"山东鲁能 VS 广东富力""申鑫 VS 舜天"）的实时直播视频进行了公证，两场比赛的播放页面网址均为 www.ifeng.sports.letv.com，且分别显示有 BTV、CCTV5 的标识，在该页面上方还显示有两个返回入口，即"凤凰体育"和"乐视体育"。上述两场比赛，均有回看、特写、场内、场外、全场、局部的画面，以及有全场解说。乐视公司与天盈九州公司认可曾因合作关系共建了涉案播放页面域名

（www.ifeng.sports.letv.com）。合作期间,乐视公司向该域名下的网页推送视频。

一审法院认为涉案体育赛事直播节目构成作品,判决天盈九州公司:1. 停止播放中超联赛 2012 年 3 月 1 日至 2014 年 3 月 1 日期间的比赛;2. 在其凤凰网（www.ifeng.com）首页连续七日登载声明;3. 赔偿新浪公司经济损失五十万元;4. 驳回新浪公司其他诉讼请求。

被告天盈九州公司不服一审判决,以一审有关程序不合法和体育赛事直播节目独创性过低不能构成作品以及一审判决的赔偿数额过高为由提起上诉,二审法院认为涉案体育赛事节目画面独创性尚无法达到作品的高度,不能作为作品受到保护,撤销了一审的判决,驳回了新浪公司的诉讼请求。

| 裁判理由 |

一审法院认为,依据《国际足联章程》和《中国足球协会章程》的规定,中国足球协会当然的拥有各项足球赛事的权利,其权利包括各种财务权利,视听和广播录制、复制和播放版权,多媒体版权,市场开发和推广权利以及无形资产如徽章和版权等,其同时享有同第三方合作使用以及完全通过第三方来行使权利的权利。在此前提下,依据 2006 年 3 月 8 日中国足球协会出具的授权书,可以确认中超公司有权代理中国足球协会开发经营中超联赛的电视、广播、互联网及各种多媒体版权并有权对上述资源在全球范围内进行市场开发推广,经中国足球协会备案后在授权范围内进行转委托。依据上述章程及授权手续,可以认定 2013 年 12 月 24 日中超公司向新浪公司出具的授权书有效,因此,依据授权书新浪公司在合同期内,享有在门户网站领域独占转播、传播、播放中超联赛及其所有视频。通过章程和授权手续,可以确认新浪公司对涉案赛事的转播享有权利。

从涉案赛事的转播地址 www.ifeng.sports.letv.com 以及涉案赛事网页显示的入口状态,可以看出该赛事的转播是在乐视网项下子域名的地址播出,从技术角度看,域名对其项下子域名播放的内容享有控制权,所以乐视公司对涉案转播赛事享有控制权。结合天盈九州公司与乐视公司曾有过合作,乐视网曾向凤凰网推送过相关视频,涉案页面上显示有"视频直播合作—凤凰互动直播间"的字样,又考虑到涉案赛事转播页面显示有两个入口"乐视体育""凤凰体育",从而无法得出该页面返回至唯一主页面(地址)的结论。依据乐视公司获得涉案赛事转播的权利链条来源,可以确认:体奥动力公司在中超联赛上的获权范围仅限地方台广播电视转播、非门户网站网络视频版权等,乐视公司也仅限于在其自营网站上使用授权节目,而不得以链接、共建合作平台等方式,与第三方合作或授权第三方使用该节目。因此,可以认定天盈九州公司实施的链接行为已经不是单纯的网络服务行为,而是以链接为技术手段与乐视公司分工协作,未经许可向网络用户提供涉案赛事节目的转播,应对侵权行为承担连带责任。

从赛事的转播、制作的整体层面上看,赛事的转播、制作是通过设置不确定的数台或数几十台固定的、不固定的录制设备作为基础进行拍摄录制,形成用户最终看到的画面,但固定的机位并不代表形成固定的画面。转播的制作程序,不仅包括对赛事的录制,还包括回看的播放、比赛及球员的特写、场内与场外、球员与观众、全场与局部的画面,以及配有的全场点评和解说。上述画面的形成,是编导通过对镜头的选取,对多台设备拍摄的多个镜头的选择、编排的结果。不同机位的设置、不同的画面取舍、编排、剪切等多种手段,会导致不同的最终画面。因此,对赛事录制镜头的选择、编排,形成可供欣赏的新的画面,无疑是一种创作性劳动,且该创作性从不同的选择、不同的制作,会产生不同的画面效果恰恰反映了其独创性,因此涉案体育赛事直播节目构成作品。乐视公司、天盈九州公司以合作方式转播的行为,侵犯了新浪公司对涉案赛事画面作品享有的权利,虽不能以交互式使得用户通过互联网在任意的时间、地点获得,不受信息网络传播权控制,但仍应受我国著作权法的保护,即属于"应当由著作权人享有的其他权利"。并认为新浪公司作为赛事转播授权一方,在通过《著作权法》获得救济保护的情况下,无需再以《反不正当竞争法》进行规制。因此,对新浪公司提起的反不正当竞争的诉请,不予支持。

二审法院认为:一审法院在判决中认定的赛事录制形成的画面,构成我国《著作权法》保护的作品,但对其属于哪一种具体类型的作品,判决中并未明确。《著作权法》第三条对作品类型进行了列举,虽然该条第(九)项规定有"其他作品",但这一规定中的"其他作品"需要符合"法律、行政法规规定"这一前提,法院在第三条规定的法定作品类型之外,无权设定其他作品类型。

《中华人民共和国著作权法实施条例》第四条第(十一)项规定:"电影作品和以类似摄制电影的方法创作的作品,是指摄制在一定的介质上,由一系列有伴音或无伴音的画面组成,并且借助适当装置放映或者以其他方式传播的作品。"因此,就构成要件而言,电影作品至少应符合固定及独创性的要求。就涉案体育赛事直播节目来说,在现场直播过程中,采取的是随摄随播的方式,此时整体比赛画面并未被稳定地固定在有形载体上,因而此时的赛事直播公用信号所承载画面并不能满足电影作品中的固定要求。赛事直播结束后,公用信号所承载画面整体已被稳定地固定在有形载体上,此时公用信号所承载画面符合固定的要求。而关于中超赛事公用信号所承载连续画面的独创性高度方面,法院认为:1.关于素材的选择,中超直播团队并无选择权;2.对素材的拍摄方面,受制于严格的信号制作手册所规定的制作标准,观众的需求以及符合直播水平要求的摄影师所常用的拍摄方式及技巧,摄影师的选择空间十分有限,个性化选择的余地很小;3.在对拍摄画面的选择及编排方面,如实反映赛事现场情况是赛事组织者对直播团队的根本要求。为使对画面的选择和编排更符合比赛的进程,对于同等水平的直播导演而言,不同直播导演对于镜头的选择及编排并不存在过大的差异。因此,体育赛事公用信号所承载的画面本身的独创性尚不能达到作品的高度,无法作为作品受到保护。赛事集锦确实具有较高的独创性,选择空间较大,但中超赛事公用信号提供的共计四分钟的集锦不足以使整个赛事直播连续画面符合电影作品的独创性高度要求。

本案中,被诉视频播放地址为 www.ifeng.sports.letv.com,其中 letv.com 为乐视公司的二级域名,"ifeng"指向的是凤凰网,这一域名构成形式可初步说明二者对该网络地址中提供的内容具有意思联络,具有合作关系。天盈九州公司在该合作关系中不仅仅提供链接服务,同时亦与乐视公司在该网络地址下共同向公众提供视频,其是否构成侵权,则需要判断被诉网络直播行为是否属于著作权所控制的行为,若属于,乐视网上的直播行为是否获得了著作权人的授权。广播权调整三种行为,无线广播、有线或无线转播行为以及公开播放广播的行为。本案被诉侵权的两个视频中分别显示有 BTV、CCTV5 的标识,可见其视频来源为北京电视台和中央电视台,符合广播权初始传播采无线传播的方式,被诉行为是对上述广播信号的网络直播行为,属于广播权调整的第二种行为,即"以有线传播或者转播的方式向公众传播广播的作品"的行为。因此,假设体育赛事直播节目构成作品,被诉侵权的以网络转播电视节目信号的行为将会侵犯著作权人的广播权,而不是一审法院所认定的"应当由著作权人享有的其他权利"。

在一审程序中,被上诉人除提出侵犯著作权这一诉由外,亦认为被诉行为构成不正当竞争行为,一审法院在认定被诉行为构成侵犯著作权行为的情况下,认为被上诉人所受侵害无需再以反不正当竞争法进行规制,因此对不正当竞争诉由未再审理。而被上诉人针对这一认定并未提出上诉,根据民事诉讼法和相关司法解释的规定,第二审人民法院应当围绕当事人的上诉请求进行审理,当事人没有提出请求的,不予审理。但一审判决违反法律禁止性规定,或者损害国家利益、社会公共利益、他人合法权益的除外。被诉行为是否构成不正当竞争行为仅涉及特定权利人的利益,与国家利益、社会公共利益和他人合法权益无关,故在被上诉人未提出上诉的情况下,对该诉由无法进行审理。

在体育赛事直播节目不构成作品的情况下,对体育赛事公用信号网络直播的著作权法规制路径,可以考虑从广播组织权的客体——承载节目的广播信号方面寻求救济。虽然广播组织权的原始权利人必须是广播电台及电视台,但法律并未禁止广播电台、电视台将该权利转让给非广播组织,故广播组织权的受让人或被许可使用人可以是广播电台、电视台之外的其他民事主体。网络直播行为并不能包含在广播组织权中的"转播"(指的是无线方式的"re-broadcasting")中。因此在我国现行著作权法的规定中,广播组织权尚不能禁止他人的网络直播行为。

案件分析

体育赛事直播节目的性质及保护问题在著作权法领域争议较大。体育赛事直播节目究竟属于电影和以类似摄制电影的方法创作的作品(本文简称类电影作品)还是录像制品,在不同的性质认定下又如何实现对相关主体的利益保护都充满了争议。本案一、二审法院的不同判决结果即突出地反映了这一问题。而法院不同认定结果反映出了对体育赛事直播节目独创性的不同认识。在体育赛事直播节目摄制受诸多客观因素限制的情况下，其独创性是否能够达到作品的要求的确是值得探讨的问题。由于体育赛事直播节目的商业价值巨大，若法律不保护未经许可的传播，则赛事组织者或相关利益方的正常投入将会面临无法得到有效保护的风险，在目前法院倾向性地将其认定为录像制品的情况下，体育赛事直播节目在现有法律规定中的保护路径也将成为问题。下面就本案突出反映的问题进行详细分析。

一、赛事节目画面的权利来源

观众最终通过各种设备观看到的体育赛事直播节目，是通过对现场比赛的拍摄、对拍摄画面的选择、加入的点评和解说而形成的完整的体育赛事直播节目。本案二审中被上诉人新浪公司明确其主张的是涉案赛事公用信号所承载的连续画面构成电影和以类似摄制电影的方法创作的作品。公用信号通常包括比赛现场的画面及声音、字幕、慢动作回放、集锦等，且仅涉及确定时间段的内容。观众看到的内容中的点评、解说通常与公用信号无关。公用信号的制作者不一定是赛事组织者。承载比赛连续画面的公用信号的制作，大致包括如下几种情况：1. 由赛事组织者自行统一制作；2. 由赛事组织者委托第三方赛事节目制作方统一制作；3. 赛事组织者提供信号和画面（通常由赛事组织者的固定机位拍摄），由赛事播出方编排制作；4. 赛事组织者授权赛事播出方进入赛场，提供必要的物质、技术支持，由赛事播出方自行架设拍摄机位，制作直播节目。[1] 若赛事节目构成作品，在相关体育赛事直播节目不是由赛事组织者制作，其又没有与赛事节目制作者通过合同约定相关著作权权属（如委托创作等），该作品又不属于法人作品或特殊的职务作品，那么此时赛事组织者便不享有著作权法层面的权利来源，其不能通过章程约定自身享有相关节目的著作权，也不能通过合同授予他人对赛事节目进行广播或信息网络传播的权利。[2] 本案一审法院认为，"依据《国际足联章程》以及《中国足球协会章程》的规定，中国足球协会当然的拥有各项足球赛事的权利；其权利包括各种

---

[1]　参见丛立先：《体育赛事直播节目的版权问题析论》，《中国版权》2015年第4期。
[2]　参见王迁：《论体育赛事现场直播画面的著作权保护——兼评"凤凰网赛事转播案"》，《法律科学（西北政法大学学报）》2016年第1期。

财务权利,视听和广播录制、复制和播放版权,多媒体版权……同时,其享有同第三方合作使用以及完全通过第三方来行使权利的权利","上述章程及授权手续,可以认定 2013 年 12 月 24 日中超公司向新浪公司出具授权书的有效性。进而,依此授权书新浪公司在合同期内,享有在门户网站领域独占转播、传播、播放中超联赛及其所有视频……"。章程的效力仅及于受约束的成员,体育组织的章程只能约束该体育组织的会员单位,并不能约束和对抗第三方。① 赛事组织者不能通过合同将不构成作品的表达约定成为作品,在该表达构成作品时,也不能通过合同在自己不具有权利主体资格的情况下约定自己享有相关著作权。

著作权来源于作品,而作品基于创作产生。在作品的创作是由法人或其他组织主持、代表法人或其他组织意志创作,并由法人或其他组织承担责任的情况下,法人和其他组织将被视为作者。若没有通过创作获得相关著作权的基础,则可以与著作权人通过合同对权属进行约定,或者在创作作品的自然人与法人或其他组织之间存在劳动关系的情况下,若符合特殊职务作品的构成要件,则法人或其他组织可以享有除署名权之外的其他著作权。② 著作权可以通过与著作权人签订有权属约定的委托创作合同或其他合同取得,但不能由协会自身通过章程约定基于赛事节目产生的相关版权归自己所有。法律作此规定是因为著作权是一项绝对权,涉及权利主体的权利边界和他人的行动自由,必须由法律明确规定权利的种类和内容以及流转方式,任意通过合同创设将会导致社会秩序的混乱。因此,体育组织自身的章程不能作为确定著作权产生和归属的依据。一审法院的认定理由有待商榷。若体育赛事直播节目构成作品,在我国没有规定相关体育赛事直播节目著作权权属归于赛事组织者的情况下,著作权应由节目制作方享有。仅在构成法人作品、特殊职务作品,或赛事组织者与节目制作方通过约定将赛事节目的著作权转移至赛事组

---

① 参见丛立先:《体育赛事直播节目的版权问题析论》,《中国版权》2015 年第 4 期。

② 《中华人民共和国著作权法》第十六条第二款规定:"有下列情形之一的职务作品,作者享有署名权,著作权的其他权利由法人或者其他组织享有,法人或者其他组织可以给予作者奖励:(一)主要是利用法人或者其他组织的物质技术条件创作,并由法人或者其他组织承担责任的工程设计图、产品设计图、地图、计算机软件等职务作品;(二)法律、行政法规规定或者合同约定著作权由法人或者其他组织享有的职务作品。"

织者的情况下,赛事组织者才具有著作权权利的来源基础。本案两审法院在新浪公司与赛事节目相关的著作权权利来源认定方面,一审法院认为依据《国际足联章程》以及《中国足球协会章程》的规定和中国足球协会的授权,可以得出新浪公司对涉案赛事转播享有权利。二审法院未对新浪公司可能享有的著作权权利来源进行分析,若中国足球协会或中超公司没有制作赛事节目,在不构成法人作品、特殊的职务作品或约定权属于中国足球协会或中超公司的委托作品的情况下,其就不具有著作权法上的权利来源,不能通过合同将相关著作权许可他人使用。

二、体育赛事直播节目的性质

上述对体育赛事直播节目权利的来源分析是建立在赛事节目构成著作权法保护的作品这一假设之上的。但体育赛事直播节目究竟是否构成作品,目前还存在较大争议。

体育赛事不同于体育赛事直播节目。体育赛事是指体育举办者组织,按照统一、规范的赛事规则要求,在裁判员的主持下,进行运动员个体或团队之间的竞技比赛活动。[①] 体育赛事本身是不受著作权法保护的事实,但对体育比赛画面的拍摄、选择形成的连续画面,可能构成类电影作品或录像制品受到《著作权法》的保护。如上所述,公共信号所承载的连续画面可能构成类电影作品,公共信号之外的解说可能构成口述作品,字幕可能构成文字作品。但类电影作品的独创性体现在相关的连续画面中,故即使体育赛事直播节目整体包含有文字作品和口述作品,也不会对连续画面的独创性判定产生影响。关于体育赛事直播节目的性质,目前有电影作品和录像制品两种认识。本案两审法院的不同认定结果正是两种观点的典型代表。一审法院认为,"从赛事的转播、制作的整体层面上看,赛事的转播、制作是通过设置不确定的数台或数十台或数几十台固定的、不固定的录制设备作为基础进行拍摄录制,形成用户、观众看到的最终画面……而上述画面的形成,是编导通过对镜头的选取,

---

[①]　参见赵双阁、艾岚:《体育赛事网络实时转播法律保护困境及其对策研究》,《法律科学（西北政法大学学报)》2018 年第 4 期。

即对多台设备拍摄的多个镜头的选择、编排的结果。而这个过程，不同的机位设置、不同的画面取舍、编排、剪切等多种手段，会导致不同的最终画面，或者说不同的赛事编导，会呈现不同的赛事画面。就此，尽管法律上没有规定独创性的标准，但应当认为对赛事录制镜头的选择、编排，形成可供欣赏的新的画面，无疑是一种创作性的劳动，且该创作性从不同的选择、不同的制作，会产生不同的画面效果恰恰反映了其独创性"。一审法院认为赛事节目中包含了对镜头的选择、编排，制作主体的不同，最终呈现的连续画面也会有所不同，此即体育赛事直播画面独创性的体现，因此体育赛事直播节目画面应作为作品受到保护。这种作品属性的认定具有一定合理性。但一审法院未明确属于哪类作品，二审中新浪公司明确主张作品类型为类电影作品。二审法院认为，《中华人民共和国著作权法实施条例》第四条第（十一）项规定："电影作品和以类似摄制电影的方法创作的作品，是指摄制在一定的介质上，由一系列有伴音或无伴音的画面组成，并且借助适当装置放映或者以其他方式传播的作品"，因此，构成电影作品至少应符合固定及独创性的要求。在中超赛事节目现场直播过程中，因采用的是随摄随播的方式，此时整体比赛画面并未被固定在有形载体上，不符合固定要件。在对体育赛事直播节目画面的独创性进行分析时，二审法院认为，体育赛事直播节目画面的选择受较多客观因素的限制，对电影作品而言，通常情况下，纪实类的较之非纪实类的具有更小的个性化选择空间；而在纪实类中，直播类的较之于非直播类的具有更小的个性化选择空间；而在直播类中，有摄制标准要求的比无要求的具有更小的个性化选择空间，进一步地，需要符合观众需求的比无需考虑观众需求的具有更小的个性化选择空间。就这些因素而言，体育赛事直播节目画面的摄制受到的限制因素较多，拍摄者个性化表达的空间不足。从纪实类电影作品独创性判断的三个角度，即素材的选择、对素材的拍摄以及对拍摄画面的选择与编排来看，对赛事直播来说，如实反映比赛进程是根本要求，直播团队对素材几乎没有选择的空间。而对素材的拍摄上，受制于严格的公用信号制作手册的制作标准、观众的需求、为符合直播水平要求的摄影师所常用的拍摄方式和技巧，同等水平的摄影师拍摄出来的连续画面差异不会过大。而在对拍摄画面的选择与编排方面，导演对镜头的选择必然需要与比赛的实际进程相契合，因此体育赛事直播画面的独创性不足,在我国区分类电影作品和录像制品的情况下,其要作为类电影作品受到保护还是有难度的。而集锦具有较大的个性化选择空间,但集锦在整场赛事节目中所占的比例过小,不足以使整个节目达到作品所要求的创作高度。体育赛事直播节目的制作较之于一般的电影来说,所受限制的确较大,还原赛事实况是节目制作的根本要求,加之严格的信号制作标准,使得拍摄者个性化表达的空间被压缩。在"央视诉暴风侵犯体育赛事直播节目信息网络传播权纠纷案"中,①法院即认定"虽然涉案 64 场体育赛事直播节目不构成电影作品,但应属录像制品",将体育赛事作为录像制品保护的困局在于录像制品制作者享有的权利种类较少,不能涵盖较为常见的传播方式如网络直播等,对于相关主体的利益保护十分不利。本案二审法院在对涉案体育赛事直播节目是否构成类电影作品的分析中,认为构成类电影作品须符合固定性要件。一般来说,作为作品受到保护须满足的条件为具有可复制性,并不要求一定在某种载体上固定下来,且赛事节目直播与赛事进行往往有一定的时间差,即使认为构成类电影作品需要满足固定要件,在这种情况下也难谓作品没有得到固定。二审法院对固定要件的分析是值得进一步探讨的。虽然公用信号承载的连续画面本身是否可作为类电影作品受到保护还存在较大争议,但在比赛现场拍摄的照片,若体现了拍摄者对光线、明暗、角度等的个性化选择,依然可以作为摄影作品受到保护。

体育赛事直播节目的独创性能否达到作品所要求的高度存在较大争议,其背后所折射出的更深层次的问题是著作权与邻接权的保护内容和关系问题。著作权保护的是具有独创性的思想表达,邻接权保护的是传播者在传播作品中的创造性劳动和投资。因此,在传播的客体不属于作品的情况下,邻接权便失去了赖以存在的基础。体育赛事直播节目若不构成作品,则对其的录制也就不能构成录像制品,首次制作人就不享有录像制作者权。也有观点认为著作权与邻接权的区别在于独创性的高低,对某些独创性达不到作品要求的表达,邻接权可为其提供保护。本案二审法院即持此观点。其在判决书的说理中,认为邻接权客体也存在个性化的选择,并认为,在我国著作权法将一

---

① 参见北京知识产权法院(2015)京知民终字 1055 号民事判决书。

系列连续画面同时规定为类电影作品与录像制品的情况下，二者的差别仅可能在于独创性程度的高低，而非独创性的有无。由此，法院认为在涉案体育赛事直播节目不构成类电影作品的情况下，可作为对独创性要求较低的录像制品享受邻接权保护。应该说，此种径行将体育赛事直播节目作为录像制品加以保护的做法是值得商榷的，在体育赛事直播节目满足作品构成要件的情况下，应该将体育赛事直播节目作为类电影作品加以保护，这也符合目前类电影作品类型的扩大化趋势。

三、"作品"与"制品"的不同认定对主体权利的影响

体育赛事直播节目的性质之所以争议较大，原因在于我国《著作权法》区分著作权与邻接权，邻接权受保护的水平要低于著作权，相应地，认定为作品还是制品，将会对权利主体的利益产生巨大影响。

体育赛事直播节目回收成本的重要途径是首播，在知道比赛结果后观众再去观看节目的动力就会减小。在互联网迅猛发展的今天，首播不仅可以通过传统的电台、电视台，网络媒体的实时转播也成为观众收看赛事节目的重要渠道，用户观看产生的流量和广告费收入为网络播放平台带来了巨大的利益。若认为体育赛事直播节目构成类电影作品，那么权利人就享有著作权，虽然对于网络转播侵犯的是著作权中的广播权还是《著作权法》第十条第一款第（十七）项规定的"应当由著作权人享有的其他权利"还存有争议，①但该利益应该归属于著作权人是共识，也即如果将赛事节目认定为作品，则著作权人是可以控制网络媒体截取无线电信号，通过互联网转播赛事节目的行为的。在本案中，天盈九州公司经营的凤凰网与乐视网未经许可在合作平台上提供了中超赛事节目的直播，一审法院认为该行为侵犯了"应当由著作权人享有的其他权利"，二审法院认为，如果涉案赛事节目构成作品，被诉侵权行为侵犯的应是广播权，网络直播行为属于广播权调整的第二种行为，即"以有线传播或

---

① 参见北京知识产权法院（2015）京知民终字第 1818 号民事判决书。对新浪诉凤凰网未经许可转播中超联赛视频的行为，一审法院认为，该行为是侵犯了"应当由著作权人享有的其他权利"，二审法院认为，被诉行为是对广播信号的网络直播行为，属广播权调整的第二种行为，即"以有线传播或转播的方式向公众传播广播的作品"的行为，属广播权控制范围。

转播的方式向公众传播广播的作品"的行为。但若将体育赛事直播节目认定为是录像制品，依《著作权法》第四十二条的规定，录音录像制作者对其制作的录音录像制品，享有许可他人复制、发行、出租、通过信息网络向公众传播并获得报酬的权利。但此处的"通过信息网络向公众传播"应指的是信息网络传播权，而不包括非交互式的网络直播。因为邻接权人享有的权利不应高于著作权人，在著作权项中尚未明确权利人有权控制未经许可的非交互式网络传播行为的情况下，不应认为录像制作者享有该类型的权利。且《著作权法》第四十六条规定："电视台播放他人的电影作品和以类似摄制电影的方法创作的作品、录像制品，应当取得制片者或者录像制作者许可，并支付报酬"，似乎并没有规定网络媒体播放他人录像制品时取得许可和支付报酬的义务。[①]无论从哪个角度看，现行法律规定对录像制品制作者控制网络转播提供的保护都是不周的。广播电台、电视台对其播放的节目信号享有控制他人转播的权利，[②]无论播放的是作品还是录像制品，只要形成了电视节目信号，广播电台、电视台就有权对"转播"行为进行控制。关于"转播"的定义，TRIPs 协定重复了《罗马公约》的表述，在第 14 条第 3 款规定：广播组织有权禁止未经许可以无线方式转播其广播。《罗马公约》中的"广播"（broadcasting）指的是无线方式的播送，"转播"则指的是其他广播组织对广播的同步广播（rebroadcasting）。因此，《著作权法》中的广播组织者权同样不能控制网络实时转播行为。

四、《反不正当竞争法》层面的救济及其局限

从法院已经作出的判决来看，体育赛事直播节目有极高可能被认定为录像制品。权利人若要制止他人未经许可通过网络转播的行为，在现有法律规定下，可以借助《反不正当竞争法》第二条对不正当竞争行为的一般规定来寻

---

① 参见王迁：《论体育赛事现场直播画面的著作权保护——兼评"凤凰网赛事转播案"》，《法律科学（西北政法大学学报）》2016 年第 1 期。
② 《中华人民共和国著作权法》第四十五条："广播电台、电视台有权禁止未经其许可的下列行为：（一）将其播放的广播、电视转播；（二）将其播放的广播、电视录制在音像载体上以及复制音像载体。"

求救济。在 2018 年世界杯赛事期间,咪咕公司经央视国际网络公司的授权,获得了 2018 年世界杯在中国大陆地区以直播、点播等方式传播赛事节目的权利。新湃公司在其经营的抓饭直播平台上直播以及录播 2018 世界杯赛事节目。咪咕公司以新湃公司分流了其流量,构成不正当竞争为由,将新湃公司诉至法院,同时请求针对新湃公司的行为采取保全措施。法院认为新湃公司的行为违反了诚实信用原则和公认的商业道德,构成不正当竞争的可能性较大,支持了咪咕公司的行为保全申请。① 虽然司法实践中往往以违反《反不正当竞争法》一般规定为由,支持权利人的诉讼请求,但利用《反不正当竞争法》对该行为进行规制只是为应对立法对技术发展预见不足而在司法实践中采取的权宜之计。《反不正当竞争法》不能贸然介入体育赛事网络视频节目版权保护的私权领地。说到底,体育赛事网络视频直播节目的版权保护,与传统的体育赛事直播节目并无本质不同,是纯粹私主体之间的权益维护问题。② 而《反不正当竞争法》更多具有市场规制功能,公法意味更强。立法面对司法实践的发展应主动进行完善调整,而不该被动回应。可以预见,本案的判决结果将对我国体育赛事直播节目的性质认定产生重大影响。若《著作权法》在最新修改的过程中,能以技术中立的方式对"转播权"进行规定,对广播组织权进行完善,③或可有效解决体育赛事直播节目的保护难题。

(作者：丛立先　张媛媛)

---

① 参见浙江省杭州市中级人民法院(2018)浙 01 民初 1842 号民事裁定书。
② 参见丛立先:《体育赛事直播节目的版权问题析论》,《中国版权》2015 年第 4 期。
③ 参见王迁:《论体育赛事现场直播画面的著作权保护——兼评"凤凰网赛事转播案"》,《法律科学(西北政法大学学报)》2016 年第 1 期。

信息网络传播权纠纷中的提供行为、举证责任与帮助侵权问题：

玄霆公司诉神马公司、动景公司侵害作品信息网络传播权纠纷案

| 典型意义 |

　　随着信息网络技术的不断发展，无需将作品复制或存储于自身服务器即可向用户展示储存于第三方服务器上的作品内容已不难实现。由于文字作品在信息网络环境下被复制和传播的难度都比较低，有关网络小说的著作权侵权纠纷层出不穷。本案论证了搜索、链接、实时转码行为及提供网络内容行为的关系，结合不跳转链接的技术实质，对我国前些年司法实务中判断信息网络传播权侵权采取的较为严格的"服务器标准"提出了反思；对网络电子证据的公证与其证明效力进行了认定，结合对信息网络技术的分析，明确了电子证据在信息网络传播权问题中能够证明何种待证事实；结合司法解释，对信息网络传播权纠纷案件举证责任分配进行了合理认定，降低了在信息网络环境下权利人客观面对的较高举证门槛；对网络服务提供者的举证责任进行了认定，并明确了网络服务提供者承担帮助侵权的条件。本案较为完整地体现了我国司法实务对于此类涉及不跳转链接的信息网络传播权纠纷案件的处理态度，并对司法实务中的相关标准作出了进一步的思考，具有较强的指引作用和典例价值。

| 裁判要旨 |

　　一、对于网络环境下的电子证据，取证时间不在侵权行为发生或持续的当时、取证对象无法确定地指向侵权网页、取证方式不符合相应的网络技术手段、取证范围不够明确等都属于证据存在瑕疵。这样的电子证据未达到高度

盖然性标准，不能证明当事人所主张的待证事实。

二、在信息网络传播权纠纷案中，若权利人已就可能存在的侵权行为提供了初步证据，将由网络服务提供商就其是否仅提供网络服务而无涉对作品的传播承担举证责任。

三、对于信息网络传播权纠纷，不应当仅依据涉案作品是否存储于被告服务器上判断被告是否存在提供作品的行为。本案被告主动、直接地整合不同网站的内容，转码后逐章提供给用户，用户不能自主选择到哪一个网站进行阅读，整个过程并非根据用户指令进行，而是被告有目的、有意识地选取作品并提供内容，构成信息网络传播行为。

四、单纯提供网络服务者若只是提供了浏览和下载的工具，且该工具具有实质性非侵权用途，则仅在其对作品被违法传播具有过错时，才承担帮助侵权的责任。

| 案情介绍 |

（2015）浦民三（知）初字第 909 号

（2016）沪 73 民终字第 146 号

上海玄霆娱乐信息科技有限公司（本文简称玄霆公司）系本案原审原告、上诉人；广州神马移动信息科技有限公司（本文简称神马公司）系本案原审被告、上诉人；广州市动景计算机科技有限公司（本文简称动景公司）系本案原审被告、被上诉人。

玄霆公司是国内原创文学门户网站"起点中文网"（域名为 qidian.com）的运营商。玄霆公司通过与小说的作者签订转让协议或在委托创作协议中进行约定，取得涉案 13 部小说的信息网络传播权后将其在"起点中文网"上登载。这 13 部小说分别是：《完美世界》《莽荒纪》《大主宰》《异世邪君》《夜天子》《剑神重生》《九星天辰诀》《星辰变》《武极天下》《星战风暴》《武炼巅峰》《宝鉴》《武神空间》。

神马公司为"神马搜索"（域名为 sm.cn）的运营商。"神马搜索"将涉案13 部作品进行了热搜推荐，并提供了在线阅读及预读部分章节或缓存整本服务，但均表明了其来源于包括起点中文网在内的第三方网址。除在线阅读外，网络用户还可在"神马搜索"中点击"预读"或"缓存整本"后获得涉案小说的离线阅读服务,且在"预读"设置中虽仅选择预读 50 章,但在随后的离线阅读中却可阅读全部章节。

动景公司为 UC 浏览器(域名为 uc.cn)的运营商,也系"神马搜索"运营商神马公司的股东。网络用户可在不输入"神马搜索"网址的情况下,直接通过 UC 浏览器网址导航的推荐页面进入"神马搜索"网站。神马公司与动景公司之间存在业务合作,且 UC 浏览器在"神马搜索"的推广方面发挥了一定作用。"神马搜索"网站可通过 UC 浏览器、Safari 浏览器、三星手机自带浏览器及 Firefox 浏览器登录,但不同浏览器中"小说"频道的小说详情页样式及"设置"中的功能键有所不同,只有通过 UC 浏览器登录的"神马搜索"中才有"预读"或"缓存整本"功能;在下载涉案小说内容后,网络用户可通过"神马搜索"中的"我的小说"进行阅读,也可在点击 UC 浏览器中的"小说书架"后进入"神马搜索"的书架页面进行阅读。

二审法院认定,玄霆公司及神马公司关于涉案作品是否存储在"神马搜索"服务器上的证据均不是在侵权行为发生和持续时取证,亦非针对侵权作品,且取证方式及取证范围等存在瑕疵,因而双方证据均未达到高度盖然性的证明标准,涉案作品是否存储在"神马搜索"服务器上这一争议事实处于真伪不明的状态。最终一、二审法院均判决神马公司侵犯玄霆公司的信息网络传播权,动景公司不构成侵权,但二者裁判理由存在区别。

| 裁判理由 |

本案裁判理由主要包括以下几个方面:

第一,玄霆公司享有涉案作品的信息网络传播权。结合对于纸质图书和网络小说署名等问题的查明,一、二审法院均认定,玄霆公司通过与涉案 13 部小说的作者签订转让协议或在委托创作协议中进行约定,享有上述作品的信息网络传播权等著作权。

第二,一、二审法院均认可,"神马搜索"将涉案 13 部作品进行了热搜推荐,并提供了在线阅读及预读部分章节或缓存整本服务。因统计方法、统计时间的不同及网络小说作者可能持续修改作品内容等原因,不同网站上登载的相同小说的统计字数可能会存在不一致，结合双方提出的证据内容，法院认定"神马搜索"提供的 12 部涉案作品与"起点中文网"连载的网络小说具有同一性。

第三，关于神马公司提供服务的性质及其是否构成侵权是本案的争议焦点，法院判断过程如下：

一审法院认为，除在线阅读外，网络用户还可在"神马搜索"中点击"预读"或"缓存整本"后获得涉案小说的离线阅读服务，且在"预读"设置中虽仅选择预读 50 章，但在随后的离线阅读中却可阅读全部章节。此种"预读"或"离线"的本质在于将相应作品内容下载到本地存储中，属于下载服务。鉴于网络用户阅读涉案作品的网页存储于"神马搜索"的服务器上，故对涉案作品的下载服务亦属作品提供行为。综上，一审法院认为，现有证据证明神马公司未经许可，将玄霆公司享有信息网络传播权的涉案作品放置在其服务器上，通过信息网络向用户提供，构成对玄霆公司信息网络传播权的侵害。

而二审法院认为，依据本案的证据，玄霆公司及神马公司关于涉案作品是否存储在"神马搜索"服务器上的证据均不是在侵权当时取证，亦非针对侵权作品，且取证方式及取证范围等存在瑕疵，双方证据均未达到高度盖然性的证明标准，亦未形成明显的证据优势。涉案作品是否存储在"神马搜索"服务器上这一争议事实处于真伪不明的状态，二审法院因此依据举证责任分配规则及相关法律规定作出了判决。《最高人民法院关于审理侵害信息网络传播权民事纠纷案件适用法律若干问题的规定》（本文简称《规定》）第六条，在权利人提供了初步证据的情况下，网络服务提供者仅提供网络服务的举证责任由网络服务提供者承担。"神马搜索"的服务器在神马公司的掌控之下，要求神马公司对涉案作品是否存储在其服务器上、其是否仅提供了网络服务承担举证责任，既符合法律规定，也更公平，更具有可操作性。玄霆公司提供的证据可以证明涉案作品能够在神马公司经营的"神马搜索"中进行阅读和下载，已构成了初步证据。虽然其不足以证明涉案作品存储在"神马搜索"的服务器上，但神马公司的证据亦不能证明相反事实。在双方证据未达到高度盖然性的证明标准且未形成明显的证据优势的情况下，上述事实真伪不明的不利后果应由神马公司承担。

二审法院认为，本案中，神马公司通过"神马搜索"主动向公众提供涉案作品的阅读及下载服务，该行为构成通过信息网络向用户提供作品的行为。首先，涉案作品在"神马搜索"上的传播是神马公司基于自己的意志主动选择的结果。其次，神马公司的行为使公众可以在自己选定的时间和地点通过信息网络在"神马搜索"上直接获取涉案作品。神马公司编辑、整理了涉案小说的简介、章节目录，作品各章节的内容亦由其从不同网站获得后直接提供给用户。根据现有证据，难以判断神马公司向第三方调取数据后是否存储在自己的服务器上；亦不能排除涉案作品的部分章节存储在其服务器上而部分章节仍直接从第三方调取的可能。如果仅从涉案作品是否存储在神马公司的服务器上这一技术角度来判断其行为是否构成网络提供行为并仅仅因为无法判定涉案作品是否存储在神马公司的服务器上，就认定其不构成作品提供行为，在硬件水平不断提升、云技术不断发展的今天，将很轻易地被服务商规避。故即使难以认定涉案作品存储在"神马搜索"的服务器上，法院亦可基于上述理由，认定神马公司实施了通过信息网络向公众提供作品的行为。

神马公司主张其仅提供搜索、链接及实时转码服务，玄霆公司在起诉前没有向其发送任何侵权通知，神马公司已经尽到了合理的注意义务，即使构成侵权也不应承担赔偿责任。对此，二审法院认为，搜索、链接及转码技术本身都是中立的，但"技术中立"并不意味着只要使用了某个技术就不构成侵权。服务商提供搜索、链接服务免除承担赔偿责任的前提是，该搜索、链接行为是服务商根据用户指令，为了查找、定位信息而实施的。本案中，神马公司主动、直接地整合不同网站的内容，转码后逐章提供给用户，用户不能自主选择到哪一个网站进行阅读。整个过程并非根据用户指令进行，而是神马公司有目的、有意识地选取作品并提供内容。所谓的搜索、链接及转码只是神马公司向公众提供作品时使用到的技术手段，不能因此免除承担赔偿责任。

第四，一、二审法院均认可动景公司与神马公司不构成共同侵权。二审法院认为，一方面，"神马搜索"中所有小说的在线阅读和下载均系在"神马搜索"中实现，提供作品的行为由神马公司实施，下载作品的行为由用户实施。本案中，动景公司所经营的UC浏览器只是提供了浏览和下载的工具，该浏览器具有实质性非侵权用途，动景公司不可能对使用UC浏览器下载小说的所有行为进行一一审查,也没有证据证明其知道或应当知道涉案作品侵权。其与神马公司系两个独立的法人,与神马公司之间的投资关系并不足以认定其可以从神马公司的侵权行为中直接获利,亦无法证明其主观过错,故不能认定动景公司构成帮助侵权,其不应与神马公司共同承担侵权责任。另一方面,侵害信息网络传播权的行为,需通过有线或无线的信息网络实施。本案中,涉案小说被下载到本地空间后,用户通过 UC 浏览器为"神马搜索"设置的本地文件入口在离线状态下进行阅读,这一过程无需通过有线或无线的信息网络来实现,因此,不存在信息网络传播行为。动景公司的行为未侵犯玄霆公司的信息网络传播权,不应承担侵权责任。

第五,关于神马公司的责任承担,一、二审法院均认为,神马公司就其侵害玄霆公司信息网络传播权的行为,应承担停止侵权、赔偿损失等民事责任。关于赔偿金额的确定,鉴于玄霆公司的实际损失及神马公司的违法所得均不能确定,法院综合考虑以下因素酌情确定赔偿金额:首先,涉案 13 部小说的知名度。虽然"起点中文网"上的点击量不能真实代表其被阅读的次数和知名度,但点击量越高的作品知名度也相应越高。其次,"起点中文网"将涉案小说设置了收费章节,网络用户需支付一定的费用才可阅读,且《夜天子》等 6 部小说已经出版,同时可考虑其一册书的售价。再次,"神马搜索"中涉案 13 部小说的搜索热度及更新的总字数。最后,"神马搜索"在移动搜索市场占有一定的份额、侵权行为的性质、持续时间等。玄霆公司为本案诉讼支出的公证费,属于其为制止侵权行为所支付的合理开支,应由神马公司负担。

综上所述,二审法院在纠正一审法院对于证据的采纳和对部分案件事实的认定后,驳回上诉,维持原判,即:第一,神马公司自判决生效之日起立即停止侵害玄霆公司对涉案的 13 部文字作品享有的信息网络传播权的行为;第二,神马公司自判决生效之日起十日内赔偿玄霆公司经济损失 48 万元;第三,神马公司自判决生效之日起十日内赔偿玄霆公司为制止侵权行为所支付的合理开支 6 万元;第四,驳回玄霆公司的其余诉讼请求。

| 案件分析 |

本案系我国司法实务中处理不跳转链接问题中认定较为完整且具有进一

步思考的典型案例,不仅对电子证据的效力作出了合理认定,并从举证责任的角度通过现行法律及司法解释间接解决了相应的问题,还在判决主文中明确指出了"服务器标准"的局限性和不合理性,整体较为完整正确。本案争议焦点主要集中在以下三个方面:

一、互联网环境下的举证责任和证据效力问题

（一）互联网环境下电子证据的效力

本案首先涉及如何针对网络环境下的著作权侵权行为进行取证和公证的证据法问题。在互联网著作权侵权案件中,许多证据将以电子证据的形式存在,而公证网络电子证据在审理网络著作权侵权纠纷案件中具有举足轻重的作用。[①] 电子证据的收集、保全、公证等问题都将影响法院对于案件事实的认定,[②]而且应该考虑所提供的电子证据能否有效证明案件事实。正如本案中,一、二审法院对于原被告所提交的经过公证的电子证据认定不一,二审法院指出的几点都较为准确:第一,网页跳转、页面设计排版等方面的区别,不足以证明作品是否被存储在被告的服务器上,在无法直接勘验服务器的情况下,至少应当使用网络抓包工具,对用户在"神马搜索"中点击相应作品以及阅读的过程进行监控,而后通过分析抓取的数据包中的相关信息,得出作品的来源 IP地址或者 host;第二,WAP 转码虽然会导致页面排版变化,丢失部分网页内容,但并不能据此认定涉案小说是否存储在第三方网站的服务器;第三,即便并非通过直接搜索或点击阅读等渠道而是通过直接输入目标网页的网址登录并进行分析测试,最终目的都是对某个特定页面的内容进行查看,仍可证明其网页上存在何种内容。

（二）信息网络传播权纠纷中的举证责任

二审法院指出,玄霆公司及神马公司关于涉案作品是否存储在"神马搜索"服务器上的证据均不是在侵权当时取证,亦非针对侵权作品,且取证方式

---

① 参见陈文煊:《网络著作权纠纷中公证网络电子证据的司法认定》,《电子知识产权》2008 年第 7 期。

② 参见杨永川、李岩:《电子证据取证技术研究》,《中国人民公安大学学报（自然科学版）》2005 年第 1 期。

及取证范围等存在瑕疵，均未达到高度盖然性标准，从而认为涉案作品是否存在于被告服务器上这一事实处于真伪不明的状态。

根据《规定》第六条，原告有初步证据证明网络服务提供者提供了相关作品、表演、录音录像制品，但网络服务提供者能够证明其仅提供网络服务，且无过错的，人民法院不应认定为构成侵权。根据上述规定，在权利人提供了初步证据的情况下，网络服务提供者就其仅提供网络服务的举证责任由网络服务提供者承担。

网络服务提供者（Internet Service Provider，简称ISP）依据服务内容的区分可以分为将自己收集、组织的信息通过网络传播给公众的网络内容提供者（Internet Content Provider，简称ICP）和为网络信息传播提供中介服务的网络中介服务者。其中，后者又可依据对传播信息监控能力的区别，分为提供物理上的基础设施、邮件地址等的接入服务提供者（Internet Access Provider，简称IAP）和为用户提供服务器空间，供用户阅读他人上载的信息和自己发送的信息，甚至进行实时信息交流；或使用超文本链接等方式的搜索引擎，为用户提供在网络上搜索信息工具的网络平台提供者（Internet Presence Provider，简称IPP）。①

根据前文所述，在本案及类似的互联网案件中，对被告所控制的计算机信息网络系统下的数据内容进行取证是极为困难的，在本案中表现为"无法直接勘验服务器"等。在互联网环境下，若依照一般侵权行为的举证规则，权利人应当对相关网络服务商究竟是进行了提供作品的行为还是仅提供技术性的服务进行完整的举证，需要运用大量的技术性手段，并且许多涉案电子证据处于被告方的控制下，权利人难以取得，这无疑对权利人的举证能力要求过高。但相对的，被告方对于自己所控制的软件、计算机程序等如何运作，是否仅提供了网络服务而无涉任何提供作品的行为，相较而言更加容易进行举证。因此，《规定》第六条将在信息网络传播权相关的著作权纠纷领域起到非常重要的作用，这将从举证责任层面上解决互联网维权难以取证的问题。考虑到对

① 参见刘春霖、冯志强、刘义青：《网络著作权侵权证据研究》，《河北科技大学学报（社会科学版）》2007年第2期。

权利人信息网络传播权的保护,并在权利人和网络服务提供者举证能力之间作出平衡,《规定》第六条规定了权利人仅需要就网络服务提供者提供相关作品或制品承担初步证明责任,在此问题上不要求权利人的证据达到"高度盖然性"标准;而如果网络服务提供者以其仅提供网络服务而未提供作品或制品为由进行抗辩,应当承担相应的举证责任,并达到"高度盖然性"的证明标准。

具体到本案中,虽然原、被告所提供的证据均不足以证明其主张的事实,但由于原告所提出的证据已经足以初步证明"神马搜索"可能具有通过信息网络向公众传播其作品的行为,已尽到《规定》第六条所要求的举证责任,因而应当由被告方就其无法依据"高度盖然性"标准举证证明其仅提供了网络服务而未传播作品承担相应的举证责任。通过举证责任的分配,在案件事实真伪不明的情况下对事实进行认定,是民事诉讼法的重要制度价值之一。在信息网络环境下的著作权纠纷案件中合理适用举证责任的相关规定,对司法实务解决相关问题具有不可或缺的作用。

二、链接并下载第三方网站的小说内容是否构成信息网络传播

由于本案依据证据规则,未认定涉案作品是否存储在神马公司的服务器上,因此会涉及对于两类行为是否构成信息网络传播权的判定:

1.若涉案作品存储在神马公司的服务器上,正如一审法院所言,在此情况下"神马搜索"所提供的在线阅读与下载服务都必然以将原告受《著作权法》所保护的文字作品复制至其服务器上为前提,而后续行为则构成通过信息网络向公众提供,因而构成对作品的复制权和信息网络传播权的侵犯。此种情况争议较小。

2.若涉案作品并未存储在神马公司的服务器上,"神马搜索"只是通过不跳转链接的方式,将存储于原告等第三方网站服务器上的文字内容直接呈现在其网页上供用户观看,此时是否构成对原告信息网络传播权的侵犯,存在一定的争议。跳转链接包括直接跳转至被链网站主页的普通链接,以及从设链网站页面绕过被链网站主页直接链接至目标网页的深层链接,总之都会进行网页的跳转和显示,使得用户直接访问被链接网页;而不跳转链接指的是能够

使被链接网页的部分内容在设链网站的网页上直接呈现的网络链接,而不涉及网页的跳转和整个网页的显示。① 对于能够直接进行网页跳转、使得用户直接访问其他第三方网页的跳转链接行为,由于其仅向公众提供了网页所在的位置信息,一般不认为向公众传播了作品。但对于不跳转的链接行为是否构成向公众传播行为则存在"服务器标准""新公众标准""用户感知标准""实质呈现标准"等诸多观点,其中影响较为广泛的有:

第一,"服务器标准",最初来源于对《世界知识产权组织版权条约》(WCT)和《关于提交外交会议讨论有关文学艺术作品保护若干问题的条约实质性条款的基础提案》第10条的文义。以此为基础建立著作权中"向公众传播权"制度的欧盟地区也在很长时间内遵循这一标准,认为只有将作品上传至向公众开放的服务器,才能使作品处于"能够为公众获得的状态";②美国的Perfect 10 v.Amazon案③和Perfect 10 v.Google案④等也采此观点。但随着现实案例的不断涌现和欧盟地区自身对于该条款的反思,从Svensson案⑤、GS Media案⑥和2017年Stichting Brein v.Jack Frederik Wullems(Filmspeler)⑦等案件可以看出欧盟法院已经摒弃"服务器标准"转向"新公众标准",美国也持续着服务器标准和用户感知标准的争议,⑧我国司法实务和学界目前也基本否认单纯的"服务器标准"。⑨

第二,"新公众标准"是欧盟法院在Svensson案后普遍采取的标准,即在

---

① 参见吕长军:《简析深度链接、加框链接与盗链》,《中国版权》2016年第2期;崔国斌:《加框链接的著作权法规制》,《政治与法律》2014年第5期;范长军:《加框链接直接侵权判断的"新公众标准"》,《法学》2018年第2期。

② 参见王迁:《网络环境中版权直接侵权的认定》,《东方法学》2009年第2期。

③ Perfect 10 v.Amazon,508 F.3d 1146(2007).

④ Perfect 10 v.Google,No.CV 04-9484AHM.,416 F.Supp.2d 828(2006).

⑤ Nils Svensson and Others v Retriever Sverige AB,Case C-466/12.

⑥ GS Media BV v Sanoma Media Netherlands BV and Others,Case C-160/15.

⑦ Stichting Brein v.Jack Frederik Wullems(Filmspeler),Case C-527/15.

⑧ See Lee Burgunder and Barry Floyd,"The Future of Inline Web Designing After Perfect 10",17 Tex.Intell.Prop.L.J.1,16(2008).

⑨ 参见刘银良:《论服务器标准的局限》,《法学杂志》2018年第5期;吕长军:《简析深度链接、加框链接与盗链》,《中国版权》2016年第2期;崔国斌:《加框链接的著作权法规制》,《政治与法律》2014年第5期等。

加框链接产生了著作权人授权首次传播所预计公众范围之外的公众（新公众）时，其属于向公众传播行为，构成直接侵权。但是，这种反对意见片面地认为在网络空间中著作权人的利益仅仅在于限制最终受众（网络用户）的范围，而不包含对作品传播者范围的控制，难以使人接受，[1]且这实质上导致了向公众传播权适用权利用尽制度，不甚合理。即便肯认该标准的学者也提出，该标准存在诸多的局限性，只能解决特殊情况下加框链接的相关问题。[2]

第三，"用户感知标准"，即在加框链接的设链者没有说明链接属性的情况下，公众以为设链者自己提供了相关作品。《规定》第六条就是我国司法实践对于"用户感知标准"在一定程度上的认可，因为近年来，国内法院时常基于《规定》第六条，通过在"服务器标准"下通过举证责任的分配实现与改变实体法规则相类似的法律效果，在一定程度上降低了改革"信息网络传播权"的压力。[3] 当然，由于网络服务提供商仍可就该事实进行反驳，也侧面说明我国司法实务并未从实体法上直接采纳"用户感知标准"，毕竟这将对我们现行《侵权责任法》与《信息网络传播保护条例》的相关规定提出挑战。

第四，"实质呈现标准"是对"用户感知标准"的进一步修正，它强调著作权人对于作品提供者身份的有效控制，而不关心设链者是否实质损害了被链接网站的利益。该标准认为，著作权人之所以反对不跳转链接，是因为它实质性地改变了作品呈现方式，损害了著作权人的利益。[4]

在本案中，二审法院相较于之前司法实务界的处理方式，走得更远。虽然本案最终还是运用《规定》第六条分配举证责任解决相关问题的方法，但二审法院同时认为如果仅从涉案作品是否存储在神马公司的服务器上这一技术角度来判断其行为是否构成网络提供行为，并仅仅因为无法判定涉案作品是否存储在神马公司的服务器上就认定其不构成作品提供行为，在硬件水平不断提升、云技术不断发展的今天，将很轻易地被服务商规避。此外，二审法院认为，本案中，神马公司主动、直接地整合不同网站的内容，转码后逐章提供给用

① 参见崔国斌：《加框链接的著作权法规制》，《政治与法律》2014年第5期。
② 参见范长军：《加框链接直接侵权判断的"新公众标准"》，《法学》2018年第2期。
③ 参见崔国斌：《加框链接的著作权法规制》，《政治与法律》2014年第5期。
④ 参见崔国斌：《加框链接的著作权法规制》，《政治与法律》2014年第5期。

户,用户不能自主选择到哪一个网站进行阅读。整个过程并非根据用户指令进行,而是神马公司有目的、有意识地选取作品并提供内容。这实际上是对于"服务器标准"在实体法意义上的直接否认,且暗含着对于"用户感知标准"和"实质呈现标准"在一定程度上的认同,不过法院最终并未将其作为实体法上的判决依据,仍旧主要利用《规定》第六条通过程序法上的举证责任分配解决了本案相关问题,但无疑又向前迈出了一步。

三、网络服务提供者承担帮助侵权的条件

关于动景公司是否承担侵权责任的问题,本案中对网络服务提供商的"避风港原则"①进行了运用,《规定》第六条同样指出,网络服务提供者能够证明其仅提供网络服务,且无过错的,人民法院不应认定为构成侵权。正如二审法院所言,动景公司不可能对使用 UC 浏览器下载小说的所有行为进行一一审查。

本案的争议点在于,动景公司是否存在"过错",即是否有证据证明其知道或应当知道涉案作品侵权而未采取相应的措施。但结合本案情况,本案中原告并未对其进行过任何的通知,其与神马公司系两个独立的法人,与神马公司之间的投资关系并不足以认定其可以从神马公司的侵权行为中直接获利,因而不满足《规定》第十一条②"直接获得经济利益"的情形,亦无法证明其主观过错。综合而言,基于现有证据,只能认定神马公司针对 UC 浏览器设计了相对于其他浏览器而言更为优化的功能,动景公司也针对"神马搜索"的小说频道设置了专门的本地文件入口,但并不足以认定两公司之间就涉案作品的提供行为存在合作关系。动景公司作为单纯提供技术实现方式的浏览器提供商,在本案中不应当承担侵权责任。

综上所述,本案对网络电子证据的公证与其证明效力、信息网络传播权纠纷案件举证责任分配、网络服务提供者的举证责任等多方面进行了认定,较为

---

① 参见《信息网络传播权保护条例》第 20—23 条、《侵权责任法》第 36 条等。

② 《最高人民法院关于审理侵害信息网络传播权民事纠纷案件适用法律若干问题的规定》第十一条第一款:"网络服务提供者针对特定作品、表演、录音录像制品中直接获得经济利益的,人民法院应当认定其对该网络用户侵害信息网络传播权的行为负有较高的注意义务。"

完整地体现了我国司法实务对于信息网络传播权纠纷案件的处理态度,其中包括通过合理分配举证责任,使得在实体法上不突破"服务器标准"的情况下,达到与"用户感知标准"近似的保护效果。同时,本案二审法院在论述过程中探讨了实体法上对于不跳转链接问题应当突破"服务器标准"的观点,虽然未将其直接作为判决理由,但也反映出我国司法实务界对于该类问题的态度,这将对我国相关学术研究与立法、司法等产生重要影响。

（作者：丛立先　刘乾）

游戏直播行为是否侵犯游戏开发者的著作权：

网易公司诉华多公司侵害著作权及不正当竞争纠纷案

| 典型意义 |

游戏主播通过互联网直播平台对游戏进行直播已非常普遍，但这类行为通常未事先获得游戏开发商的许可，因此在游戏主播、游戏直播平台和游戏开发者间产生了诸多的纠纷，本案正是其中的典型之一。本案首先对游戏在著作权法意义上的构成进行了二分，并对游戏直播行为涉及的游戏内容，即游戏运行过程中产生的一系列有伴音或无伴音的连续画面的可版权性及权利归属作出了认定；在确认传播内容的可版权性之后，认定了游戏直播行为涉及的著作权权项，并对游戏直播行为是否侵犯游戏开发者的著作权进行了认定。本案对于游戏直播行为涉及的内容是否具有可版权性、游戏整体画面构成何种作品、游戏直播行为涉及何种著作权权项、游戏直播行为是否构成侵权等一系列问题作出了认定，为我国司法实践中处理该类案件提供了重要的参考。

| 裁判要旨 |

一、涉案电子游戏在终端设备上运行呈现的连续画面可认定为类似摄制电影的方法创作的作品（本文简称类电作品），相关权利应当归属游戏开发者所有。而且，尽管游戏具有双向互动性，但法律并未限定类电作品的形成必须是单向性的；游戏开发者已预设了大量要素，不同的动态画面只是不同用户在预设系统中的不同操作产生的不同呈现结果，用户在动态画面的形成过程中无著作权法意义上的创作劳动。

二、用户及直播平台未经权利人许可进行游戏直播的行为，系通过信息网络实时播放涉案电子游戏在被用户操作、运行过程中呈现的连续画面,这构成对于《著作权法》第十条第十七项"应当由著作权人享有的其他权利"的侵犯。

三、对于已构成著作权侵权的行为,无须再认定其是否构成不正当竞争。

| 案情介绍 |

（2015）粤知法著民初字第 16 号

本案原告系广州网易计算机系统有限公司(本文简称网易公司),被告系广州华多网络科技有限公司(本文简称华多公司)。

《梦幻西游 2》游戏是一款在线的、多人参与的网络游戏。该游戏由广州博冠信息科技有限公司(本文简称博冠公司)制作,原告网易公司享有涉案电子游戏计算机软件著作权,并持有版权登记证书、博冠公司的授权文书等证据拟证明其享有游戏的其他相关著作权。用户登入游戏后可按照游戏的规则支配其中的角色参与互动,游戏过程具有互动性,可有对抗性。在被用户操作时,该电子游戏呈现为一系列有伴音的画面,立体感较强,游戏以文学作品《西游记》情节梗概和角色为引,展示天地间芸芸众生"人""仙""魔"三大种族之间发生的"门派学艺""斩妖除魔"等情节和角色、场景,用户登入后可按照游戏的规则支配其中的角色参与互动游戏。在该款网络游戏中,显示的画面是玩家即时指令与程序预设运行结合的结果,同时该大型在线游戏画面包含了不同玩家互动、交流的结果。网易公司在《梦幻西游 2》的《服务条款》《玩家守则》(用户在登入游戏前必须点击)中声明其对该游戏的一切内容享有知识产权,并明确表示未经网易公司事先书面许可,用户不得通过第三方软件公开全部或部分展示、复制、传播、播放《梦幻西游》的游戏画面。

从 2012 年起,被告华多公司经营的 yy 直播网站和 yy 语音客户端上进行《梦幻西游 2》游戏内容直播服务,且未获得网易公司任何授权。华多公司召集、签约大量的游戏主播,并提供动态屏幕截取的工具,供其录制游戏画面和声音等内容;同时提供 yy 直播网站和 yy 语音客户端平台,供这些游戏主播在该平台上直播该款游戏内容,并通过出售虚拟道具、发布广告等方式获取收益。

此后,网易公司经多次就希望华多公司停止《梦幻西游 2》的游戏直播行为进行书面发函、口头交涉等，并封停了部分在华多公司的直播平台上直播《梦幻西游2》的主播的游戏账户。华多公司及相关主播在此后继续进行对涉案游戏的直播行为。法院最终判决华多公司构成对网易公司的著作权侵权，侵犯了原告对涉案游戏画面作为类电影作品享有的"其他权利"，其行为属于著作权法第四十七条第(十一)项规定的"其他侵犯著作权的行为"。

┃裁判理由┃

一、关于保护对象和权利归属

法院认为，涉案游戏的核心内容可分为游戏引擎和游戏资源库，前者是由指令序列组成的计算机软件程序，后者是各种素材片段组成的资料库，含有各种音频、视频、图片、文字等文件，可以视为程序、音频、视频、图片、文档等的综合体。涉案电子游戏由用户在终端设备上被登入、操作后，游戏引擎系统自动或应用户请求，调用资源库的素材在终端设备上呈现，产生了一系列有伴音或无伴音的连续画面。

就其整体而言，这些画面具有丰富的故事情节、鲜明的人物形象和独特的作品风格，表达了创作者独特的思想个性，且能以有形形式复制，与电影作品的表现形式相同。考察这种游戏的创作过程，其是在游戏策划人员对故事情节、游戏规则等进行整体设计，以及美工对游戏原画、场景、角色等素材进行设计后，程序员根据需要实现的功能进行具体代码编写后形成的。此创作过程综合了角色、剧本、美工、音乐、服装设计、道具等多种手段，与"摄制电影"的方法类似。因此，涉案电子游戏在终端设备上运行呈现的连续画面可认定为类似摄制电影的方法创作的作品。

需要指出的是，涉案电子游戏在用户登入运行过程中呈现的连续画面，与传统电影作品或者类电影作品的明显差异是，前者具有双向互动性，不同玩家(用户)操控涉案电子游戏或者同一玩家以不同玩法操控游戏，会呈现不同的动态画面，尤其是多人参与的情况下，呈现结果往往难以穷尽。然而，著作权法中对类电影作品的认定要件并无限定连续画面的单向性。而且，游戏系统的开发者已预设了游戏的角色、场景、人物、音乐及其不同组合，包括人物之间的关系、情节推演关系,不同的动态画面只是不同用户在预设系统中的不同操作产生的不同呈现结果,用户在动态画面的形成过程中无著作权法意义上的创作劳动。在预设的游戏系统中,通过视觉感受机械对比后得出的画面不同,如具体的场景或人物动作的变化等,并不妨碍游戏任务主线和整体画面呈现的一致性。因此,尽管游戏连续画面是用户参与互动的呈现结果,但仍可将其整体画面认定为类电影作品。

作为"综合体"的涉案电子游戏,其存在的基本形式是计算机软件。考察涉案电子游戏如上文所述的创作过程,涉案电子游戏在终端设备上运行时呈现的内容构成类电作品,用户在其形成过程中无著作权法意义上的创作劳动,故该类电作品的"制片者"应归属于游戏软件的权利人。在作品或者制品上署名的自然人、法人或者其他组织视为著作权、著作邻接权的权利人,但有相反证明的除外。网易公司主张其享有涉案电子游戏计算机软件著作权,有版权登记证书、博冠公司的授权文书等证据予以证实,华多公司无相反证据足以推翻,应予认定。因此,涉案电子游戏运行呈现画面形成的类电影作品之著作权归网易公司享有。

二、关于侵权行为

经审理查明华多公司经营的信息网络直播平台上有直播《梦幻西游2》网络游戏过程的信息流。而且,根据该网站关于主播人员利益分成体系、直播节目预告,以及对《梦幻西游》游戏主播人员排行和点评、推荐等证据,足以证明该网站上的《梦幻西游》直播并非游戏用户利用该网络平台的单方行为,也并非华多公司不知晓直播行为,而是华多公司开设直播窗口、组织主播人员在其网站中进行游戏直播。

首先,涉案电子游戏在被用户操作、运行过程中呈现的连续画面被通过信息网络实时播放出来,为网页的观看者所感知。这种行为侵害了网易公司对其电子游戏呈现画面作为类电影作品的著作权。第一,此种行为是用户在线参与游戏系统操作后呈现画面的传播,不属于通过放映机、幻灯机等技术设备公开再现类电影作品范畴,即不属于放映权调整的范围。第二,此种行为是通过信息网络实时传播,不属于以无线方式公开广播或传播、以有线传播或转播方式向公众传播广播、以扩音器或类似工具向公众传播广播，即不属于广播权调整的范围。第三，此种行为通过实时的信息流传播作品，公众无法在其个人任意选定的时间获得作品范畴，即不属于信息网络传播权调整的范围。因此，它不属现行著作权法所列举的"有名"之权利，可归入"应当由著作权人享有的其他权利"。与此相对应，涉案侵权行为是在信息网络环境中传播在线网页浏览者的新类型作品，也不属现行著作权法所列举的"有名"之侵权行为，可归入"其他侵犯著作权的行为"。

其次，诸如涉案电子游戏之大型、多人参与网络游戏，其创作凝聚了开发者的心血，游戏画面作为网络游戏这个"综合体"的组成部分也不例外。如不保护创作者对其作品进行许可传播或不许可传播的排他性权利，不利于对开发者形成权利激励、从而在全社会促进智慧产品的产出，不符合著作权法规定的立法宗旨"鼓励有益于社会主义精神文明、物质文明建设的作品的创作"。况且，作为著作权人，网易公司对涉案电子游戏及其呈现画面的播放享有许可或者不许可的权利，其已在涉案电子游戏登入的入口进行了权利宣告，在《玩家守则》中明确告知这种行为须经事先书面许可。

再次，从网易公司对华多公司曾经发警告函的情况看，网易公司已注意到被诉播放行为的存在，但是被诉的直播窗口并非都显示用户的 id 账户，导致网易公司无法对之全部采取封停账户等技术手段加以规制，但网易公司已经采取技术手段制止过一部分主播的行为。本案中，华多公司在其直播平台开设直播窗口、组织主播人员进行游戏直播，并在收到警告函后继续进行，显然是在明知的情况下从事的，其具备停止播放行为的更便利条件而不为，甚至部分直播窗口遮蔽用户 id 账户，造成权利人自力救济的困难，使网易公司面临通过技术手段予以制止的更大成本和次生侵权风险，显然违背民事活动中应当遵循的尊重彼此权利之原则；如果将制止此行为发生的责任分配由权利人承担，显然不合理。

最后，游戏画面的播放，是用户登入后操作的显示结果。对于用户（玩家）和观看者而言，其体验可能来自感知连续画面以及追求游戏中预设的"过关"或者"升级"等操作结果这两方面。在后者体验活动中，游戏画面的存在价值似乎发生转换，但是，即使在这种情况下，游戏画面的播放乃是前提，是不可避免的;"过关"或者"升级"的操作结果可以视为游戏呈现画面基础上的递进追求,其与呈现画面共同体现了电子游戏的多元价值。因此,从法理上讲,即使游戏画面被作为游戏工具进行使用,乃是关注、分析角度不同使然,并不因而导致游戏画面价值的丧失;而且,从现行法律的适用上讲,其不属于著作权法第二十二条规定的任何一种权利限制情形,华多公司据此提出的合理使用抗辩不成立。

综上所述,华多公司在其网络平台上开设直播窗口、组织主播人员进行涉案电子游戏直播,侵害了网易公司对其游戏画面作为类电影作品享有的"其他权利",属于著作权法第四十七条第(十一)项规定的"其他侵犯著作权的行为",应承担侵权责任。

三、关于侵权责任

华多公司的行为侵害网易公司对涉案电子游戏画面作为类电影作品享有的著作权,依法应承担停止侵害、赔偿损失等侵权责任。停止侵害具体而言为停止通过信息网络传播电子游戏《梦幻西游》或《梦幻西游2》的游戏画面。同时指出,网易公司基于同一行为提出的不正当竞争之指控,也无须审查。

关于赔偿数额,鉴于因侵权导致的网易公司损失或者华多公司的获益均无直接的、充分的证据证实,法院参考以下证据和案情进行酌情确定:首先,对华多公司游戏直播业务获益的估算;其次,对涉案电子游戏播放热度的估算;再次,通过主播收入对估算结果的进一步验证。以上述估算结果1893万元为基础,再考虑涉案作品类型、权利种类、华多公司持续侵权的情节、规模和主观故意,以及网易公司的合理维权支出等因素,酌情确定华多公司赔偿网易公司经济损失2000万元。需要指出的是,以上赔偿数额计至网易公司起诉本案之日,至于起诉日之后华多公司可能存在的侵权行为,网易公司有权另行追索。

最终,法院作出如下判决:第一,从本判决发生法律效力之日起,被告广州华多网络科技有限公司停止通过信息网络传播电子游戏《梦幻西游》或《梦幻西游2》的游戏画面。第二,从本判决发生法律效力之日十日内,被告广州华多网络科技有限公司赔偿广州网易计算机系统有限公司经济损失2000万元。第三,驳回原告广州网易计算机系统有限公司的其他诉讼请求。第四,如果未按本判决指定的期间履行给付金钱义务,应当依照《中华人民共和国民事诉讼法》第二百五十三条规定,加倍支付迟延履行期间的债务利息。第五,案件受理费541800元,由原告广州网易计算机系统有限公司负担216720元,被告广州华多网络科技有限公司负担325080元。

| 案件分析 |

本案对于游戏计算机程序代码与其他内容的二分较为合理,对涉案网络游戏可版权性及权利归属、游戏直播行为侵权与否及是否构成合理使用等问题虽均还有进一步细化的空间,但整体认定基本准确,对于我国网络游戏直播相关纠纷的解决具有一定的参考价值。

电子游戏可被划分为两部分:一是计算机程序;二是运行程序后通过屏幕显示的整体内容(可有配音)。本案的主要争议行为系对游戏运行过程中通过屏幕显示的整体内容进行直播。在讨论此问题前,应当明确两个前提:第一,不同的游戏类型和不同游戏要素进行排列组合,会产生不同的屏幕显示内容,其著作权性质各不相同,需要具体分析;第二,游戏直播画面的产生经历了几个流程,首先是游戏运行时的用户参与行为使得游戏预设内容以各异的方式呈现出来形成游戏整体画面,其次是用户对于游戏整体画面进行录制和直播,产生游戏直播画面,因此讨论游戏整体画面的著作权属性系前置性问题。

一、游戏整体画面的著作权属性及权利归属

关于游戏整体画面的著作权属性及权利归属,法院作出的判断基本合理,但一些细节仍可进一步完善。

第一,法院虽然结合游戏画面产生的技术手段,认定其生成方式与“摄制电影”相似,但实际上“摄制”要件在类电作品的构成中不具必要性。该要件来源于《中华人民共和国著作权法实施条例》第四条第十一项,①但该条文不仅没有体现出类电作品的本质在于其表现形式系一系列动态的连续画面,也

---

① 《中华人民共和国著作权法实施条例》第四条:“著作权法和本条例中下列作品的含义:……(十一)电影作品和以类似摄制电影的方法创作的作品,是指摄制在一定介质上,由一系列有伴音或者无伴音的画面组成,并且借助适当装置放映或者以其他方式传播的作品……”

以"摄制"一词对其制作方式进行了不必要的限制，从而使得许多运用新技术制作的由连续动态画面所组成的作品无法被纳入该类作品进行保护，例如用计算机技术制作的CG动画①等。依据《伯尔尼公约》的立法精神，对于作品类型的定义和区分在于作品的表现形式而非制作作品的工艺方法，②各国立法也采取此种态度。③ 而在我国著作权法修改的过程中，2014年的《著作权法（修订草案送审稿）》第五条中曾规定："（十二）视听作品，是指由一系列有伴音或者无伴音的连续画面组成，并且能够借助技术设备被感知的作品，包括电影、电视剧以及类似制作电影的方法创作的作品。"该条文删去了"摄制"要件，并明确了"连续画面"这一表现形式，实乃对目前有关类电作品要件的修正。

第二，本案所涉游戏中的游戏预设内容整体具有可版权性，可构成类电作品。正如法院所认定，电子游戏中动态画面的形成具有双向互动性，需要依赖玩家操控，但《著作权法》并未规定电影和类电影的形成必须具有单向性。游戏系统的开发者已预设了游戏的角色、场景、人物、音乐及其不同组合，包括人物之间的关系、情节推演关系。实际上，无论用户如何操作，不同用户操作的游戏画面之间依然有实质不变的部分。④ 在本案所涉的游戏中，这些游戏画面中的预设内容具有丰富的故事情节、鲜明的人物形象和独特的作品风格，表达了创作者独特的思想个性，为作者所独立创作且能以有形形式复制，这说明其具备可版权性。据此，在本案所涉及的游戏中，游戏预设内容在游戏画面上的呈现方式满足类电作品的要件，可以被认定为类电作品。需要强调的是，对于游戏整体画面是否构成类电作品要依据具体的游戏种类及其游戏要素进行具体分析，并非所有种类的游戏都能满足相应的特征，因而也有些游戏可能不具可版权性或构成其他类型的作品。

第三，用户参与行为的性质。游戏整体画面的产生来源于用户参与行为

---

① CG（Computer Graphics），即计算机图形学，CG电影的所有内容全部由计算机生成。

② 参见刘波林译：《保护文学和艺术作品伯尔尼公约指南》，中国人民大学出版社2002年版，第15页。

③ 参见王迁、袁锋：《论网络游戏整体画面的作品定性》，《中国版权》2016年第4期。

④ Williams Elecs.,Inc.v.Arctic Int'l,Inc.,685 F.2d 870,874(1982).

对于游戏预设内容的作用,因此该类行为的性质将影响游戏整体画面的著作权属性及其归属。法院笼统地认为,用户在动态画面的形成过程中无著作权法意义上的创作劳动,该类电影作品的"制片者"为游戏软件的权利人,这是不够准确的。应当区分用户参与行为不产生独创性表达和产生独创性表达两种情况,前者的性质类似于阅读图书、观赏电影等,此时游戏整体画面的可版权性皆来于游戏开发者的创作,因而权利应当完全归属于游戏开发者;而后者依照具体情况,可能构成对游戏预设内容的汇编或是演绎,①从而产生与游戏预设内容不相同的新作品,此时著作权的归属应该依据不同游戏种类和游戏要素共同呈现出的表现方式具体而定。而且,这种用户参与行为利用游戏预设内容产生游戏整体画面的结果,是游戏开发商所许可的,因为这正是游戏交互性之所在。在本案中,对于《梦幻西游2》这类角色扮演游戏,玩家是有可能对游戏画面具有独创性贡献的,正如被告所言,该大型在线游戏画面包含了不同玩家互动、交流的结果等。但是,不论游戏整体画面的著作权是否完全归属于著作权人,只要涉案游戏画面中的游戏预设内容具有可版权性,对其进行著作权法意义上的利用就需要建立在原著作权人的相关许可之上。更甚于,许多游戏开发商在游戏用户须知中会明确声明对该游戏的一切内容享有知识产权,本案中亦是如此,这种声明还可能构成游戏开发者与游戏玩家关于游戏整体画面著作权归属的约定,即便用户参与行为存在独创性,游戏开发商也可能依据该协议对游戏整体画面享有完整的著作权。

二、游戏直播行为的性质与合理使用之否定

游戏直播画面实际上是主播经由游戏直播行为对游戏整体画面进行利用的产物,并不等同于游戏整体画面,也不一定是对其的简单录制,需要依据个案进行具体的分析。但不论是何种直播方式,游戏直播行为都将涉及游戏开发者的传播性权利。根据国民待遇原则,由于我国加入的《世界知识产权组织版权条约》(WCT)中规定了"向公众传播权",能够涵盖以各种技术手段向

① See W.Joss Nichols,*Painting Through Pixels:the Case for a Copyright in Videogame Play*,30 Colum.J.L.& Arts 101,116(2007).

公众传播作品的行为,我国也应提供同等保护,因而除了广播权与信息网络传播权外,其他向公众传播权所涉及的权能应当认为被包含于《著作权法》规定的"其他权利"①之中。② 在本案中,由于游戏整体画面中的游戏预设内容已经具有可版权性,而且本案中的用户协议还可能构成游戏开发者与游戏玩家关于游戏整体画面著作权归属的约定,因而游戏主播对《梦幻西游2》进行直播的行为应当构成向公众传播游戏开发者享有著作权的内容。此外,判决中对于运营直播平台的华多公司与主播之间的关系已进行较为详细的论述,在此不再赘述。

而在合理使用的问题上,首先需要理解我国现行合理使用制度与"三步检验法""四要素检验法"等判断方法的关系。《伯尔尼公约》《与贸易有关的知识产权协议》《世界知识产权组织版权条约》③均规定了合理使用的三个前提:只能在特殊情况下做出、与作品的正常利用不相冲突,以及没有无理损害权利人合法权益,即"三步检验标准"。④ 我国也已将该标准转化为国内立法,《著作权法实施条例》第二十一条规定:"依照著作权法有关规定,使用可以不经著作权人许可的已经发表的作品的,不得影响该作品的正常使用,也不得不合理地损害著作权人的合法利益"。我国《著作权法》与《著作权法实施条例》之间系基本法与其配套条例的关系,应该认为《著作权法实施条例》作为下位法是严格在上位法著作权法的已有封闭式规则上进行解释,而不是通过下位法的规定从根本上突破上位法设定的封闭式规则。⑤ 因此,该条中的"有关规定",在我国现行法中表现为《著作权法》第二十二条列举的十二种合理使用的情形。

而无论依照我国现行法律规定,或是参照"三步检验法""四要素检验法"等判断方法,游戏直播行为都难以构成合理使用。首先,游戏直播行为不属于

---

① 参见《著作权法》第十条第一款第(十七)项。

② 参见王迁:《电子游戏直播的著作权问题研究》,《电子知识产权》2016年第2期;北京市高级人民法院(2009)高民终字第3034号等。

③ 《伯尔尼公约》第9条第2款;TRIPs第13条;WCT第10条。

④ 参见王迁:《知识产权法教程》(第四版),中国人民大学出版社2014年版,第220页。

⑤ 参见丛立先:《网络平台直播游戏画面不是"合理使用"》,http://www.sohu.com/a/223099536_742345,最后访问日期:2018年8月20日。

《著作权法》第二十二条规定的任何一种权利限制情形,认定其构成合理使用在我国现行法中缺乏法律依据,本案法院也采取此种观点。其次,即便我国的著作权合理使用制度也逐步摒弃穷尽式的列举而转向依据"三步检验法"①或"四要素检验法"②进行综合性判断,但在此标准下游戏直播行为仍难构成合理使用。第一,从使用行为的目的和性质而言,游戏直播行为涉及对游戏开发者享有著作权的游戏整体画面进行商业性利用,包含明显的营利意图,这与合理使用制度的目的不甚相符,也不满足该制度下的"特殊情况"。第二,有关"转换性使用"问题,一方面这一标准并非为我国《著作权法》所明确规定,其本身的理论基础及我国进行借鉴的合理范围也尚存争议;③另一方面即便将其作为判断合理使用的标准之一,游戏直播行为也难以构成"转换性使用"。虽然游戏直播行为的确并非单纯向观众展现画面的艺术美感,其中还包括对特定用户的游戏技巧和战果的展示,但关键问题在于无论是参与游戏的玩家还是观看游戏直播的玩家,对于游戏画面的利用都包含单纯欣赏艺术美感和自己实现或观赏他人实现游戏操作技巧和战果两方面内容,并非是游戏参与行为更关注游戏画面的艺术美感而游戏直播行为更具有展示游戏技巧和战果的意义,因此直播游戏画面的行为并不存在所谓的"转换性"。第三,在判定"对版权作品之潜在市场或价值的影响"时,不应当局限于著作权人对作品进行直接利用的市场,还应包括其基于享有的著作权可能许可他人开发的市场。④ 虽然本案中直播《梦幻西游2》这类竞技性较强的游戏的行为,可能不会直接对观看游戏直播的用户亲身参与游戏并消费产生负面影响,但其可能对游戏开发者进行游戏相关的著作权许可和其他利用行为之潜在市场或价值产生负面影响。而且,本案网易公司在《服务条款》《玩家守则》等文件中明确

---

① 《TRIPs协定》规定的三步检验法分别为:(1)全体成员均应将专有权的限制或例外局限于某些特殊情形;(2)不与作品的正常利用相冲突;(3)不应不合理地损害权利人的正当利益。

② 参见《最高人民法院关于充分发挥知识产权审判职能作用推动社会主义文化大发展大繁荣和促进经济自主协调发展若干问题的意见》第八条、《著作权法修订草案(送审稿)》第四十三条(十三)项等。

③ 参见熊琦:《"用户创造内容"与作品转换性使用认定》,《法学评论》2017年第3期;袁锋:《论新技术环境下"转换性使用"理论的发展》,《知识产权》2017年第8期等。

④ See Paramount Pictures Corporation.& CBS Studios Inc.v.Axanar Productions,Inc.& Alec Peters.United States District Court,C.D.California.(2017 WL 83506).

声明其反对游戏用户对游戏进行直播，即明确未对此进行授权。

综合而言，虽然本案仅从现行法律适用的角度对于目前争议较大的游戏直播行为是否构成合理使用的问题进行了简略阐述，但其结论是比较准确的。无论是依照我国现行法律规定，或是参照"三步检验法""四要素检验法"等判断方法，游戏直播行为都难以构成合理使用。

综上所述，在本案中游戏主播对《梦幻西游2》进行直播的行为构成向公众传播游戏开发者享有著作权的内容，且该行为不构成合理使用。本案法院判决结果准确，从游戏画面的著作权性质与权利归属问题到游戏直播行为的性质与合理使用问题，其推理过程较为完整严密，只是在一些争议问题的论述上稍显简略。此外，关于反不正当竞争法问题，法院指出网易公司在本案中请求保护的权益已得到保护，对其基于同一行为提出的不正当竞争之诉讼请求也无须审查，这一认定正确认识了反不正当竞争法对于知识产权法提供补充保护的作用，①值得肯定。

（作者：丛立先　刘乾）

---

①　参见吴汉东：《论反不正当竞争中的知识产权问题》，《现代法学》2013年第1期。

游戏中使用文学作品的要素是否构成改编：

明河社等诉火谷公司等侵害作品改编权及不正当竞争纠纷案

| 典型意义 |

对于热门作品而言,被改编为其他种类的作品能够产生大量的衍生收益,对于改编权的授权许可也是著作权人的重要经济来源之一。本案原告系依独家授权取得涉案小说在我国大陆地区部分著作财产权的出版社与游戏改编权的游戏公司,而被告游戏中的许多要素与涉案小说具有高度关联性,系典型的游戏中使用其他作品的要素引起的改编权侵权纠纷。本案论述了使用其他作品中的部分人物名称、武功招式、故事情节等作为部分内容的游戏是否构成改编作品;分析了对于此类行为能否适用《反不正当竞争法》第二条一般条款予以规制;并对部分侵权或不正当竞争行为承担侵权责任的合理方式、损害赔偿的合理数额等进行了认定。本案反映的问题具有典型性,判决考虑的内容较为完整,具有较高的参考价值,但对于改编权侵权及不正当竞争行为的判定均值得再推敲。

| 裁判要旨 |

一、改编作品应当与原有作品的基本脉络和主要情节相符或者相适应,被告游戏仅使用了原有作品的少量内容或表达,且这些内容在被告游戏中占比也较少,其整体上与原有作品无法形成对应关系,不构成改编作品。

二、虽然对原作品中的人物名称、武功名称等某些元素的使用不构成著作权侵权,但未经权利人许可,擅自使用相关元素,会在没有付出创造性劳动的情况下攫取他人的劳动成果,抢占他人的商业机会,因而构成不正当竞争。

三、在承担侵权责任的问题上，删除、停止使用被诉不正当竞争的作品元素已经可以达到停止侵害的效果，不需游戏整体停止运营；在确定侵权损害赔偿数额时，应考虑侵权行为产生的具体作用，在并非侵权人的所有相关收益都来源于侵权行为的情况下，可以以作品的许可费作为侵权赔偿数额的确定依据。

案情介绍

（2014）一中民初字第5146号

本案原告系明河社出版有限公司（本文简称明河社）、完美世界（北京）软件有限公司（本文简称完美世界公司），被告系北京火谷网络科技股份有限公司（本文简称火谷公司）、昆仑万维科技股份有限公司（本文简称昆仑万维公司）、昆仑乐享网络技术有限公司（本文简称昆仑乐享公司）。

自2002年起，明河社享有《金庸作品集》（包括《射雕英雄传》《神雕侠侣》《倚天屠龙记》《笑傲江湖》在内的十二部作品）在中国境内除以图书形式出版发行简体字中文版本以外的其他专有使用权。经法院审理查明，明河社许可查良镛（笔名"金庸"）转许可涉案作品的独家改编权。查良镛与完美世界公司签订的授权合约第一条约定的是独家专有权，查良镛不可在协议有效期内在授权地域内再授权第三方或他人行使此授权。查良镛向完美世界公司出具声明书（授权声明）里亦明确称其经明河社许可，将独家改编权授予了完美世界公司。两原告在庭审中明确表示，仅对三被告在中国大陆市场运营"武侠Q传"的行为主张权利。

"武侠Q传"游戏软件原名"大话江湖"手机网络游戏软件，著作权人为被告火谷公司，开发完成时间为2013年4月30日，权利取得方式为原始取得，该游戏软件于2013年8月31日更名为"武侠Q传"手机网络游戏软件。2013年5月28日，火谷公司与昆仑乐享公司签订大话江湖（IOS，安卓版）多地区独家授权协议，火谷公司授权昆仑乐享公司在诸多国家与地区独家运营大话江湖游戏，授权期限自大话江湖游戏公测运营之日起五年。2013年7月20日，火谷公司与昆仑乐享公司一致确认，将以"武侠Q传"这个名称来推广和运营大话江湖手机游戏软件。昆仑万维公司系"武侠Q传"游戏的运营公司。昆仑万维公司通过其经营的 http://wxqz.kunlun.com 网站,进行"武侠 Q 传"游戏的运营,并通过该网站提供"武侠 Q 传"游戏软件的安卓及苹果系统客户端的下载。"武侠 Q 传"简体中文版的上线时间为 2013 年 8 月。依据提交的证据,法院经审理认定:昆仑万维公司因代理运营"武侠 Q 传"在 2013 年、2014 年、2015 年 1—3 月从中国大陆市场分别获得营业利润 5542.97 万元、6173.16 万元、343.23 万元,合计 12059.36 万元;火谷公司及昆仑万维公司因合作营运"武侠 Q 传"游戏共在中国大陆市场获得营业利润 170236250 元。

结合公证后的证据,法院审理查明:原告公证取证时,"武侠 Q 传"游戏共设有弟子 110 个,"武侠 Q 传"游戏中设定的弟子角色与涉案作品中的角色存在对应关系的共 76 个,占游戏总人物角色数量的近 70%,涉及涉案作品中的全部核心人物。"武侠 Q 传"游戏共设有武功 116 种,"武侠 Q 传"中设定的武功与涉案作品中描述的武功存在对应关系的共 82 个,占比为 71%。"武侠 Q 传"游戏中设置的关卡与涉案作品中的故事场景存在对应关系有 8 个,占总关卡数的 25%。"武侠 Q 传"游戏情节梗概如下:武林正派围剿魔教,双方两败俱伤,魔教教主下落不明。一武林正派掌门临终前嘱咐其弟子寻访下落不明的魔教教主。该弟子遵照师父的嘱托,以闯关的形式走遍江湖,寻找魔教教主的下落。其在寻访闯关的过程中,与众多武林高手过招,目睹了江湖中的风风雨雨。火谷公司认可开发"武侠 Q 传"游戏软件借鉴和参考了涉案作品的相关元素。但主张有些历史人物是真实存在的,有些情节是自己原创的。

| 裁判理由 |

一、两原告享有的著作权权项与主体适格问题

该案证据可以证明,涉案作品的著作权人查良镛,经涉案作品在中国境内的改编权的专有使用权人明河社的许可,将涉案作品在中国大陆地区的移动终端游戏软件改编权和以其他方式使用涉案作品的权利转许可给了完美世界公司。因此,法院认定原告完美世界公司主体资格适格,可以自己的名义提起本案的诉讼。

在提起本案诉讼时,明河社在中国大陆地区已不享有涉案小说的移动终端游戏软件改编权。但在"武侠Q传"游戏刚上线运营时,《射雕英雄传》《笑傲江湖》两部小说在中国境内的改编权的专有使用权人为明河社,且"武侠Q传"游戏上线运营至明河社提起本案诉讼尚未超过两年。明河社有权对三被告开发及上线运营"武侠Q传"游戏的行为提起侵害作品改编权之诉。而且,即使在完美世界公司取得全部涉案作品的移动终端游戏改编权之后,明河社仍享有对涉案作品除了移动终端游戏改编权以外的其他改编权。若三被告合作运营的"武侠Q传"游戏无偿使用涉案作品相关元素,可能侵害明河社对涉案小说享有的其他改编权的市场价值。明河社亦有权针对三被告提起不正当竞争之诉。

二、被告行为是否侵犯原告在中国大陆地区的改编权

本案中,两原告明确,其并未就单部小说中的某一单独情节、人物名称等单独主张权利,两原告认为三被告侵犯的是整部小说的独创性表达。

法院认为,行使改编权所形成的改编作品,是在保持原有作品基本表达的基础上,对原有表达加以发展变化而形成的有独创性的新作品。改编作品应当与原有作品的基本脉络和主要情节相符或者相适应,对于仅仅使用了原有作品的少量内容或表达,整体上与原有作品无法形成对应关系的,则不构成改编作品。同样,如果仅仅使用了原有作品的思想或创意,而未使用其内容或表达,也不构成改编作品。法院认为,"武侠Q传"游戏本身为角色扮演类手机卡牌游戏,其对于涉案作品相关元素的使用主要体现为人物名称及性格特征、兵器、武功招式、阵法、场景设置等。从构成改编最重要的故事情节及脉络发展来看,"武侠Q传"游戏软件中未包含足够具体的单部涉案小说的表达,且与单部涉案小说相对应的情节设置在"武侠Q传"游戏软件中未达到较高的数量与比例,"武侠Q传"游戏软件中包含的与涉案单部小说相对应的情节设置亦未占到涉案单部小说作品足够的比例。"武侠Q传"游戏软件没有使用涉案单部小说的基本表达,涉案单部小说的表达在"武侠Q传"游戏软件中的比重亦不高,"武侠Q传"游戏软件整体上与单部涉案小说无法形成对应关系。因此,现有证据不能证明"武侠Q传"游戏软件构成对涉案作品中任意一

部作品的改编。

三、三被告是否实施了不正当竞争行为

法院认为,火谷网未经权利人许可,无偿使用涉案作品中的相关元素开发"武侠 Q 传"游戏软件,并与昆仑万维公司及昆仑乐享公司三方合作运营该游戏,构成对原告完美世界公司及明河社的不正当竞争。

法院指出,适用《反不正当竞争法》第二条认定构成不正当竞争应当同时具备以下条件:一是法律对该种竞争行为未作出特别规定;二是其他经营者的合法权益确因该种竞争行为而受到了实际损害;三是该种竞争行为确属违反诚实信用原则和公认的商业道德而具有不正当性或者可责性。

对于二原告来说,其拥有涉案作品的改编权是其参与市场竞争的优势所在,二原告能够凭借涉案作品的知名度及美誉度,参与移动终端游戏市场的竞争、行使专有使用权或从版权许可市场获利。本案被告的行为一方面不正当地取得了成本上的优势,另一方面破坏了完美世界公司凭借涉案作品移动终端游戏软件改编权在移动终端游戏市场的竞争优势,抢占了本应属于完美世界公司的相关游戏市场,抢夺了本应属于原告完美世界公司的玩家群体,对完美世界公司运营相关游戏造成了现实的、可以预见的损害。对明河社来说,本案被告的行为破坏了明河社凭借涉案作品的改编权等著作权在版权许可市场的竞争优势,减少了其未来可预期的版权许可的收入,对明河社的经营活动造成了现实的、可以预见的损害。

涉案作品中的相关元素对受众的吸引力,可以转化为游戏玩家消费的动力。涉案作品中的相关元素因能带来更多的商业机会或者商业利益,其本身业已成为一种具有商业价值的经济资源,而其本质上是由作品的著作权人及其被许可人通过智力创作与资本投入所创造,其利益应归属于对商业价值的创造有贡献的主体。在市场经济条件下,营利性地使用他人具有商业价值的资源,应获得他人的许可并支付相应的成本,这是基本的商业道德。本案中,三被告未经许可将他人具有商业价值的资源投入商业领域使用的行为,违背诚实信用、等价有偿的基本商业道德,具有不正当性,应当予以规制。

虽然金庸小说中存在历史人物,但金庸在创作小说时,对历史人物进行了

再创作,赋予了历史人物新的社会关系、新的人物特征。就联系的紧密程度来看,"武侠 Q 传"游戏中的角色的人物特征与金庸小说中的相关人物特征的关联性程度更高,相关公众对"武侠 Q 传"游戏与金庸作品之间存在紧密关联关系的认知度亦高于"武侠 Q 传"游戏人物与历史人物之间的关联度。"武侠 Q 传"游戏不仅大量使用了被告所称的历史人物,亦大量使用了涉案作品中金庸虚构的人物。

综上,三被告的行为,既不正当地破坏了他人的竞争优势,又不正当地抢夺了他人的商业机会,其行为已构成对原告完美世界公司及明河社的不正当竞争。

四、三被告在本案中是否应当以及如何承担责任

法院认为,本案中,三被告应共同承担停止不正当竞争行为、消除影响、赔偿损失的法律责任。但由于本案并不涉及对著作人身权的侵害,三被告不承担赔礼道歉的责任。

关于停止侵害的具体方式,首先,对于"武侠 Q 传"游戏软件未经许可使用涉案作品元素这一不正当竞争行为来说,删除、停止使用被诉不正当竞争的作品元素已经可以达到停止侵害的效果。其次,停止运营"武侠 Q 传"游戏可能造成三被告对用户或推广渠道构成违约,从而给被告带来不必要的利益损失。最后,在删除、停止使用被控不正当竞争的作品元素后,因"武侠 Q 传"游戏软件中已无与涉案作品有关的元素,加之法院另判令三被告为其不正当竞争行为消除影响,其攀附涉案作品的知名度,对消费者形成误导的可能性已不大。因此,法院判令三被告立即停止在"武侠 Q 传"游戏软件中使用与涉案作品有关的元素。

关于损害赔偿,法院认为,在确定本案因侵权所获得的利润时,应当考虑三被告在多大程度上利用了涉案作品的市场价值来促进其游戏服务的推广,及三被告未经许可无偿使用的涉案作品中的相关元素对"武侠 Q 传"游戏营业利润的贡献率。三被告因运营"武侠 Q 传"在中国境内市场所获利润,并非全部来自于被诉不正当竞争行为,侵权人在侵权期间因侵权所获得的利润难以精确计算。而著作权法中虽然未将著作权许可使用费的倍数作为确定赔偿

额的方式之一,但根据著作权案件司法解释的规定,作品的合理使用费是确定赔偿数额应予考虑的因素之一。依据在案证据,法院参照涉案作品在中国大陆市场三年的独家移动终端游戏软件改编权许可费800万元的合理倍数确定了本案的赔偿数额。

综上所述,法院作出如下判决:第一,三被告自本判决生效之日起,停止在"武侠Q传"游戏软件中使用与《射雕英雄传》《倚天屠龙记》《神雕侠侣》《笑傲江湖》四部小说有关的元素,在删除与四部小说有关的元素之前,不得自行或授权他人提供"武侠Q传"游戏客户端的下载服务;第二,三被告于本判决生效之日起十日内就其实施的不正当竞争行为分别在其各自公司官方网站首页上端连续七十二小时刊登声明,消除影响;第三,三被告于本判决生效之日起十日内连带赔偿两原告经济损失及合理费用合计人民币一千六百三十一万九千六百五十元八角;第四,驳回两原告的其他诉讼请求;第五,案件受理费人民币五十四万三千三百九十八元,由两原告共同负担人民币四十二万三千六百八十元,三被告共同负担人民币十一万九千七百一十八元。

| 案件分析 |

本案判决思路清晰,法院首先依据证据链确认原告的权利范围和诉讼资格;其次,分别考察原告关于判令被告侵犯其改编权及构成反不正当竞争的诉讼请求;最后,在认定被告不侵犯原告改编权但构成不正当竞争的前提下,对被告承担责任的方式和损害赔偿的数额作出认定。其中,对于原告的权利范围和诉讼资格的认定较为完整准确,对证据的采信和相关事实的证明逻辑严谨、考察全面;在认定被告承担责任的方式时,并未直接依据被告侵权所得进行判定,而是合理分析了被告在本案中所涉的不正当行为及其利用的相关元素在游戏的商业运营中所起到的作用,并基于以上分析,在区分游戏元素之于游戏整体的前提下,一方面判令三被告立即停止在"武侠Q传"游戏软件中使用与涉案作品有关的元素,既达到了保护著作权人合法权利的效果,又不至于过度保护损害被告方对于游戏的其他合法权利;另一方面,在判定赔偿数额时,指出游戏运营的总收入并非全部都是被告利用涉案游戏要素而使原告产生的损失,因而没有依据被告违法所得而是参照原告相关权利的许可费用判令赔偿数额,合理清晰,值得肯定。但是,本案对于侵犯改编权的认定和《反不正当竞争法》第二条的适用问题均存在一些瑕疵,值得进一步讨论。

一、本案涉及的改编权问题

首先应当明确,本案中原告系基于对整部作品的改编权起诉,而并未就单部小说中的某一单独情节、人物名称等单独主张权利。因此,法院实质上是在对"被告行为是否侵犯原告整部作品的改编权"进行判断。法院否认被告游戏构成相应的改编作品的理由主要在于:"武侠 Q 传"游戏软件中未包含足够具体的单部涉案小说的表达,且与单部涉案小说相对应的情节设置在"武侠 Q 传"游戏软件中未达到较高的数量与比例,"武侠 Q 传"游戏软件中包含的与涉案单部小说相对应的情节设置亦未占到涉案单部小说作品足够的比例。

第一,法院认为,在比对改编权侵权问题时,应当以人物名称及性格特征、兵器、武功招式、阵法、场景设置与故事情节、发展脉络等作品整体产生的表达为比较对象,而非单个元素本身。这实质上暗含了对著作权"思想与表达"二分法原则的合理判断。符号、结构和题材等要素密不可分地相互联系,共同构成了作品的表现形式,这种表现形式正是著作权的保护对象。① 根据划定思想与表达二分法的"抽象测试法"(abstractions test),从作品的细节到主题是一个逐渐升华的"金字塔"结构,随着"金字塔"层的逐渐升高,作品的抽象和概括程度也不断提升,进而导致越来越多的具体因素被排除在外。② 该方法也是此后多种思想与表达二分法的测试法的共同基础。③ 因此,本案未从单个人物形象、武功名称出发进行判断是较为合理的做法,因为其本身不构成独创性表达而不具独立的可版权性,不存在独立适用改编权的空间,也就不能够成为判定改编权侵权行为时的比对对象。但大量的这类元素结合故事情节、剧情发展等内容,可能共同构成具有独创性的表达,这是本案没有处理的

---

① 参见吴汉东:《知识产权基本问题研究(分论)》(第二版),中国人民大学出版社 2009 年版,第 33 页。
② 参见王迁:《著作权法》,中国人民大学出版社 2005 年版,第 47 页。
③ 参见肖俊:《现代著作权法中的思想与表达两分法原则——以抽象测试法为中心的研究》,硕士学位论文,厦门大学,2005 年,第 13 页。

问题。

第二,法院指出的,行使改编权所形成的改编作品,是在保持原有作品基本表达的基础上,对原有表达加以发展变化而形成的有独创性的新作品。这句话实际上并未准确概括改编权的内涵。因为法院的表达系将"独创性"之要件赋予"新作品"之上,但实际上受著作权法保护的作品都具有独创性,这不是改编作品的核心特点;"独创性"之要件应当赋予在"加以发展变化"之上,即应当是改编行为中存在独创性。改编行为不仅包括构成要素的改变,如将文字改变为图像、将此文字改变为彼文字等,也包括对构成要素组合方式的改变,如将漫画改编为电影等。①

第三,法院对改编权侵权的认定包含两个方面的考察:被诉作品使用的原作品独创性表达占原作品表达的量之比例、被诉作品使用原作品独创性表达占被诉作品表达的量之比例。

首先,若本案涉及抄袭、剽窃等字面侵权问题,则被诉作品使用原作品独创性表达占被诉作品表达的量之比例,不应当影响实质性相似的判断。"受保护的表达相似部分必须是在先作品的核心部分或基本内容,该相似部分在后作品中的比重对认定是否构成著作权(字面)侵权并无决定性意义"。② 举例而言,如果一文学作品中仅有部分章节与另一部文学作品整体构成实质性相似,前者同样应当构成对后者的抄袭或剽窃。正如 Sheldon 案中法官曾指出的,"剽窃者不能以自己作品中存在多少未剽窃的内容来证明其不承担侵权责任"。③ 在判断有关复制权的侵权问题时,进行"实质性相似"比对的应该是诉争作品涉嫌抄袭的原作品中受保护的表达部分,而不需要对两部作品的其他部分进行整体对比,这一原则也为美国和我国司法界所遵循。④

但是,本案的特殊之处在于,原告仅享有对涉案小说作品的改编权,而侵犯改编权与字面侵权的判断逻辑应当是不同的。在涉及作品非字面侵权纠纷

① 参见吴汉东:《知识产权法学》(第五版),北京大学出版社 2011 年版,第 74 页。

② 参见北京市第三中级人民法院(2014)三中民初字第 07916 号民事判决书。

③ See Sheldon v.Metro-Goldwyn Pictures Corp.,81 F.2d 49,56(2d.Cir.1936).

④ See Grag Joyce,William Patry,Marshall Leaffer & Peter Jazi,Copyright law 729(3d ed.,Matthew Bender &Co.,Inc.1997);参见北京市第二中级人民法院(2014)二中民终字第 05328 号民事判决书、北京市海淀区人民法院(2014)年海民(知)初字第 17547 号民事判决书等。

的不少案件中，美国部分法院支持对原被告作品之间的表达相似性和表达差异性二者应给予综合考量，甚至认为被告有别于原作创作添加的表达差异性部分具有不容忽视的作用，可以抵消两部作品之间的表达相似性程度。① 这是因为，改编作品需要在保持原有作品基本表达的前提下，通过独创性的改编行为产生，这不仅要求其利用的应当是被改编作品的主要的、基本的表达，也要求这些原作品中的表达在新作品中占据相当的分量，构成其基础或实质内容，唯有如此才系对原有作品的"改编"。如果已有作品的表达并不构成新作品的基础，没有成为新作品的重要内容、情节和结构，新作品只是将其作为素材来使用，而非以其作为派生、衍生之基础的，不应认为新作品是演绎作品。②

但问题在于，虽然被告的整部游戏不构成对涉案的任一整部小说的演绎作品，利用单个元素进行又无涉原告作品中的可版权内容，但从"单个元素"到"整部作品"中仍存有一定的区间，例如本案所涉及的原作品中的所有人物、情节、武功招式等共同组合，可能已经能够共同构成具有独创性的表达。这就好比一整本书之于其中一部章节的关系，如果该章节已经能够独立构成具有独创性的表达，则对该章节进行改编也应当属于对受保护的作品进行改编，只是改编的范围不是整部作品，因而产生的作品也并非整部原作品的改编作品而已。同理，从诉争游戏的角度来看，倘若涉及原作品元素的各要素组合起来，已经足以构成具备独创性的表达，就此部分而言仍有可能构成演绎作品。

因此综合而言，本案法院基于对被诉作品使用的原作品独创性表达占原作品表达的量之比例、被诉作品使用原作品独创性表达占被诉作品表达的量之比例两方面的考察，认为本案中"'武侠 Q 传'游戏不构成对涉案作品中任意一部作品的改编"在该案语境下是合理的，因为这是以整部游戏和整部小说为考察对象；但是，据此并不足以认为被告未侵犯原告对涉案作品享有的改

---

① See Novelty Textile Mills, Inc.v.Joan Fabrics Corp., 558 F.2d 1090 (2d Cir.1977); Idema v. Dreamworks, Inc., 162 F.Supp.2d 1129, 1143-55 (C.D.Cal.2001); Wild v.NBC Universal, Inc., 788 F.Supp.2d 1083, 1106 (C.D.Cal.2011).(转引自李杨：《改编权的保护范围与侵权认定问题：一种二元解释方法的适用性阐释》，《比较法研究》2018 年第 1 期。)

② 参见陈锦川：《著作权审判：原理解读与实务指导》，法律出版社 2014 年版，第 59 页。

编权，尤其是本案所涉及的原作品中的所有人物、情节、武功招式等共同组合，可能已经能够共同构成具有独创性的表达，仅就原被告游戏相关部分而言是有较大可能构成对这部分独创性表达的改编权侵权的。不过，鉴于本案原告明确提出其基于对整部作品的改编权起诉，从案件本身而言法院的认定已经足以驳回原告的此项诉讼请求。此外，若本案原告方系享有涉案小说其他权项的主体，本案被告是否构成对涉案小说的侵权，则应当依据与本案不同逻辑进行判断，也可能产生不同的结果。

二、本案适用《反不正当竞争法》第二条的不合理性

本案适用了《反不正当竞争法》第二条的一般条款，虽然准确界定了《反不正当竞争法》规制不正当的市场竞争行为，维护正常的市场竞争秩序等区别于《著作权法》的功能，也认识到了《反不正当竞争法》之于《著作权法》的补充性，①且正确提出了构成不正当竞争应当同时具备的三项条件，但如本案这般涉及与著作权法相关问题的案件，适用《反不正当竞争法》第二条是否具有正当性是值得商榷的。

首先，对《著作权法》并不规制的行为，是否应该提供反不正当竞争法保护是存疑的，因为这将对"该种竞争行为确属违反诚实信用原则和公认的商业道德而具有不正当性或者可责性"的要件提出质疑。例如对于单个人物的名称、歌词中简短的词汇等因不构成独创性表达而不受著作权法保护的客体，既然《著作权法》已经不禁止对其的利用行为，《反不正当竞争法》将这类利用行为认定为"不正当"的合理性就大打折扣。因此若要对不受《著作权法》保护的要素提供《反不正当竞争法》保护，应当论述该要素从著作权法或其他知识产权法的性质、功能等实质性层面具有保护的正当性，起码不能是现行知识产权法律所涉的明显不应被规制的内容，在这类要素因符合立法目的、功能等原因有必要为知识产权法所保护却因现行法滞后或其他合理原因未获得专门保护时，适用反不正当竞争法提供补充保护才具有相当的合理性。"《反不正当竞争法》所提供的保护不能与专利法等知识产权专门法的立法政策相抵

---

① 参见吴汉东：《论反不正当竞争中的知识产权问题》，《现代法学》2013 年第 1 期。

触,凡知识产权专门法已作穷尽性保护的,不能再在《反不正当竞争法》中寻求额外的保护,否则就会对本来属于公有领域的技术或信息给予专有性保护,妨碍创新和竞争自由。"[1]

其次,由于本案并非只涉及单个人物名称、招式名称等不具备可版权性的个别要素,而是涉及诸多要素与情节,其具备共同构成具有独创性表达的可能性,有可能获得著作权法的保护,在此前提下就不应该忽视作为专门法的《著作权法》,而直接在《反不正当竞争法》中寻求救济。本案法院之所以能够认定被告对于涉案小说中的所有涉案要素的利用行为足够对原告的经营活动造成了现实的、可以预见的损害,也正是因为被告利用的内容已经足够共同构成独创性的表达,从而使得对其的利用达到需要法律进行规制的程度,但这样的规制并不应当由反不正当竞争法进行。如果利用行为只涉及对个别角色名称、武功招式等不具可版权性内容的极少量运用,就很可能不具备所谓的"不正当性",既不受著作权法规制也不受反不正当竞争法调整。因此,若在不局限于对游戏整体和整部小说的比对后,能够认定被告行为获得原告改编权的规制,则更不应当适用反不正当竞争法。

（作者：丛立先　刘乾）

---

[1] 曹建明：《全面加强知识产权审判工作,为建设创新型国家和构建和谐社会提供强有力的司法保障——在全国法院知识产权审判工作座谈会上的讲话》,载曹建明主编,最高人民法院民事审判第三庭编：《知识产权审判指导涉 2006 年第 2 辑（总第 8 辑）》,人民法院出版社 2007 年版,第 47—67 页。

"同人作品"是否构成著作权侵权：

金庸诉江南等著作权侵权及不正当竞争纠纷案

| 典型意义 |

近年来,随着作品传播的多样性和商业利用的日益发达,一些具有较高知名度和影响力的"大IP"已经体现出其重要的商业价值,在文化娱乐产业形成了涵盖各种利用方式的发达产业链。本案被告在创作作品《此间的少年》的过程中使用了原告《射雕英雄传》《笑傲江湖》《天龙八部》《神雕侠侣》等知名作品中的部分元素,具体表现为相同的人物名称、相似的人物关系和性格特征等,并称其作品是原告的"同人作品",其整体表达与原告作品不存在实质性相似。本案中,法院认为"同人作品"一般是指使用既有作品中相同或近似的角色创作新的作品,并对《此间的少年》是否侵害原告的著作权、被告行为是否构成不正当竞争、被告应如何承担侵权责任、本案经济损失及合理开支数额如何确定等问题分别进行了认定。"同人作品"的具体表现形式多种多样,本案以对著作权法中"思想与表达二分法"与"接触+实质性相似"理论的合理适用为基础,对于在文字作品中运用他人作品角色名称等少量特殊元素的行为是否构成著作权侵权及不正当竞争进行了认定,其对于著作权侵权问题的论述过程和结论具有一定参考价值,而对于反不正当竞争法的适用也值得关注和反思。

| 裁判要旨 |

一、虽然被告作品使用了原告四部作品中的大部分人物名称、部分人物的简单性格特征、人物关系以及部分抽象的故事情节,但依据"思想与表达二分法"，脱离了具体故事情节的人物名称、人物关系、性格特征的单纯要素，往往难以构成具体的表达，不是可受著作权法保护的对象，因此被告作品与原告作品的人物名称、人物关系、性格特征和故事情节在整体上仅存在抽象的形式相似性，二者并不构成实质性相似，因此被告作品并不构成对于原告作品的著作权侵权。

二、原告作品元素凝结了原告高度的智力劳动，具有极高的知名度和影响力，在读者群体中这些元素与作品之间已经建立了稳定的联系，具备了特定的指代和识别功能，具有较高的商业市场价值，在不受著作权法保护的情况下，整体上仍可能受我国反不正当竞争法调整。被告未经原告许可，在其作品中使用原告作品中的人物名称、人物关系等作品元素并予以出版发行，借助原告作品整体已经形成的市场号召力与吸引力提高新作的声誉，属于以不正当的手段攫取原告可以合理预期获得的商业利益，其行为构成不正当竞争，依法应承担相应的侵权责任。

三、对于使用作品中部分元素的侵权行为，以侵权作品所产生的全部收益作为侵权获利并不合理。在权利人无法举证其实际损失的情况下，可以综合考虑侵权作品因侵权行为获得的竞争优势、侵权作品传播时间及获利数额、主观恶意、未经许可使用的作品元素在作品中所占比例及重要性程度等因素加以判明。

| 案情介绍 |

（2016）粤 0106 民初字第 12068 号

本案原告系自然人查某某（CHA，Louis）（笔名：金庸），被告包括自然人杨某（笔名：江南）、北京联合出版有限责任公司（本文简称联合出版公司）、北京精典博维文化传媒有限公司（本文简称精典博维公司）和广州购书中心有限公司（本文简称广州购书中心）。

原告所著《射雕英雄传》《笑傲江湖》《天龙八部》《神雕侠侣》四书（本文简称原告作品）从 1994 年至今在中国大陆地区出版过多个版本，且各版本中郭靖、黄蓉、杨康、穆念慈、乔峰（萧峰）、令狐冲等人物名称、人物关系、性格特征和故事情节基本一致。经法院审理查明，原告作品在我国大陆及香港等地区具有很高的知名度和社会影响力。

被告杨某于2000年创作《此间的少年》并发表于网络，并从2002年至今在国内出版过多个版本，其中包括被告联合出版公司出版的《此间的少年》2012年版和《此间的少年》2001—2011十周年纪念珍藏版（本文简称《此间的少年》纪念版）。各个版本中，郭靖、黄蓉、杨康、穆念慈、乔峰、令狐冲等主要人物的人物名称、人物关系、性格特征和故事情节基本一致。经过一系列授权与转授权，被告精典博维公司最终取得了《此间的少年》著作权（包括但不限于中文简体图书出版、发行、销售，信息网络传播权）及其转授权权利的独家授权，有效期限至2016年9月10日止。精典博维公司在2013年至2016年期间与诸多案外人先后签订图书经销或采购合同，约定向各公司提供图书，其中包括案外人广州新华出版发行集团股份有限公司（本文简称新华出版公司）。2016年3月15日、6月7日、7月4日，被告广州购书中心分别向新华出版公司采购《此间的少年》纪念版10本、2本、3本。案件审理时，联合出版公司、精典博维公司确认目前关于《此间的少年》纪念版尚有3万多册库存，广州购书中心称已停止销售《此间的少年》纪念版且无库存。

经比对，《此间的少年》中人物名称与原告《射雕英雄传》相同的共27个；与原告《笑傲江湖》相同的共13个；与原告《天龙八部》相同的共18个；与原告《神雕侠侣》相同的共7个。但在《此间的少年》中，同名人物的性格特征、人物关系及故事情节在具体表达的取舍、选择、安排、设计上并不一致。

| 裁判理由 |

一、《此间的少年》是否侵害原告的著作权

法院认为，在文学创作领域中，文字作品以小说为例，其内容主要由人物、情节、环境三个要素构成。人物是核心，人物关系、性格特征、故事情节均围绕人物展开；情节是骨架，人物名称、人物关系、性格特征均通过故事情节塑造构建而成；环境是背景，包括自然环境与社会环境，包括时代背景与空间背景。当具有特定性格特征与人物关系的人物名称以具体的故事情节在一定的时空环境中展开时，其整体已经超越了抽象的思想，属于对思想的具体表达。反之

而言,脱离了具体故事情节的人物名称、人物关系、性格特征的单纯要素,往往难以构成具体的表达。

杨某作为原告作品的读者,在创作之前即已接触原告作品,故判断《此间的少年》是否侵害原告著作权,需要认定《此间的少年》与原告作品是否构成实质性相似。依据最高人民法院发布的指导性案例81号,在判断是否构成实质性相似时,应比较作者在作品表达中的取舍、选择、安排、设计等是否相同或相似,不应从思想、情感、创意、对象等方面进行比较。

经比对,《此间的少年》使用了数十个与原告作品中相同的人物名称,但同名人物的性格特征、人物关系及故事情节在具体表达的取舍、选择、安排、设计上并不一致。其中,部分人物与原告作品同名人物的简单性格特征相似;部分人物与原告作品的同名人物性格不同,二者存在不同的安排与设计;部分人物仅作简略提及,并无原告作品同名人物的典型性格;部分人物与原告作品同名人物之间的简单人物关系相似;部分人物与原告作品的同名人物关系看似结果相同但实质关系不同,二者安排、设计并不一致;部分情节与原告作品中特定人物之间的故事情节具有抽象的相似性,一般情节在故事发展的起承转合、背景、具体描写都有很大不同;原告作品中反映人物关系与性格特征的部分典型故事情节在《此间的少年》中没有提及,二者对情节的取舍亦有不同。

法院认为,从整体上看,虽然《此间的少年》使用了原告四部作品中的大部分人物名称、部分人物的简单性格特征、简单人物关系以及部分抽象的故事情节,但上述内容多属于小说类文字作品中的惯常表达,《此间的少年》并没有将情节建立在原告作品的基础上,基本没有提及、重述或以其他方式利用原告作品的具体情节,而是在不同的时代与空间背景下,围绕人物角色撰写故事的开端、发展、高潮、结局等全新的故事情节,创作出不同于原告作品的校园青春文学小说,且存在部分人物的性格特征缺失,部分人物的性格特征、人物关系及相应故事情节与原告作品截然不同,情节所展开的具体内容和表达的意义并不相同。在此情况下,《此间的少年》与原告作品的人物名称、人物关系、性格特征和故事情节在整体上仅存在抽象的形式相似性,不会导致读者产生相同或相似的欣赏体验,二者并不构成实质性相似。因此,《此间的少年》是杨某重新创作的文字作品,并非根据原告作品改编的作品,无需署上原告的名字,相关读者因故事情节、时空背景的设定不同,不会对原告作品中人物形象产生意识上的混乱,《此间的少年》并未侵害原告所享有的改编权、署名权、保护作品完整权。

法院还认为,角色商业化使用权并非法定的权利,通过文字作品塑造而成的角色形象与通过美术作品、商标标识或其他形式表现出来的角色形象相比,缺乏形象性与具体性,不支持原告以角色商业化使用权获得著作权法的保护的主张。

二、被告行为是否构成不正当竞争

法院认为,原告作品中的人物名称、人物关系等元素虽然不构成具有独创性的表达,不能作为著作权的客体进行保护,但并不意味着他人对上述元素可以自由、无偿、无限度地使用。本案中,原告作品及作品元素凝结了原告高度的智力劳动,具有极高的知名度和影响力,在读者群体中这些元素与作品之间已经建立了稳定的联系,具备了特定的指代和识别功能,具有较高的商业市场价值。原告作品元素在不受著作权法保护的情况下,在整体上仍可能受我国反不正当竞争法调整。

关于本案是否具备《反不正当竞争法》第二条一般条款适用的基本条件,法院认为:其一,杨某使用原告作品元素创作《此间的少年》并出版发行的行为不属于反不正当竞争法第二章列举的不正当竞争行为,原告也并未依据该列举式规定主张权利,而是直接主张杨某的行为违反了反不正当竞争法第二条的规定。其二,原告对作品中的人物名称、人物关系等元素创作付出了较多心血,这些元素贯穿于原告作品中,从人物名称的搜索结果数量可见其具有极高的知名度和影响力,在读者群体中这些元素与作品之间已经建立了稳定的联系,具备了特定的指代与识别功能。杨某利用这些元素创作新的作品《此间的少年》,借助原告作品整体已经形成的市场号召力与吸引力提高新作的声誉,可以轻而易举地吸引到大量熟知原告作品的读者,并通过联合出版公司、精典博维公司的出版发行行为获得经济利益,客观上增强了自己的竞争优势,同时挤占了原告使用其作品元素发展新作品的市场空间,夺取了本该由原告所享有的商业利益。其三,诚实信用原则是民法的基本原则,在规范市场竞争秩序的反不正当竞争法中,诚实信用原则更多的是以公认的商业道德的形式体现出来,即特定商业领域普遍认知和接受的行为标准,具有公认性和一般性。在文化产业领域,文学创作提倡题材、体裁、形式的多样化,鼓励不同学术观点和学派的自由讨论,使用他人作品的人物名称、人物关系等元素进行创作并出版发行时应当遵循行业规范。认定是否符合文化产业领域公认的商业道德,应考虑使用人的身份、使用的目的、原作的性质、出版发行对原作市场或价值的潜在影响等因素,一方面应保障创作和评论的自由,促进文化传播,另一方面也应充分尊重原作者的正当权益。"同人作品"一般是指使用既有作品中相同或近似的角色创作新的作品,若"同人作品"创作仅为满足个人创作愿望或原作读者的需求,不以营利为目的,新作具备新的信息、新的审美和新的洞见,能与原作形成良性互动,亦可作为思想的传播而丰富文化市场。但本案中,杨某作为读者"出于好玩的心理"使用原告大量作品元素创作《此间的少年》供网友免费阅读,在利用读者对原告作品中武侠人物的喜爱提升自身作品的关注度后,以营利为目的多次出版且发行量巨大,其行为已超出了必要的限度,属于以不正当的手段攫取原告可以合理预期获得的商业利益,在损害原告利益的前提下追求自身利益的最大化,对此杨某用意并非善意。特别需要指出的是,杨某于2002年首次出版时将书名副标题定为"射雕英雄的大学生涯",将自己的作品直接指向原告作品,其借助原告作品的影响力吸引读者获取利益的意图尤为明显。因此,杨某的行为具有不正当性,与文化产业公认的商业道德相背离,应为反不正当竞争法所禁止。综上,杨某未经原告许可在其作品《此间的少年》中使用原告作品人物名称、人物关系等作品元素并予以出版发行,其行为构成不正当竞争,依法应承担相应的侵权责任。

原告作品及作品元素有着极高的知名度,精典博维公司经转授权取得《此间的少年》出版、发行、销售的专有权利,与联合出版公司一同作为《此间的少年》纪念版的策划出版方,对该作品出版发行是否侵权负有较高的注意义务。联合出版公司、精典博维公司理应知晓杨某出版发行《此间的少年》并未经原告许可,若再次出版发行将进一步损害原告的合法权益,且在收到明河社出版有限公司发送《律师函》要求停止出版、发行后仍未予以停止,其对于策划出版《此间的少年》纪念版这一行为主观上存在过错,其行为已构成帮助侵权,亦应承担相应的民事责任。

广州购书中心作为《此间的少年》纪念版的销售者,其销售的图书具有合法来源,且广州购书中心在应诉后停止销售,其主观上并无任何过错,不应当承担侵权责任。

三、被告应如何承担侵权责任

法院认为,杨某、联合出版公司、精典博维公司的行为已构成不正当竞争,理应承担停止侵害、赔偿损失的民事责任。杨某、联合出版公司、精典博维公司须立即停止涉案不正当竞争行为,停止出版发行小说《此间的少年》,库存书籍亦应销毁。原告作品元素具有极高的知名度和影响力,《此间的少年》一书亦具有一定的知名度,杨某实施侵权行为主观恶意明显,联合出版公司、精典博维公司主观过错较大,涉案侵权行为已造成较大的社会影响,亦对原告产生一定的负面影响。综合考虑杨某等侵权行为性质、情节及其主观过错等因素,法院酌情确定杨某、联合出版公司、精典博维公司在《中国新闻出版广电报》中缝以外版面刊登声明,同时在新浪新闻 news.sina.com.cn 首页显著位置连续七十二小时刊登声明,向原告公开赔礼道歉,并消除不正当竞争行为所造成的不良影响。

法院另指出,《此间的少年》与原告作品人物名称、人物关系等作品元素虽然相同或类似,但在文学作品小说中分属于武侠小说、校园青春小说,二者读者群有所区分,尚有共存空间,若杨某在取得原告谅解并经许可后再版发行,更能满足读者的多元需求,有利于文化繁荣。

四、本案经济损失及合理开支数额如何确定

本案中,原告主张按照杨某、联合出版公司、精典博维公司的侵权获利确定赔偿数额,以精典博维公司提供的证据确定杨某因纪念版 15 万册所得版税收入,再以纪念版的版税税率、利润率推算得出全部版本应得版税收入及经营利润,该种计算方式符合出版行业惯例,在无相反证据予以推翻的情况下,法院对此予以确认。

法院还指出,杨某并非使用原告作品中的全部作品元素创作《此间的少

年》并出版发行,故原告以《此间的少年》全部版税、经营利润作为侵权获利并不合理。鉴于原告未能举证其实际损失,杨某、联合出版公司、精典博维公司因侵权所获得的利润也无足够证据予以证明,法院综合考虑以下因素:第一,原告作品及作品元素知名度极高,读者数量众多,未经许可使用作品元素致使《此间的少年》在经营出版发行中极易获得竞争优势;第二,《此间的少年》出版多个版本、发行上百万册,侵权行为从2002年持续至今,侵权时间长、发行数量大,杨某等获利较多;第三,杨某将《此间的少年》出版发行多次,主观恶意明显;第四,未经许可使用的作品元素涉及原告作品大部分人物名称、人物关系等,综合考虑原告作品元素在《此间的少年》中所占比例及重要性程度,法院酌情确定贡献率为30%;酌定杨某赔偿经济损失数额为1680000元,联合出版公司、精典博维公司作为《此间的少年》纪念版的策划出版方,对其中300000元承担连带责任,并全额支持本案原告主张的律师费200000元,认定杨某应予赔偿,而联合出版公司、精典博维公司对其中30000元承担连带责任。

| 案件分析 |

本案系有关"同人小说"的著作权侵权与不正当竞争纠纷案,其中对于被告作品是否侵害原告的著作权的认定较为完整和准确,对于著作权法中"思想与表达二分法"的理论基础和判断著作权侵权行为的"接触+实质性相似"标准进行了较为准确的运用和完整的论述,对我国处理在文字作品中运用他人作品部分元素的行为所引起的著作权纠纷案件具有一定的参考价值。此外,若在构成著作权侵权或不正当竞争行为的前提下,对于被告如何承担责任、相应经济损失及合理开支数额等认定较为合理,尤其是其中提到使用部分元素的行为的侵权所得不应对应于争议作品整体产生的收益,此部分不予赘述。但是,本案对于《反不正当竞争法》第二条的运用存在较大争议,存有不合理之处。

一、《此间的少年》是否侵害原告的著作权

本案对于《此间的少年》是否侵害原告的著作权的判断较为完整和准确,

以对著作权法中的"思想与表达二分法"进行合理理解为基础，确定了在著作权侵权纠纷中应当以作品中受著作权法保护的独创性表达为实质性相似的比较对象，并通过对于《此间的少年》与原告作品中相关人物名称、人物关系、性格特征和故事情节的详尽对比，最终得出相应的结论。该部分的判决内容认定事实完整、论述逻辑清晰、结论翔实可靠，值得肯定。

首先，杨某作为原告作品的读者，在创作之前即已接触原告作品，故判断《此间的少年》是否侵害原告著作权，需要认定《此间的少年》与原告作品是否构成实质性相似。在判断字面侵权问题时，进行"实质性相似"比对的应该是诉争作品涉嫌抄袭的原作品中受保护的表达部分，而不需要对两部作品的其他部分进行整体对比，这一原则也为美国和我国司法界所遵循。① 具体到本案中，即是《此间的少年》与原告作品中相关人物名称、人物关系、性格特征和故事情节。

其次，根据著作权法中的"思想与表达二分法"，著作权法所保护的是作品中作者具有独创性的表达，即思想的表现形式，不包括作品中所反映的思想本身。符号、结构和题材等要素密不可分地相互联系，共同构成了作品的表现形式，这种表现形式正是著作权的保护对象。② 根据划定思想与表达二分法的"抽象测试法"（abstractions test），从作品的细节到主题是一个逐渐升华的"金字塔"结构，随着"金字塔"层的逐渐升高，作品的抽象和概括程度也不断提升，进而导致越来越多的具体因素被排除在外。③ 该方法也是此后多种思想与表达二分法的测试法的共同基础。④ 在本案中，《此间的少年》与原告作品中仅相关人物名称完全相似，而人物关系、性格特征和故事情节等都仅存在少量或抽象的相似，但所有这些要素构成的整体表达具有非常大的差异性，其

---

① See Grag Joyce, William Patry, Marshall Leaffer & Peter Jazi, Copyright law 729(3d ed., Matthew Bender &Co., Inc.1997)；参见北京市第二中级人民法院（2014）二中民终字第 05328 号民事判决书、北京市海淀区人民法院（2014）年海民（知）初字第 17547 号民事判决书等。

② 参见吴汉东：《知识产权基本问题研究（分论）》（第二版），中国人民大学出版社 2009 年版，第 33 页。

③ 参见王迁：《著作权法》，中国人民大学出版社 2005 年版，第 47 页。

④ 参见肖俊：《现代著作权法中的思想与表达两分法原则——以抽象测试法为中心的研究》，硕士学位论文，厦门大学，2005 年，第 13 页。

中有些相似的人物的简单性格特征、简单人物关系以及部分抽象的故事情节也多属于小说类文字作品中的惯常表达。正如法院所援引的学术观点，判断同人作品是否为侵权作品的关键，在于正确地划分思想与表达的界限。独创且细致到一定程度的情节属于表达，未经许可使用实质相似的表达就可能侵权。在同人小说中直接借用经充分描述的角色和复杂的关系，可能将以角色为中心的情节带入新作品，从而形成与原作品在表达上的实质性相似。但仅使用从具体情节中抽离的角色名称、简单的性格特征及角色之间的简单关系，更多的是起到识别符号的作用，难以构成与原作品的实质性相似。[1] 我国最高人民法院在"庄羽诉郭敬明案"[2]中虽未提出较为明确的判断标准，但也曾指出单纯的人物特征或单纯的人物关系不受著作权法保护，人物与故事情节和语句一起才构成著作权法保护的对象。

本案中，《此间的少年》并没有将情节建立在原告作品的基础上，基本没有提及、重述或以其他方式利用原告作品的具体情节，而是在不同的时代与空间背景下，围绕名称相同、性格和人物关系有少量相似的人物角色创作全新的故事，而故事情节所展开的具体内容和表达的意义并不相同。由于从具体情节中抽离的角色名称、简单的性格特征及角色之间的简单关系无法独立成为受著作权所保护的客体，而从各类要素结合构成的作品表达来看《此间的少年》与原告作品又并不具有相似性，因此综合而言可以认定《此间的少年》与原告作品不构成实质性相似，因此本案被告的行为并未侵犯原告的著作权。

需要额外说明的是，本案被告创作"同人小说"不侵犯著作权，是因为其仅仅利用了角色名称、简单的性格特征及角色之间的简单关系等不足以构成独创性表达的简单要素。但"同人小说"具有多种多样的表现形式，具体案件中的"同人小说"是否构成著作权侵权仍旧需要回归到"思想与表达二分法"的合理运用上，倘若同人小说大量利用了原作中的元素，以至于这些元素已经足以共同构成受到著作权保护的独创性表达，则该行为可能构成著作权侵权，而且这类同人小说进行商业化出版或信息网络传播后往往会引发相应的诉

---

[1]　参见王迁:《同人作品著作权侵权问题初探》,《中国版权》2017 年第 3 期。
[2]　最高人民法院(2005)高民终字第 539 号民事判决书。

讼。例如在美国的"《麦田守望者》同人小说案"①中，被告作品《60 年后：走过麦田》(*60 Years Later：Coming through the Rye*)主人公 75 岁的考先生(Mr.C)被指暗示原告作品《麦田守望者》(*Catcher in the Rye*)的主人公 16 岁男孩考菲尔德(Holden Caulfield)，被告作品大量提及原告作品中的"往事"，其故事情节的发展也类似原作品，还包含许多相似的场景描述等，最终被法院认定为构成著作权侵权。此外，满足特定条件的"同人小说"还可能涉及合理使用等问题。②

综合而言，本案法院认定《此间的少年》不侵害原告的著作权的判断较为完整和准确，该部分的判决内容认定事实完整、论述逻辑清晰、结论翔实可靠，值得肯定。但本案所涉的争议作品仅仅是"同人小说"中的一种具体表现形式，不足以类型化地解决所有"同人小说"相关的著作权问题。对于"同人小说"的著作权争议，还是应当结合个案中诉争作品的具体情况，回归"思想与表达二分法"的基础与对"接触+实质性相似"理论的合理运用，进行相应的个案判断。

二、《此间的少年》是否涉及不正当竞争

《反不正当竞争法》具有规制不正当的市场竞争行为，维护正常的市场竞争秩序等区别于《著作权法》的功能，其对于《著作权法》具有一定的补充性。③ 但是，对于《著作权法》制度下已经明确不应受规制的行为，是否应该提供反不正当竞争法保护是存疑的。例如对于单个人物的名称、歌词中简短的词汇等因不构成独创性表达而不受著作权法保护的客体，既然《著作权法》已经不禁止对其的利用行为，《反不正当竞争法》将这类利用行为认定为"不正当"的合理性就大打折扣，也缺乏可靠的依据证明其"违反诚实信用原则和公认的商业道德"。因此若要对不受《著作权法》保护的要素提供《反不正当竞争法》保护，

---

① See Salinger v.Colting,641 F.Supp.2d 250,254(S.D.N.Y.2009).

② 参见白伟：《同人小说构成"转换性"合理使用的理解与适用——基于金庸诉江南〈此间的少年〉著作权侵权案的评论》，《电子知识产权》2016 年第 12 期；宋慧献：《同人小说借用人物形象的著作权问题刍议——由金庸诉江南案谈虚拟角色借用的合法性》，《电子知识产权》2016 年第 12 期；Suntrust v.Houghton Mifflin Co.,268 F.3d 1257(11th Cir.2001)等。

③ 参见吴汉东：《论反不正当竞争中的知识产权问题》，《现代法学》2013 年第 1 期。

应当论述该要素从《著作权法》或其他知识产权法的性质、功能等实质性层面具有保护的正当性，起码不能是现行知识产权法律所涉的明显不应被规制的内容，在这类要素因符合立法目的、功能等原因有必要为知识产权法所保护却因现行法滞后或其他合理原因未提供专门保护时，适用反不正当竞争法提供补充保护才具有相当的合理性。"《反不正当竞争法》所提供的保护不能与专利法等知识产权专门法的立法政策相抵触，凡知识产权专门法已作穷尽性保护的，不能再在《反不正当竞争法》中寻求额外的保护，否则就会对本来属于公有领域的技术或信息给予专有性保护，妨碍创新和竞争自由。"[1]

　　具体到本案而言，这类仅利用了角色名称、简单的性格特征及角色之间的简单关系等不足以构成独创性表达的简单要素的"同人小说"并不构成著作权侵权，法院的论述也已经颇为翔实。在此基础上，得出"原告作品元素在不受著作权法保护的情况下，在整体上仍可能受我国反不正当竞争法调整"的结论可能是难以令人信服的。有学者也指出，基于尊重创作规律、有利于文化生成的考虑，同人创作对于在先作品之"搭便车"不应被法律普遍禁止，只有在涉嫌抄袭、剽窃等特定情况下才应加以规制，而著作权法对此已经加以明确，不宜在竞争法上扩张保护。[2]

　　综上所述，本案对于《此间的少年》是否侵害原告的著作权的问题判断较为完整和准确，以构成侵权为前提时对于侵权责任承担、侵权所得认定的思路也较为合理，为我国处理在文字作品中运用他人作品部分元素的行为所引起的著作权纠纷案件具有一定的参考价值。但是，本案运用《反不正当竞争法》第二条一般条款规制明确不为《著作权法》所规制的行为具有一定的不合理性，存在比较大的争议，值得进一步反思和探讨。

（作者：丛立先　刘乾）

---

　　① 曹建明：《全面加强知识产权审判工作，为建设创新型国家和构建和谐社会提供强有力的司法保障——在全国法院知识产权审判工作座谈会上的讲话》，载曹建明主编、最高人民法院民事审判第三庭编：《知识产权审判指导涉 2006 年第 2 辑（总第 8 辑）》，人民法院出版社 2007 年版，第 47—67 页。
　　② 参见龙文懋：《同人作品的文化层累功能及其与在先作品竞争法上的法益关系——以〈此间的少年〉为例》，《电子知识产权》2016 年第 12 期。

作品应承担的公共文化功能：

正午阳光公司诉太平人寿公司
不正当竞争纠纷案

| 典型意义 |

　　某部电视剧的热播往往伴生着各种"蹭热度"的行为。本案即是太平人寿保险有限公司借热播剧《欢乐颂》宣传保险产品而引起的纠纷。本案明确了作品承载着一定的社会功能，并非作品产生的所有利益都归属于著作权人，著作权受言论自由、公共文化功能的限制。此外，本案明确了《反不正当竞争法》的行为法属性，其在适用时应当着眼于对竞争行为的评价，考察竞争行为是否违背了诚实信用原则和公认的商业道德。经营者提供的商品或服务具有可替代性或者属同业竞争者并非判定适用《反不正当竞争法》的必要要素。无论是否享有相应的知识产权，凡认为竞争利益受损者均可以提起诉讼。最后，本案的典型之处还在于明确了《反不正当竞争法》第二条规定的一般条款在司法实践中应慎重适用，要综合考量经营者利益和消费者利益，该认定对司法实践中一般条款的滥用起到了警示的作用。

| 裁判要旨 |

　　一、《反不正当竞争法》是竞争法和行为法，判断某一行为是否构成不正当竞争行为，应着重考察评价行为是否违背了诚实信用原则和商业道德，双方当事人提供的商品或服务无替代性或双方不具有竞争关系不影响不正当竞争行为的判定。原告因不正当竞争行为而受到损害即具有了诉的利益。原告是否享有涉案电视剧的著作权不影响其提起反不正当竞争之诉。

　　二、《反不正当竞争法》的目的和功能是制止违反竞争原则的不正当竞争行为,其未明确列举的行为,若确实违背了诚实信用原则和公认的商业道德,损害了公平有序的竞争秩序,有必要制止的,可以适用《反不正当竞争法》第二条规定的一般条款进行规制。但对一般条款的适用应该谨慎,防止一般条款的滥用损害到市场主体之间的自由竞争。

三、作品不仅是私人财产,而且具有公共属性。若对作品中某些元素的使用是为了使表达更为容易理解、与描述对象更为贴切,则这种合理的使用著作权人应该容忍,作品所产生的市场利益不是无限的,并非作品产生的所有利益都是著作权人的利益。正午阳光公司的行为符合商业道德,不应认定构成不正当竞争。

| 案情介绍 |

（2017）京 0105 民初第 10025 号

本案原告为东阳正午阳光影视有限公司(本文简称正午阳光公司),被告为太平人寿保险有限公司(本文简称太平人寿公司),因太平人寿公司在其网络媒体平台上发布的文章使用了正午阳光公司享有著作权的作品和作品的相关元素,二者发生了纠纷。正午阳光公司享有电视剧《欢乐颂》的著作权。该剧主要讲述了住在欢乐颂小区 22 楼的五个来自不同家庭、性格各异的女孩从陌生到熟悉再到互相体谅、互相帮助、共同成长的故事。公众称五位女孩为"五美"。该剧首轮卫视播出后,收视率及市场份额均居第一名,网络点击量也很高,并多次荣获行业大奖。电视剧摄制组分别与孔兮、吕林蔚签订合同,聘请其在电视剧摄制期间完成剧照拍摄,并约定除署名权以外的权利都归正午阳光公司所有。正午阳光公司在诉讼中称剧照是单独拍摄而非截取自电视剧。2016 年 5 月 9 日,太平人寿公司在其名为"太平人寿官方博客"的新浪博客中发表了两篇题为《跟着"五美"选保险》的文章,该文章结合电视剧五位女主人公的职业状况、家庭背景,以例举的方式对现实中的职场人群进行了类型划分,并对不同类型的人是否需要购买保险、适合购买的保险品种做了介绍。在其中一篇文章内的标题上方有五位主人公尺寸稍大的剧照,在另一篇文章标题左侧有上述尺寸小些的剧照。同日,太平人寿公司还在其名为"太平人寿官方微博"的新浪微博中发表了上述配有尺寸稍大剧照的文章,在其名为

"太平人寿"的微信公众号中发表了上述配有较小尺寸剧照的文章。正午阳光公司认为太平人寿公司的行为属于擅自使用其知名电视剧特有名称、装潢的不正当竞争行为，其对涉案电视剧元素的使用会使竞争优势不正当地增加，因此诉至法院。

2017年4月5日，太平人寿公司委托北京零点市场调查公司调查公众在了解涉案文章后是否认为发布该文章的行为违反了诚实信用原则和公认的商业道德，在收回的427份有效问卷中，78.7%的受访者认为符合商业道德，看过该剧的受访者中，83%的人认为符合商业道德。法院经审理驳回了原告正午阳光公司的诉讼请求。

| 裁判理由 |

一、从《反不正当竞争法》第一条和第二条的规定可以看出，其旨在通过制止不正当竞争行为从而维护公平有序的社会经济秩序，保护经营者和消费者的合法权益，也即《反不正当竞争法》主要是从竞争行为是否违背诚实信用原则和公认的商业道德等竞争原则的角度来界定是否构成不正当竞争。故是否构成不正当竞争行为并适用《反不正当竞争法》，应当主要从被诉具体竞争行为本身的属性判断，而非要求经营者之间必须属于同业竞争者或者其提供的商品或服务具有可替代性。故对太平人寿公司提出的因双方经营范围不一致而不具有竞争关系的答辩不予支持。

二、一般情况下，在适用《反不正当竞争法》时，首先应当着眼于对竞争行为的评价和判断，考察该行为是否违反了竞争原则，是否扰乱了社会经济秩序、损害了其他经营者和消费者的合法权益，而非主要首先判断原告是否享有某一知识产权。本案中，原告提起诉讼的基础并不是其拥有涉案电视剧的著作权，而是涉案电视剧在市场竞争中可能会给正午阳光公司带来竞争利益，故对太平人寿提出的正午阳光公司不享有涉案电视剧及相关元素的著作权，无权提起诉讼的答辩意见不予支持。

三、《欢乐颂》是正午阳光公司涉案知名电视剧的名称，具有区分相同、类似电视剧的功能，属于知名商品的特有名称。但太平人寿公司在涉案文章标题《跟着"五美"选保险》及文章中使用《欢乐颂》指称的正是正午阳光公司的涉案电视剧,而并未将《欢乐颂》作为太平人寿公司经营的与电视剧相同、类似的商品或服务的名称或其他商业标识使用,该种使用不具有指称太平人寿公司商品来源的功能与意义,因此,不构成擅自使用知名商品特有名称的不正当竞争行为。关于正午阳光公司所认为的太平人寿公司对其剧照的使用构成对知名商品装潢的使用的诉称,因装潢是指商品的装饰,当该装饰具有区分商品来源的功能时,即属于《反不正当竞争法》所保护的特有装潢。涉案文章使用的剧照是在电视剧拍摄过程中单独拍摄的,并不附加在电视剧上,不属于涉案电视剧的装潢。涉案文章借助涉案电视剧《欢乐颂》中的人物角色等元素介绍了不同类型的人群如何购买不同类型保险产品的知识,并未将涉案电视剧中的人物作为其保险产品的代言人,也未对保险产品进行不切实际的宣传,该行为并未增加太平人寿保险公司的竞争优势,消费者购买保险产品会根据自身情况作出选择,不会因为涉案文章对电视剧元素的借用而被误导购买,因此,该行为不构成虚假宣传的不正当竞争行为。

四、对《反不正当竞争法》未明确列举的竞争行为,如果确实违背了诚实信用原则和公认的商业道德,损害了公平有序的竞争秩序,以及其他经营者和消费者的合法权益,确有必要制止的,可以适用《反不正当竞争法》第二条规定的一般条款予以制止。但鉴于一般条款具有较大的不确定性,在具体案件中的适用应当慎重。对于明确列举的不正当竞争行为或侵犯知识产权的行为,以及没有损害对方竞争利益的行为,不能适用一般条款。

五、涉案电视剧人物角色主要起到了以例举的方式对现实中职场人群进行类型划分的作用,会使公众感同身受。这是一种简便高效的表达方式,有利于传递信息和指导消费者准确定位。正午阳光公司对其享有的著作权及其市场利益受法律保护,但该市场利益并不是无限的,并非该电视剧所及之处都是正午阳光公司的竞争利益,其竞争利益的边界应当顾及公共利益、消费者利益和竞争自由。作品一旦投入市场,就成为公共文化生活的一部分,若他人对作品的使用不会实质损害权利人的利益且对市场秩序无碍,则应允许这种使用行为。因此,太平人寿保险公司的行为并未侵害正午阳光公司的竞争利益,不违反一般条款,其行为符合商业道德,调查公司的调查结果也印证了该结论。故法院认为太平人寿公司的行为不构成不正当竞争,驳回了正午阳光公司的诉讼请求。

|案件分析|

一、不正当竞争行为的判定

本案中，正午阳光公司享有电视剧《欢乐颂》的著作权，从《著作权法》对作品的分类来看，该剧应属"以类似摄制电影的方法创作的作品"。太平人寿在其宣传介绍性的文章中使用了该作品的某些元素和电视剧拍摄过程中单独制作的剧照，但正午阳光公司并没有以著作权受侵害为由向法院提起诉讼，而是以太平人寿公司的行为构成不正当竞争为由向法院提起了诉讼，认为太平人寿公司对涉案电视剧剧名、剧照的使用是对知名商品《欢乐颂》的特有名称、装潢的使用；其对涉案电视剧人物背景元素的使用误导公众，会使社会公众认为两者之间存在商业合作关系，属于虚假宣传行为，其对电视剧元素的使用属于商业攀附行为，借此获得了不应有的竞争优势，剥夺了正午阳光公司的同类商业合作机会，因而构成《反不正当竞争法》第二条规定的不正当竞争行为。本案中，法院经审理驳回了原告的诉讼请求，应该说，这一判决结果是值得肯定的。

传统上，往往以经营者是否属于同业竞争者或其提供的商品或服务具有替代性作为前置条件，来判断是否适用《反不正当竞争法》。但随着互联网的普及、时代的发展，商业模式已经发生了深刻的变化，是否属于同业竞争关系的判断越来越困难，且将竞争关系作为判断是否构成不正当竞争的前提条件显得不尽合理。因此，世界各国对"竞争关系"的判断均采取了从宽解释原则。《反不正当竞争法》规制的是以不正当竞争手段谋取竞争优势的行为，因此，其保护对象是多元的，不应当通过对竞争关系的狭义解释限制反不正当竞争法的适用。① 法院在本案的审理中即明确了《反不正当竞争法》的行为法与竞争法属性，认为"是否构成不正当竞争行为并适用《反不正当竞争法》，应当

---

① 参见沈冲：《网络环境下的竞争关系与商业诋毁行为的认定》，《电子知识产权》2011年第11期。

主要从被诉具体竞争行为本身的属性上进行判断,而非要求经营者之间必须属于同业竞争者或者提供的商品或服务具有可替代性"。新修订的《反不正当竞争法》于 2018 年 1 月 1 日实施,第二条第二款在原有表述上增加了"行为"也体现了其行为法的属性。①

二、《反不正当竞争法》一般条款的适用

法院在判决书中对太平人寿公司的行为不构成对知名商品特有名称、装潢的使用,不构成虚假宣传做了详尽的说理,②理由深值赞同故此处不再赘述。在对太平人寿公司的行为是否违反《反不正当竞争法》第二条对不正当竞争行为的一般规定进行分析时,法院明确了适用一般条款应当考量的因素,即 1. 一般条款适用上的劣后性,只有在某一行为不属于《反不正当竞争法》明确列举的行为,也不属于侵犯特定知识产权的行为时,才考虑适用一般条款;2. 被诉竞争行为对诚实信用原则及商业道德的违反,此处的商业道德不同于个人品德及一般的社会公德;3. 该行为是否损害了市场竞争秩序、其他经营者和消费者的合法权益。一般条款在司法实践中有被滥用的趋势,如何在保持自由裁量空间的同时,对该条款的适用进行必要的限制是关键所在。市场经济的发展要求法律保护行为自由,保护创新,一般条款不当的扩大适用会抑制竞争自由。正午阳光公司主张太平人寿公司对电视剧某些元素的使用属于商业攀附行为,不正当地增加了自身的竞争优势,构成对第二条一般条款的违反。一种行为是否应该纳入一般条款的调整范围,应从对原告造成的市场利益的损害、市场竞争秩序、消费者利益和其他经营者的利益等方面进行多种价值衡量。在本案中,法院针对《反不正当竞争法》一般条款适用条件进行的详细阐述为我们判断相关行为是否构成不正当竞争行为提供了一般的思路,据此,可以认定太平人寿公司的行为不构成不正当竞争。法院的判决结果对于明晰著作权人的利益和社会公众的利益也具有十分重要的作用。

太平人寿公司借助涉案电视剧中的人物角色,对职场人群的类型进行了

---

① 修订前该法律条文表述为"本法所称的不正当竞争,是指……",新法修改为"本法所称的不正当竞争行为,是指……"。

② 参见北京市朝阳区人民法院（2017）京 0105 民初第 10025 号民事判决书。

划分,并针对不同类型适合购买的保险品种作了介绍,这种宣传方式比较容易使顾客产生代入感,是一种较为简便、生动的表达方式。正午阳光公司拥有电视剧《欢乐颂》的著作权,但作品一经发表,进入公众可接触的领域,它便已经开始承担一定的社会功能,成为公众文化生活的一部分,优秀的作品更是如此。社会主体都有合理利用作品的自由,不能因商主体的营利性质而剥夺其利用作品中的元素来使自己的表达更容易理解的权利。作品具有极强的溢出效应,但并非所有的溢出效应都能转化为竞争利益,归属于著作权人所有。当对作品的一种利用行为对著作权人没有损害或损害甚微,而放弃该种利用行为会给公众表达带来不便时,著作权人就应该容忍此种行为。因此,太平人寿公司对电视剧《欢乐颂》中某些元素的使用,既对市场秩序无碍,又没有不合理地损害正午阳光公司的竞争利益,且便利了消费者对产品的理解,没有适用第二条一般条款的基础,故不构成不正当竞争。

三、与本案有关的著作权问题分析

法院在对正午阳光公司的行为进行分析时,说到"任何作品除了是权利人的私人财产外,其同时也具有公共属性",法院的观点正确地指出并非作品产生的所有利益都归属著作权人,作品亦承担一定的社会文化功能。本案正午阳光公司是以被诉行为构成不正当竞争行为为由起诉的,故判决中较少涉及对著作权相关问题的分析。但从知识产权法与《反不正当竞争法》的关系来看,《反不正当竞争法》在某种程度上可以称为是知识产权法的兜底法,对某些知识产权专门法规制不到的行为进行调整,从法院最终认定的太平人寿公司的行为不构成对《反不正当竞争法》一般条款的违反这一裁判结果来看,其对作品元素的使用被认定为著作权侵权的概率也较小。

在涉案电视剧拍摄过程中制作的剧照属于摄影作品,正午阳光公司对其享有著作权,太平人寿公司未经著作权人许可,在其文章中整幅使用该剧照作为配图,并通过新浪博客、新浪微博、微信公众号提供上述作品,将摄影作品上传至服务器中,使公众可以在自己选定的时间和地点获得该作品,因此该行为构成对正午阳光公司享有著作权的摄影作品的复制权和信息网络传播权的侵犯。而太平人寿公司对涉案电视剧《欢乐颂》的某些元素的使用是否构成著作权侵权呢？著作权保护的是具有独创性的表达，而不保护思想。从太平人寿公司发布的文章内容来看，为介绍保险产品的广告性文章，与涉案电视剧的表达相去甚远，不构成对原作品复制权的侵权，其仅是借用了原作品中的人物背景元素。此种使用不是为了让公众欣赏原作品中的表达或美感，并不必然落入著作权侵权行为的范畴之内。即使认为太平人寿公司的行为构成了对原作品某些表达的使用，合理使用中的"为介绍、评论某一作品或说明某一问题，在作品中适当引用他人已经发表的作品"或可为行为正当性提供法律依据。首先，从被使用的作品状态来看，其已经发表，进入公众可接触领域。文学作品创作理念为"源于生活，高于生活"，优秀的文学或影视作品在发表后，往往成为街谈巷议的话题，成为特定时代的写照，成为社会公众生活的一部分，这就是作品的溢出效应，该效应的背后是作品应承担的社会文化功能。社会主体都有利用作品发表自己的见解与评论，利用作品便利自己表达的自由。其次，太平人寿公司利用作品中的元素的目的是为了对自己的保险产品进行说明，使公众更容易理解相应的保险产品适合购买的人群，与原作品的使用方式显著不同。再次，太平人寿保险公司对原作品的内容引用的数量在原作中所占的比例并不高，其仅是为了表达便利而对相关人物背景进行了引用，并未实质性地再现作品。且"适当引用作品"并不要求引用为表达所必需，即使存在其他替代性的表达方式，也不影响"适当引用"的成立。① 最后，太平人寿公司的广告也不会对电视剧《欢乐颂》的市场造成替代，广告与电视剧所要表达的内容不同，两者分属不同的市场。著作财产权保护的是权利人的市场利益，对某一作品的使用若不会使公众产生与原作相同的欣赏体验，则不会对原作品的市场利益造成损害。因此，即使从著作权角度进行分析，太平人寿公司发表的文章也很难说侵犯了电视剧《欢乐颂》的著作权。虽然本案原告是以反不正当竞争为由进行起诉的，但该案的判决结果也从侧面反映出法官对该行

---

① 参见袁博：《著作权法解读与应用》，知识产权出版社 2018 年版，第 144 页。在"上海美术电影制片厂与浙江新影年代文化传播有限公司、华谊兄弟上海影院管理有限公司著作权权属、侵权纠纷案"中，上诉人上海美术电影制片厂认为被上诉人对某一问题的说明不一定必须要利用上诉人享有著作权的作品来进行，法院认为，对合理使用的审查不以是否必须引用作品为要件。详见上海知识产权法院(2015)沪知民终字第 730 号民事判决书。

为的态度。既然认为该行为没有违反《反不正当竞争法》第二条一般条款的规定,认定其构成著作权侵权的可能也是微乎其微的。本案明确了作品的公共文化功能,公众有合理利用作品的自由,该便利不属于著作权人的竞争利益。相比于物权等其他财产权,知识产权尤其是著作权受公共利益的限制较大,这是由著作权本身鼓励文化增生的制度目的、与言论自由与表达自由的密切关联所决定的,公众对作品的合理使用行为,不属于著作权人享有的法律保护的利益范围,对此种使用行为著作权人应该容忍。

当然,本案还涉及演员的肖像权问题。美国州法中的形象权是自然人对自己的声音、肖像、姓名等人格利益进行商业利用的权利。[①] 我国没有此制度,但《民法总则》中对肖像权的规定同样可达到规制目的。虽然涉案剧照上存在摄影者以及正午阳光公司的著作权,但亦再现了剧中主人公可识别的面部特征。故同时存在著作权与肖像权两种权利,且两权利仅仅是聚合,而不是吸收。[②] 太平人寿公司对剧照的商业性使用,亦构成对剧中五位女主人公肖像的使用,剧中的五位女主人公可以肖像权受侵犯为由向太平人寿公司主张责任。

(作者: 丛立先　张媛媛)

---

① 参见李明德:《美国知识产权法》(第二版),法律出版社 2014 年版,第 701 页。
② 参见余锋:《中国娱乐法》,北京大学出版社 2017 年版,第 294 页。

刑　事

XINGSHI

- 非法提供从互联网采集的影视作品
- 利用多种互联网平台侵犯著作权
- 架设、运营游戏私服
- 制作销售、单纯销售游戏外挂
- 以非知识产权罪名间接实现著作权刑事保护

非法提供从互联网采集的影视作品：

秦某等侵犯著作权案

| 典型意义 |

随着互联网技术的高速发展，能便捷的存储与复制作品、广泛而快速的传播作品的互联网一度成为侵权作品非法传播的重灾区，泛滥的网络盗版资源给相关权利人带来了极大损失，并严重影响了相关产业的正常市场秩序与社会公共利益，情节严重时需要刑法予以规制，关于盗版影视作品的著作权侵权犯罪是其中较为典型的一类。本案认定了向公众提供从互联网采集的侵权影视资源作品，并通过在网页上刊登广告信息获利的行为可能构成侵犯著作权罪；认定了信息网络传播权相关犯罪中提供服务器等技术帮助行为的性质；对侵犯著作权犯罪情节较为严重、持续时间长、违法数额大、社会影响严重的犯罪行为的量刑标准及是否能够适用缓刑等问题进行了认定。本案系国家版权局会同国家网信办、工信部、公安部共四部门联合开展的"剑网 2017"专项行动中打击网络影视侵权盗版涉案金额最大的案件之一，其侦查过程复杂、判决内容较为明晰，且涉及网络链接行为等新问题，对于我国网络著作权犯罪的司法、执法领域都有重要的参考价值，所涉及的新问题也值得进一步研究和探讨。

| 裁判要旨 |

一、以营利为目的，未经著作权人许可，向公众提供大量利用采集软件从互联网采集的侵权影视资源作品，并通过在网页上刊登广告信息获利的行为，情节严重的，构成侵犯著作权罪；

二、明知侵权人实施前述犯罪行为仍为其提供网络服务器用于架设相关网站、存储链接资源使用，并为该网站提供 CDN 加速服务的，构成帮助犯；

三、对于犯罪情节较为严重且未退缴违法所得的侵犯著作权犯罪行为，依法不应当适用缓刑；持续时间较长、违法数额较大、社会影响较严重的侵犯著作权的犯罪行为，依法也不应当适用缓刑。对于被告的量刑需要综合考虑犯罪情节、社会危害性、在共同犯罪过程中的作用及认罪态度、悔罪表现等因素。

| 案情介绍 |

（2017）津 0104 刑初字第 410 号

本案被告为秦某、胡某两人。2014 年 6 月间，被告秦某通过域名注册商注册了"jjvcd.com"域名，并通过其他软件搭建域名为 jjvcd.com 的"吉吉影院"网站，后更名为"开心影院"（域名为 kxvcd.com）。秦某在未取得网络文化经营许可证及影视作品著作权人许可的情况下，利用采集软件从互联网上采集影视资源并投放到"吉吉影院"网站上免费供他人点播观看，同时秦某另租赁服务器存储吉吉影院网站的构架、页面及采集软件等内容并保持 24 小时在线。为获取收益，秦某陆续与广州星众信息科技有限公司、百度广告联盟、阿里妈妈广告联盟、汇米广告联盟等四家广告公司达成合作协议，允许上述广告公司在其网站、网页上刊登各类广告信息并收取数额不等的费用。"吉吉影院"网站共有 67000 余部影视作品链接，其中涉及侵犯华视网聚（常州）文化传媒有限公司著作权的影视作品共计 576 部；截至 2016 年 11 月 30 日止，秦某通过传播他人享有著作权的影视作品而直接获取的广告收入共计人民币404077.16 元。

2015 年初，被告人胡某在明知"吉吉影院"网站未经备案、该网站链接的影视作品未经著作权人许可的情况下，仍将设置在浙江省温州市的服务器出租给秦某用于架设"吉吉影院"网站、存储链接资源使用，并为该网站提供CDN 加速服务。

被害人华视网聚（常州）文化传媒有限公司向公安机关报案。经侦查，公安机关将秦某、胡某抓获归案，并分别从秦某、胡某处扣押了一系列涉案工具。归案后，被告人秦某、胡某如实供述了犯罪事实，并与华视网聚（常州）文化传媒有限公司就赔偿问题自行达成和解，并取得被害人谅解。

| 裁判理由 |

法院认为,被告人秦某以营利为目的,未经著作权人许可,复制发行著作权人的电影、电视作品,其行为依法构成侵犯著作权罪,其违法所得数额巨大,应判处三年以上七年以下有期徒刑,并处罚金;被告人胡某明知被告人秦某实施侵犯著作权犯罪,而为其提供网络存储空间等服务,属共犯,亦应以侵犯著作权罪追究刑事责任。

在量刑上,被告人秦某在共同犯罪过程中起主要作用,属主犯;被告人胡某在共同犯罪过程中起次要作用,属从犯,对于从犯依法应当从轻、减轻处罚或者免除处罚。被告人秦某、胡某在归案后均能如实供述犯罪事实,依法可以从轻处罚;二名被告人积极主动赔偿著作权人的经济损失并取得谅解,亦可以从轻处罚。

关于是否适用缓刑的问题,法院认为被告人秦某虽具有从轻处罚的量刑情节,但其犯罪情节较为严重且未退缴违法所得,依法不应对其适用缓刑;而被告人胡某为被告人秦某提供服务器时间较长、存储影视链接数量巨大,其行为社会危害性较大,也不宜对其适用缓刑。

综合考虑犯罪情节、社会危害性、在共同犯罪过程中的作用及认罪态度、悔罪表现等因素,法院依法对被告人秦某予以从轻处罚,对被告人胡某予以减轻处罚。最终,法院依照《中华人民共和国刑法》第二百一十七条第(一)项、第六十四条、第二十五条第一款、第二十七条、第六十七条第三款、第五十二条、第五十三条、第四十七条及《最高人民法院、最高人民检察院关于办理侵犯知识产权刑事案件具体应用法律若干问题的解释》第五条第二款、第十一条、第十六条,《最高人民法院、最高人民检察院关于办理侵犯知识产权刑事案件具体应用法律若干问题的解释(二)》第三条、第四条,《最高人民法院关于适用的解释》第三百六十五条第二款的规定,法院判决如下:第一,被告人秦某犯侵犯著作权罪,判处有期徒刑三年六个月,并处罚金人民币四十万元。第二,被告人胡某犯侵犯著作权罪,判处有期徒刑一年,并处罚金人民币二万元。第三,追缴被告人秦某的违法所得人民币四十万四千零七十七元;涉案扣押物品由公安机关依法处理。

| 案件分析 |

一、本案定罪问题

本案所涉及的犯罪行为系《刑法》第二百一十七条侵犯著作权罪的第（一）项的内容,该罪在客观阶层上的要求涵盖了未经著作权人许可,复制发行其文字作品、音乐、电影、电视、录像作品、计算机软件及其他作品,且违法所得数额较大或有其他严重情节的犯罪行为;在主观阶层上要求行为人需以营利为目的,故意实施犯罪。

在犯罪行为问题上,本案中,被告人秦某进行了如下涉及著作权侵权犯罪的行为:第一,通过采集软件从互联网采集未经著作权人许可进行传播的影视资源并存储于其服务器上,涉及对于著作权人复制权的侵犯,但本行为与其后续行为存在关联关系,且无独立的使用目的,系为实施后行为而为之,应为后行为所吸收。第二,在未取得网络文化经营许可证及影视作品著作权人许可的情况下,将其采集并存储于其服务器的影视资源,通过"吉吉影院"网站免费供他人点播观看,并采取一系列措施维持该网站的运营,因而使得公众可以在其个人选定的时间和地点获得作品,构成对我国《著作权法》中信息网络传播权的侵犯。第三,通过加框链接的形式,在用户无须进行网页跳转的情况下,即可通过其网页上的视频播放窗口观看存储于第三方网站服务器上的盗版影视资源。第四,允许百度广告联盟、创速网络传媒等公司在其网站发布各类广告,从中牟取广告收益,该行为属于以刊登收费广告等方式直接或间接收取费用的情形,[1]满足侵犯著作权罪中的"以营利为目的"的条件。第五,依据本案审理查明的情况,本案涉案金额已远超十五万元,[2]属于"违法所得巨大"。被告人胡某则在明知"吉吉影院"网站未经备案、该网站链接的影视作品未经著作权人许可的情况下,仍将设置在浙江省温州市的服务器出租给秦

---

① 参见《最高人民法院、最高人民检察院关于办理侵犯知识产权刑事案件具体应用法律若干问题的解释》第十一条第一款。

② 参见《最高人民法院、最高人民检察院关于办理侵犯知识产权刑事案件具体应用法律若干问题的解释》第五条第二款。

某用于架设"吉吉影院"网站、存储链接资源使用，并为该网站提供 CDN 加速服务，构成帮助侵权。

实际上，本案涉及两类行为：一是对于被告人秦某提供从网络上非法采集并存储于其服务器的盗版视频资源的行为，该行为构成对于《著作权法》中规定的复制权与信息网络传播权的直接侵犯。二是被告人秦某通过加框链接的形式，使得用户在无须进行网页跳转的情况下，即可通过其网页上的视频播放窗口观看存储于第三方网站服务器上的盗版影视资源的行为，该行为是否满足侵犯著作权罪的构成要件在本案判决中尚未作出明确认定。但无论考察何种行为，其基础都在于对该条款中"复制发行"要件的界定。

（一）司法实务对"复制发行"的态度

著作财产权主要包括复制权、演绎权和传播权三类权利，①我国规定的侵犯著作权罪中所要求的"复制"与"发行"分别属于复制权类与传播权类。根据最高人民法院、最高人民检察院《关于办理侵犯知识产权刑事案件具体应用法律若干问题的解释》（本文简称《解释（一）》），通过信息网络向公众传播他人文字作品、音乐、电影、电视、录像作品、计算机软件及其他作品的行为，应当视为《刑法》第二百一十七条规定的"复制发行"。② 以此为起点，从后续出台的不同的法律文件来看，最高人民法院和最高人民检察院对于"通过信息网络传播"和"复制发行"持以下态度：

第一，最高人民法院和最高人民检察院认为，"发行"应作广义理解，不仅包括我国《著作权法》中规定的发行权所控制的行为（即以出售或者赠与等转移作品有形载体的方式向公众提供作品的原件或者复制件的行为），还包括任何通过信息网络对作品进行传播的行为，即至少在信息网络环境下"发行"的含义应当被扩展至包括"向公众传播"的行为，即信息网络传播权所控制的行为。此后，最高人民法院、最高人民检察院、公安部在此后出台的《关于办理侵犯知识产权刑事案件适用法律若干问题的意见》（本文简称《意见》）又对"发行"的范畴予以认定，指出"发行"包括总发行、批发、零售、通过信息网络

---

① 参见郑成思：《版权法》，社会科学文献出版社 2016 年版。

② 参见《最高人民法院、最高人民检察院关于办理侵犯知识产权刑事案件具体应用法律若干问题的解释》第十一条第三款。

传播以及出租、展销等活动，这更加扩大了"发行"一词的外延范围，似乎将其扩张至所有传播权类的行为。

第三，最高人民法院和最高人民检察院认为，传播权下的发行行为和信息网络传播行为都足以单独构成本罪所要求的"复制发行"，而不需要同时存在复制行为与发行行为。结合最高人民法院、最高人民检察院《关于办理侵犯知识产权刑事案件具体应用法律若干问题的解释（二）》（本文简称《解释（二）》）第二条第一款"刑法第二百一十七条侵犯著作权罪中的'复制发行'，包括复制、发行或者既复制又发行的行为"，可以看出我国最高人民法院与最高人民检察院认为"复制发行"应当包括复制、发行和复制且发行三种情形，因此单纯的发行行为即可构成该条所要求的"复制发行"。在此情形下，无论是否考虑《意见》的明文规定，由于销售行为本就属于著作权法上的发行权所控制的行为，①若按照现行司法解释的规定，单纯的"发行"即可构成本罪中"复制发行"，那么销售侵犯版权的复制品的行为似乎仍然应受到第二百一十七条侵犯著作权罪的规制，《刑法》第二百一十八条似乎因此被架空。

综合而言，至少对于信息网络领域的侵犯著作权犯罪行为，我国司法实务认可满足"向公众传播"即可构成该罪名客观阶层所要求的"复制发行"，其中对信息网络传播权的认可来源于两高作出的《解释（一）》和《解释（二）》，而对其他向公众传播相关权利的认可来源于《解释（二）》和《意见》。

（二）从学理角度分析"复制发行"

第一，从《刑法》第二百一十八条的设置可以看出，从立法时的原意来看，《刑法》第二百一十七条中的"复制发行"不包括单纯的传播行为。虽然复制、发行及复制且发行三类行为都构成对于著作权的侵权，也符合著作权刑事保护所要保护的法益，但将《刑法》第二百一十七条中的"复制发行"解释为包括单纯的销售将与《刑法》第二百一十八条产生冲突，这是因为两罪其实在功能上存在实质性的区分。从立法功能而言，两罪区分的实益在于罪数问题：若销售因自身侵犯著作权的行为产生的复制品，属于实施刑法第二百一十七条

① 参见王迁：《论著作权法中"发行"行为的界定——兼评"全球首宗 BT 刑事犯罪案"》，《华东政法大学学报》2006 年第 3 期。

"复制发行"行为的事后不可罚行为,整体构成一罪;而第二百一十八条规定的是单纯的销售侵权复制品的情形,此时销售行为独立于产生该侵权复制品的"复制发行"行为,无论该侵权复制品来源为何。因此,第二百一十八条的"销售"行为发生于"发行"之后,第二百一十七条"发行"包含的"销售"形式乃是"发行"本身。① 举例而言,私自印刷盗版图书并进行售卖的行为,在满足其他要件时应当整体属于《刑法》第二百一十七条中的"复制发行";而书店批发来自其他印刷厂商印制的盗版图书并进行销售的行为,在满足其他要件时应当构成《刑法》第二百一十八条的销售侵权复制品罪。这样看来,《刑法》第二百一十七条中的"复制发行"并不应当包括单纯的销售行为。因此,"销售"的数额、销售行为的类型(批发还是零售)等也都不应当影响二者间此罪与彼罪的区分,而应当在涉案行为性质已经被明确的前提下,作为情节犯中的犯罪情节要件予以考虑,以判断被告人的行为是否达到入罪的程度。

因此,《刑法》第二百一十七条和《刑法》第二百一十八条从立法目的上存在区分。单纯传播侵权作品的行为的可苛责程度本就低于直接产生侵权作品的行为,而且并非所有传播侵权作品的行为都应当受到刑法规制,因此在以传统出版行业为主的时期,《刑法》单列出第二百一十八条,对单纯销售侵权物品、达到数额巨大而非《刑法》第二百一十七条中的数额较大的程度的行为进行刑事制裁。因此,若如《意见》一样过度扩张侵犯著作权罪所涉的范围,将出租、展销等非信息网络环境下对于作品的单纯传播行为都归入"复制发行"内容中则不一定合适。因为这些传播行为在立法时已经存在,既然《刑法》第二百一十八条未将其囊括其中,那么通过司法解释和意见将其归入入罪要求更低的《刑法》第二百一十七条,不仅在刑法法理上缺乏支持,有可能违背罪刑法定原则和刑法谦抑性,从保护法益的角度而言也无法进行合理解释,因为并非所有对于作品的利用行为都足以达到需要刑法予以规制的程度。

第二,问题在于,互联网环境下侵犯信息网络传播权的行为的出现,打破了传统层面上这两罪区分的合理性。因为虽然信息网络传播权仅仅属于传播

---

① 参见张远煌、余耗:《论刑法中"销售"与"复制发行"之关系》,《中国刑事法杂志》2011年第6期。

行为,并未独立产生侵权物品,但由于互联网传播的广泛性、便捷性,其行为后果完全有可能严重于非信息网络环境下带有发行目的的复制或是复制且发行作品,这使得《刑法》第二百一十七条和《刑法》第二百一十八条进行区分的基础被彻底打破。由于立法的滞后性,司法实务界不得不首先对这一现状作出反应:首先,这产生了《解释(一)》,它直接将信息网络传播行为视作《刑法》第二百一十七条中的"复制发行",使得刑法能够规制这一行为;其次,由于信息网络传播行为仅涉及传播权,为了使《解释(一)》更具合理性,《解释(二)》将单纯发行行为也纳入《刑法》第二百一十七条的规制下,架空了《刑法》第二百一十八条,也侧面反映出《刑法》第二百一十八条随着信息网络的普及已经无法完成其最初的功能,但这间接扩大了刑法对于非信息网络环境下的传播行为的制裁范围;最后,在此基础上产生了对"发行"作出更宽泛解释的《意见》,更加使得《刑法》第二百一十七条的范围过于扩张。因此,由于《刑法》第二百一十七条和《刑法》第二百一十八条功能上的区分,"复制发行"起码不应扩张至信息网络传播以外的传播权相关内容,《解释(二)》与《意见》有关信息网络传播以外的单独传播行为构成"复制发行"的扩张存在一定的争议性。

第三,《刑法》第二百一十七条中的"复制发行"应当解释为包括三类行为:复制且发行、带有发行目的的复制、信息网络传播行为。这应当是《解释(一)》和《解释(二)》的实际目的。①

一方面,若仅仅将"复制发行"解释为"复制且发行",实务中大量已经完成侵权复制品制作但因被执法机关发现而暂未对其进行销售的侵权人便尚未构成实行犯,难以受到刑法的合理制裁,这无疑与侵犯著作权罪的立法初衷不符。而且从另一个角度而言,对于刑法中的"复制"应当从著作权刑事制度所要保护法益角度作出合理解释,因为著作权刑事制度所要保护的法益与著作权民事制度所要保护的权利并不完全等同,其针对的行为应当严重到一定程度,且行为后果需要对社会公共利益造成严重损害,才应当以刑事制度予以规制。因此,应当将"复制"理解为带有发行目的的复制,这是对"复制发行"从

---

① 参见王迁:《论著作权意义上的"发行"——兼评两高对〈刑法〉"复制发行"的两次司法解释》,《知识产权》2008年第1期。

文义与立法目的上的理解，从文义上看复制是发行的手段，发行是复制的结果，而从立法目的上看复制行为必须与将侵权制品分散的行为相结合才具有社会危害性，因而才具备刑事可罚性。① 因此，带有发行目的的复制行为在满足其他要件时可能直接构成侵犯著作权罪，这在《解释(二)》中得以确认，属于从立法目的的角度对《刑法》条文进行扩张解释，是比较合理的。

另一方面，将"复制发行"解释为包括信息网络传播权，虽然在刑法法理上存在缺陷，但从解决实际问题的角度而言是妥当的。根据前文所述，《刑法》第二百一十七条和《刑法》第二百一十八条从立法目的上的区分，导致《刑法》第二百一十七条不应当规制单纯的传播行为，因此作为传播权控制的信息网络传播行为依据现行《刑法》的文义解释无法落入其中任何一条罪名的范畴中。但大量以数据形式存在的作品通过信息网络在不转移其载体所有权的情况下进行复制和传播，不仅达到了与传统情形下传播作品有形载体相类似的客观效果，而且这种脱离有形载体束缚的传播形式会使对作品的复制和传播都变得更加便捷和广泛，为著作权人的私权与社会公共秩序造成更大的危害。

因此，若要在《刑法》条文未进行修改的前提下规制这类行为，只能以保护法益为指导，考虑行为的违法性与有责性是否达到值得科处刑罚的程度，在遵循罪刑法定原则的前提下作出扩大解释，以实现处罚的妥当性。② 对以信息网络传播行为的形式侵犯著作权的行为应当给予刑法规制，这也是《解释(一)》与《意见》所展现的最高人民法院、最高人民检察院以及公安部等司法实务部门的态度。因此，《解释(一)》中将"通过信息网络向公众传播他人作品"视为"复制发行"的处理方式正是较为折中的妥协。而且，"视为"一词也暗含了司法机关也认可"信息网络传播行为"实际上不能被直接归入《刑法》第二百一十七条的"复制发行"要件的意思。不得不承认，这样的扩张符合著作权保护体系的内在结构以及当今社会实际需求的。

但是，需要对侵犯信息网络传播权的行为进行刑法规制是一种应然状态，不代表立法中已经存在实然的手段。由于发行权与信息网络传播权存在实质

---

① 参见侯艳芳、何亚军：《侵犯著作权罪界限划定疑难问题探析》，《法学杂志》2008 年第6 期。

② 参见张明楷：《实质解释论的再提倡》，《中国法学》2010 年第 4 期。

性区别,受到刑法的谦抑性与罪刑法定原则的约束,以发布司法解释而非立法的方式作出侵犯信息网络传播权的行为也可能构成侵犯著作权罪的认定,在法理上是值得质疑的。而且,直接将侵犯信息网络传播权的行为解释为《刑法》第二百一十八条所规制的行为,也会使得有关犯罪情节的事实认定难以操作,例如对"复制件数量"的认定①等,因此在立法体系上仍旧存在许多细微的矛盾。虽然也有观点认为只需其受众可以通过取得复制件无限期地自主享受作品内容即可构成"发行",无碍于是否转让有形载体,国外司法实践也有先例,②但这似乎会影响我国《著作权法》对于信息网络传播权与发行权的区分,在此暂不讨论。就目前的个案判决来看,法院在此现状下适用《解释(一)》认定侵犯信息网络传播权的行为也可能构成侵犯著作权罪,是较为合理的处理方式。

总而言之,要真正解决信息时代下《刑法》对于侵犯著作权罪的规制范围,应当在立法层面上重新进行考量:若要使《刑法》第二百一十七条可以规制单纯传播行为,则应当删去《刑法》第二百一十八条,但这会从行为类型和情节程度两方面降低非信息网络下的传播行为的入罪门槛;若要保持著作权刑法保护对于非信息网络环境下单纯传播行为的可责性低于带有复制目的的发行和复制且发行的行为这一最初的态度,就应当依据信息网络传播行为虽作为传播权却反而可能产生更大损害的特点,增设规制信息网络传播行为的著作权刑事条款。

（三）本案具体案情

具体到本案,在肯认信息网络传播行为构成"复制发行"的前提下,无论对刑法中"侵犯著作权罪"所要求的"复制发行"是否需要"复制"与"发行"行为同时存在采何种理解,被告人秦某提供从网络上非法采集并存储于其服务器的盗版视频资源的行为都应当满足该罪名下犯罪行为的相关构成要件。在此前提下,被告人胡某为被告人秦某的犯罪行为提供了实际的帮助,依法构成

①　参见王迁:《论著作权意义上的"发行"——兼评两高对〈刑法〉"复制发行"的两次司法解释》,《知识产权》2008年第1期。
②　参见何怀文:《网络环境下的发行权》,《浙江大学学报(人文社会科学版)》2013年第9期。

帮助犯。

而对于加框链接问题是否构成对第三方网站存储的视频的传播，我国目前尚存争议，①但结合欧盟法院的"GS Media 案"②等判决以及对学理的分析，目前对于加框链接至第三方网站的盗版视频内容侵犯受版权法保护作品信息网络传播权的观点已基本统一，③只是在加框链接者构成直接侵权还是间接侵权上存在较大争议。④ 而刑法学界主流观点认为，这种深度链接行为扩大了侵权产品的传播范围，宜认定为侵犯著作权罪的正犯行为。⑤

综合而言，本案对被告人秦某提供从网络上非法采集并存储于其服务器的盗版视频资源的行为作出了正确的判断；但并未对其通过加框链接的形式，使得用户在无须进行网页跳转的情况下，即可通过其网页上的视频播放窗口观看存储于第三方网站服务器上的盗版影视资源的行为作出认定。虽然在本案中并不影响定罪，但对后行为的定性应当会影响对两名被告的量刑，对类案也具有较为重要的意义，存在一定的瑕疵。

二、本案量刑问题

在量刑问题上，第一，本案两被告在被公安机关抓获后，均如实供述了前述犯罪事实。在《刑法修正案（八）》出台后，坦白属于法定的从宽处罚情节，依据《刑法》第六十七条第三款，"犯罪嫌疑人虽不具有前两款规定的自首情节，但是如实供述自己罪行的，可以从轻处罚；因其如实供述自己罪行，避免特别严重后果发生的，可以减轻处罚"。

第二，本案中，被告人秦某与胡某构成共同犯罪，被告人秦某系实行犯、主犯，被告人胡某系帮助犯、从犯，在量刑上应当依据《刑法》第二十六条和第二

① 参见崔国斌：《加框链接的著作权法规制》，《政治与法律》2014 年第 5 期；范长军：《加框链接直接侵权判断的"新公众标准"》，《法学》2018 年第 2 期等。

② GS Media BV v Sanoma Media Netherlands BV and Others, Case C-160/15.

③ 但关于加框链接至第三方网站的合法内容是否构成侵权存在较大争议，这一问题的争议点与链接至盗版内容的加框链接者构成直接侵权还是间接侵权是相同的，即加框链接行为是否构成向公众传播行为。

④ 参见王迁：《论提供"深层链接"行为的法律定性及其规制》，《法学》2016 年第 10 期；芮松艳：《深层链接行为直接侵权的认定》，《中国专利与商标》2009 年第 4 期。

⑤ 参见张明楷：《刑法学》（第五版），法律出版社 2016 年版，第 825 页。

十七条分别判断,对主犯应当按照其所参与的或组织、指挥的全部犯罪处罚;对从犯应当从轻、减轻处罚或者免除处罚。

第三,本案中两名被告人积极赔偿被害人的损失,并取得了被害人的谅解,在综合考虑从犯罪性质、赔偿数额、赔偿能力以及认罪、悔罪等情况后,可以减少基准刑的40%以下。①

第四,虽然本案被告存在一些从轻、减轻处罚情节,但由于被告人秦某犯罪情节较为严重且未退缴违法所得,而被告人胡某为被告人秦某提供服务器时间较长、存储影视链接数量巨大,其行为社会危害性较大,因此两人都不满足《刑法》第七十二条所规定的缓刑适用条件。

综合而言,法院对两名被告的量刑及可否使用缓刑的认定基本合理。

综上所述,在现有的著作权刑事司法体系下,该案有关被告人提供从网络上非法采集并存储于其服务器的盗版视频资源的行为作出了正确合理的判断,对两名被告的刑罚适用也较为合理。该案从立案到法院判决历时近两年,侵权数额巨大、社会影响严重,且体现出了对于互联网环境下侵犯著作权犯罪进行侦查的困难,是我国2017年在治理网络盗版、维持网络版权秩序领域颇具代表性的重要案件,达到了"剑网2017"影视作品版权专项整治所追求的效果,具有典型意义。但本案忽略了对加框链接这类不跳转链接的相关著作权法问题刑法保护的判断,没能在这一领域树立一起典型的刑事司法案件,也未对信息网络传播行为与侵犯著作权罪的关系进行更深层次的讨论。

（作者：丛立先　刘乾）

---

① 参见《最高人民法院关于常见犯罪的量刑指导意见》第九条。

利用多种互联网平台侵犯著作权：

宗某等侵犯著作权案

| 典型意义 |

随着信息网络技术的不断发展，利用各类互联网平台实施侵犯著作权行为的现象越来越多，这类网络著作权侵权行为的作案手段隐蔽、侵权作品传播范围广、传播速度快、社会影响较大，其中许多已经触及刑法。本案系国内首例利用电商、社交、云存储多平台侵犯著作权的刑事案件，被告人通过云存储平台复制和存储侵犯著作权的作品，通过社交网络加大传播侵权作品的范围，并以技术手段使得公众能够通过其社交平台获取存储于云存储平台的侵权资源，还利用电商平台销售相应服务的激活码获取非法利益，形成了一个利用多种互联网平台的综合性的侵权链条。本案涉及信息网络时代下侵犯著作权犯罪行为的多种典型情形，这类行为给权利人造成了严重损失，并破坏了市场秩序和社会公共利益，需要刑法予以合理规制。本案不论从行为定性、案件侦查、量刑判决等问题上都能较为典型地体现出刑事司法对于此类利用互联网平台严重侵犯著作权行为的应对方式，具有较高的参考价值，也系最高人民检察院 2017 年检察机关保护知识产权十大典型案例之一。

| 裁判要旨 |

一、以营利为目的，未经著作权人许可，利用电商、社交、云存储等多种互联网平台向公众提供侵权作品，应当被认定为复制发行著作权人享有著作权的作品，情节严重的，构成侵犯著作权罪。本案中三名被告共同利用多种互联网平台复制并通过信息网络向不特定多数公众传播了大量小说作品，并以销售激活码的方式获得大量利润，情节严重，其行为均已构成侵犯著作权罪，应予惩处。

二、在量刑过程中,需考察共同犯罪中不同成员的作用,对于主犯和从犯的量刑应当有所区别,并结合各被告归案后如实供述罪行、协助公安机关抓捕同案犯、赔偿被害人损失并获得谅解等情节进行综合判断,对于满足《刑法》相应规定的行为可以从轻或减轻处罚。

案情介绍

（2017）京 0108 刑初字第 3213 号

本案被告为宗某、王某、陈某某三人。2015 年开始,被告人宗某与被告人王某未经著作人许可,共同复制上海玄霆公司、上海阅文公司、北京幻想公司享有著作权的文字作品存储在云服务器上。被告人宗某负责编写程序,使微信公众号可依据指令将存储在云服务器上的文字作品推送到指定邮箱,实现传播文字作品的功能。2015 年 8 月开始,被告人陈某某未经著作权人许可,向被告人宗某、王某支付合作费用,获得上述传播文字作品功能的权限。被告人王某提供个人支付宝账号收取合作费用。后被告人陈某某通过淘宝网店"墨墨的图书小馆""优加云推送"销售激活码,用户使用该激活码在被告人陈某某运营的"优加书院""优加云推送"微信公众号平台进行操作后,可通过邮箱获得存储在云服务器上的文字作品。

经查,涉案作品侵犯上海玄霆公司、上海阅文公司、北京幻想公司享有独家信息网络传播权的文字作品共计 700 部。2017 年 5 月 5 日,被告人宗某、陈某某被民警抓获。同日,被告人宗某协助公安机关抓获被告人王某。后该三人均如实供述了上述犯罪事实。公安机关依法查获宗某、陈某某作案时所使用的笔记本电脑,并依法扣押在案。2017 年 5 月 26 日,王某在亲友协助下赔偿上海玄霆公司人民币 45 万元,获得该公司谅解;2017 年 9 月 12 日,宗某在家属协助下赔偿上海玄霆公司人民币 20 万元,获得该公司谅解。

裁判理由

法院认为,被告人宗某、陈某某、王某以营利为目的,未经著作权人许可,合伙复制发行著作权人享有著作权的作品,情节严重,其行为均已构成侵犯著作权罪,应予惩处。检察院指控被告人宗某、陈某某、王某犯有侵犯著作权罪的事实清楚,证据确实充分,指控罪名成立。被告人宗某、陈某某在共同犯罪中起主要作用,系主犯,应按照其所参与或者组织、指挥的全部犯罪处罚。鉴于被告人宗某到案后协助公安机关抓捕同案犯,具有立功情节;被告人王某在共同犯罪中起次要、辅助作用,系从犯;被告人宗某、陈某某、王某均系初犯,到案后能如实供认自己的罪行,认罪、悔罪态度较好,法院对其三人均依法从轻处罚。同时宗某、王某在家属协助下赔偿了部分被害单位经济损失,取得对方谅解,法院在量刑时亦酌予体现。

依照《中华人民共和国刑法》第二百一十七条第(一)项、第二十五条第一款、第二十六条第一款与第四款、第二十七条、第六十八条、第六十七条第三款、第五十三条第一款、第六十四条之规定,法院判决如下:第一,被告人陈某某犯侵犯著作权罪,判处有期徒刑一年,罚金人民币五万元;第二,被告人宗某犯侵犯著作权罪,判处有期徒刑九个月,罚金人民币一万元;第三,被告人王某犯侵犯著作权罪,判处有期徒刑九个月,罚金人民币五千元;第四,起获扣押的犯罪工具笔记本电脑依法予以没收。

案件分析

本案三名被告人借助互联网技术,通过"电子商务平台""网络社交平台"和"云存储平台"三平台的相互关联作用进行著作权侵权行为,作案手段隐蔽、涉及面广、社会影响大,给著作权人造成严重损失,且严重影响了市场秩序和社会公共秩序。本案判决虽然简洁但思路较为清晰,从定罪到量刑的考量因素都较为全面,最终判决的结果也较为合理。本案的难点还在于公安机关的侦查与取证,利用互联网多平台侵犯著作权的犯罪行为范围广、交易发生零散且隐蔽、犯罪主体难以追踪、证据固定难度较大,本案最终判决的形成无疑离不开公安机关在侦查阶段的巨大贡献。

一、本案定罪问题

在定罪问题上,我国《刑法》第二百一十七条侵犯著作权罪在客观阶层上的要求涵盖了未经著作权人许可,复制发行其文字作品、音乐、电影、电视、录像作品、计算机软件及其他作品,且违法所得数额较大或有其他严重情节的犯罪行为；在主观阶层上要求行为人需以营利为目的，故意实施犯罪。

在犯罪行为问题上，本案中，被告人进行了如下涉及著作权侵权犯罪的行为：第一，将从互联网上获取的盗版电子书资源存储至云存储平台，构成对被传播作品著作权人的复制权的侵害，但由于云存储平台的加密技术，此时并未形成不特定公众可在选定时间和地点获得作品的传播状态，因而暂无涉对于信息网络传播权的侵害。第二，利用电子商务平台向用户销售激活码，并使得用户在其微信公众号这类网络社交平台输入激活码后，系统能自动依据被告预设的指令将存储在云服务器上的文字作品推送到指定邮箱，该行为即以出售或者赠与方式向公众提供作品的原件或者复制件，又由于其同时复制了存储于云空间的作品，且使得不特定多数公众可以在其个人选定的时间和地点获得作品，构成对传播作品著作权人复制权和信息网络传播权的侵害。第三，涉案文字作品共计700余部，被告获利数十万元，满足本罪的以营利为目的，且构成本罪要求的违法所得数额较大或有其他严重情节。

在此争议问题在于，侵犯信息网络传播权的行为是否属于该条罪名要求的"复制发行"。根据最高人民法院、最高人民检察院《关于办理侵犯知识产权刑事案件具体应用法律若干问题的解释》（本文简称《解释》），通过信息网络向公众传播他人文字作品、音乐、电影、电视、录像作品、计算机软件及其他作品的行为，应当视为刑法第二百一十七条规定的"复制发行"。① 但是，《著作权法》上的发行行为要求转移作品的有形载体，②而信息网络传播行为与此无涉，二者应当存在实质性区别，这样的司法解释似乎在刑法法理的层面上存在一定的瑕疵。但是，《解释》的产生也是源于对法益保护的合理分析以及信息时代下社会的实际需求，因为大量以数据形式存在的作品通过信息网络在不转移其载体所有权的情况下进行复制和传播，不仅达到了与传统情形下传播作品有形载体相类似的客观效果，而且这种脱离有形载体束缚的传播形式会使对作品的复制和传播都变得更加便捷和广泛，为著作权人的私权与社会

---

① 《最高人民法院、最高人民检察院关于办理侵犯知识产权刑事案件具体应用法律若干问题的解释》第十一条第三款。
② 参见王迁：《论著作权意义上的"发行"——兼评两高对〈刑法〉"复制发行"的两次司法解释》，《知识产权》2008 年第 1 期。

公共秩序带来更大的损失。就目前的个案判决来看，法院在此现状下适用《解释》认定侵犯信息网络传播权的行为也可能构成侵犯著作权罪，是较为合理的处理方式，但本案法院并未在法律依据中列出该解释，直接将信息网络传播行为视作发行，存在法律适用上的瑕疵。

综合而言，本案涉及的犯罪行为明确包括了与著作权法外延相一致的复制和信息网络传播行为，依据《解释》构成该罪名中的"复制发行"，且违法所得数额较大，涉案作品较多，因此无论对刑法中"侵犯著作权罪"所要求的"复制发行"是否要求同时存在"复制"与"发行"行为采何种理解，[1]本案所涉及的行为应当满足该罪名下犯罪行为的相关构成要件。本案除在法律适用上未援引《解释》外基本无误。

在犯罪主体问题上，本案中，被告人宗某、陈某某经历了事前通谋及共同实施犯罪行为的过程，且二者实施的客观行为、主观故意及触犯罪名相同，属于一般的共同犯罪，且二人皆为共同正犯（实行犯）；被告人王某在被告人宗某、陈某某持续实施犯罪行为的期间，以支付金钱的方式获得利用互联网平台传播盗版作品的权限，属于事前无通谋的共同犯罪，即承继的共同犯罪，[2]由于其客观行为、主观故意及触犯罪名相同，王某也属于共同正犯（实行犯），但其犯罪行为的持续时间、犯罪所得等都应该从其加入犯罪活动时始为考虑。此外，由于王某仅获得利用互联网平台传播盗版作品的权限，未参与前期利用技术搭建各类互联网平台以实行犯罪行为的过程，系在共同犯罪过程中起次要、辅助作用，因此应当认定为从犯；而宗某、陈某某共谋并共同完成了"电子商务平台""网络社交平台"和"云存储平台"三平台的相关搭建和管理的技术工作，在共同犯罪中起主要作用，应当认定为主犯。

在主观阶层上，依据公安机关的调查以及被告人到案后的供述情况，本案被告具有实施犯罪行为的故意，且以营利为目的，并且不存在主观阻却事由，满足侵犯著作权罪在主观阶层方面的要求。综合而言，将三被告的行为认定

---

① 对于"复制发行"存在单独构成犯罪说、同时具备说和发行目的说，两高《关于办理侵犯知识产权刑事案件具体应用法律若干问题的解释（二）》中认为，"复制发行"包括三种情形：复制、发行、复制且发行。

② 参见张明楷：《刑法学》（第五版），法律出版社 2016 年版，第 823—826 页。

为共同侵犯著作权罪准确无误。

二、本案量刑问题

本案涉及坦白、立功行为及被害人谅解。第一,本案三名被告在被公安机关抓获后,均如实供述了前述犯罪事实。在《刑法修正案(八)》出台后,坦白属于法定的从宽处罚情节,依据《刑法》第六十七条第三款,"犯罪嫌疑人虽不具有前两款规定的自首情节,但是如实供述自己罪行的,可以从轻处罚;因其如实供述自己罪行,避免特别严重后果发生的,可以减轻处罚"。第二,对于本案中的宗某而言,其如实供述自己及共同犯罪人的犯罪行为,仍属于本案的涉案范围内,因此属于坦白而非立功;①而其在供述罪行外,宗某还存在协助司法机关抓捕其他犯罪嫌疑人(包括同案犯)的行为,应当认定为立功。② 因此,宗某在本案中同时存在坦白与立功行为,且由于两行为不构成竞合,应当分别同时予以认定。第三,由于本案三名被告均为实行犯,宗某与陈某某系本案主犯,王某系本案从犯,在量刑上应当依据《刑法》第二十六条和第二十七条分别判断,对主犯应当按照其所参与的或组织、指挥的全部犯罪处罚;对从犯应当从轻、减轻处罚或者免除处罚。第四,对于王某的量刑,应当考虑到由于其行为属于承继的共同犯罪,其犯罪行为的持续时间、犯罪所得等都应该从其加入犯罪活动时始为考虑,即从 2015 年 8 月开始考量,因而会对量刑产生一定影响。第五,本案中宗某、王某在家属协助下赔偿了部分被害单位经济损失,取得对方谅解,在综合考虑从犯罪性质、赔偿数额、赔偿能力以及认罪、悔罪等情况后,可以减少基准刑的 40%以下。③

综合而言,法院对三名被告的量刑认定,除了未说明王某的犯罪时间和涉案金额应当少于宗某与陈某某外,其余判断基本准确,结合涉案金额、造成的后果严重程度等,对三人量刑的最终判决也基本合理。

综上所述,法院判决三被告侵犯著作权罪,判处陈某某有期徒刑一年,罚

---

① 参见《最高人民法院关于处理自首和立功具体应用法律若干问题的解释》第一条、第五条。

② 参见《最高人民法院关于处理自首和立功具体应用法律若干问题的解释》第五条。

③ 参见《最高人民法院关于常见犯罪的量刑指导意见》第九条。

金人民币五万元、宗某有期徒刑九个月,罚金人民币一万元、王某犯侵犯著作权罪,判处有期徒刑九个月,罚金人民币五千元,并对起获扣押的犯罪工具笔记本电脑依法予以没收的判决结果基本合理。

该案为我国首例利用多种互联网平台侵犯著作权的刑事案件,除了在法律适用上应当援引而未援引最高人民法院、最高人民检察院《关于办理侵犯知识产权刑事案件具体应用法律若干问题的解释》第一条外,从整个办案流程到最终的判决都较为明晰准确,为我国今后侦办有关网络著作权刑事犯罪时的公安侦查、司法裁判等领域提供了重要的参考。但不得不承认,由于该司法解释本身存在法理上的瑕疵,对信息网络传播权之于《刑法》第二百一十七条中"复制发行"的关系如何理解,还应当依据体系解释、目的解释和法理分析,考察"复制发行"要件的相关学说,进行更深层次的综合性探讨,这在本书所选的"秦某等侵犯著作权案"中有所展开。

(作者:丛立先　刘乾)

架设、运营游戏私服：

郑某某等侵犯著作权案

| 典型意义 |

从网络游戏出现以来,未经网络游戏软件著作权人许可,非法获取网络游戏源代码,通过网络或其他途径向游戏玩家提供客户端程序,私自运营他人享有著作权的网络游戏的"游戏私服"行为就一直存在。游戏私服、游戏外挂这两类涉及著作权侵权并严重影响游戏行业市场秩序的行为一直是著作权侵权刑事规制的重要对象。实施这类行为的侵权人往往违法所得数额较大,侵权作品传播便捷且传播范围较广,对权利人所运营的官方服务器的游戏收益造成了严重的负面影响,给权利人造成了极为严重的损失,并损害了游戏行业的正常市场秩序,需要刑法予以规制。本案系针对架设、运营游戏私服行为进行著作权刑事制裁的典型案例,也是国家版权局通报的 20 起"剑网 2017"专项行动典型案件之一,法院对于未经著作权人许可获取游戏源代码,架设、运营私服的行为构成侵犯著作权罪进行了认定。本案判决主要基于对游戏计算机程序代码的复制和传播行为的认定,体现了我国刑事司法领域对于架设、运营游戏私服行为的典型态度和处理方式,具有较大的参考价值,其中许多的延伸问题也值得进一步探讨。

| 裁判要旨 |

未经著作权人许可,获取游戏源代码,架设、运营私服并获取收益的行为,属于以营利为目的,未经许可复制发行其计算机软件作品,情节严重的,应当构成侵犯著作权罪。本案其中三名被告共谋开发涉案游戏的私服牟利,并就相关犯罪行为进行了分工合作,包括提供游戏技术服务,如架设游戏服务器、维护游戏数据等行为,游戏运营、推广和资金结算行为,与私服游戏玩家沟通并通过网络推广游戏的客服行为等,构成共同犯罪,在区分主犯与从犯后均应对全部的犯罪行为承担责任;另两名被告系在私服游戏已开始运营后,从其他被告人处取得侵权私服游戏客户端并进行运营,与其他三名被告共享后续收益,二人与其他被告构成共同犯罪,但非法经营数额仅限于其开始实施犯罪行为后所获的收益。

| 案情介绍 |

(2017)沪 0104 刑初字第 556 号

本案被告为郑某某、娄某某、郭某某、张某某 A、张某某 B 共五人,被害单位为上海蛙扑网络技术有限公司(本文简称蛙扑公司)。《航海王启航》(本文简称《航海王》)是蛙扑公司享有著作权的一款手机游戏软件。2016 年 9 月,被告人郑某某在担任江苏博得网络科技有限公司福州分公司技术总监期间,因工作原因接触到《航海王》源代码,遂产生开设私服牟利的想法。郑某某在网上搭识被告人娄某某,两人商议由郑某某提供游戏技术服务,包括架设游戏服务器、维护游戏数据等,由娄某某负责游戏运营、推广和资金结算。娄某某获取游戏收益的 65%,郑某某获取游戏收益的 35%。

被告人娄某某在其设立的"逗鱼手游"网站上发布《航海王》客户端的安卓下载版本和 IOS 下载版本,供玩家使用,并通过第三方支付平台获取玩家充值、购买游戏道具的钱款。娄某某通过发展下级代理商、设立 QQ 群、在网站发布广告、论坛发帖等方式推广《航海王》。被告人郭某某受雇在 QQ 群内担任游戏客服,负责解答玩家问题,在网上推广游戏。

被告人张某某 A、张某某 B 于 2016 年 9 月从被告人娄某某处获得《航海王》代理权。娄某某与张某某 A 约定,娄某某获取游戏收益的 70%,张某某 A 获取游戏收益的 30%。张某某 A 与张某某 B 约定,张某某 A 负责与上家联系,张某某 B 负责游戏推广。张某某 A 获取游戏收益的 60%,张某某 B 获取游戏收益的 40%。张某某 A、张某某 B 在"梦手游"网站上发布《航海王》客户端,供玩家使用获取收益,并通过 QQ 群与玩家联系。

经司法鉴定,上述涉案的《航海王》客户端文件与蛙扑公司享有著作权的《航海王》客户端文件具有同源性。2016 年 12 月 3 日至 2017 年 3 月 2 日,《航海王》通过"逗鱼手游"网站充值人民币 193418 元,通过"梦手游"网站充值人民币 608101 元。

2017 年 3 月 2 日，公安人员经侦查在江苏省南京市抓获被告人娄某某、郭某某，在上海大学抓获被告人张某某 A、张某某 B；同月 10 日，在福建省福州市抓获被告人郑某某。五名被告人到案后均如实供述自己的罪行。案发后，被告人郑某某向蛙扑公司退赔 32 万元、被告人娄某某向蛙扑公司退赔 27 万元、被告人张某某 A 向蛙扑公司退赔 22 万元、被告人张某某 B 向蛙扑公司退赔 4 万元。这四名被告人均已取得蛙扑公司谅解。

| 裁判理由 |

法院认为，被告人郑某某、娄某某、张某某 A、张某某 B、郭某某结伙后以营利为目的，未经著作权人许可，复制发行其计算机软件作品，其中，被告人郑某某、娄某某、郭某某的非法经营额达人民币 80 万余元，被告人张某某 A、张某某 B 的非法经营额达人民币 60 万余元，均属有其他特别严重情节，其行为均已构成侵犯著作权罪，且系共同犯罪，依法应予处罚。被告人郑某某、娄某某在共同犯罪中起主要作用，应认定为主犯；被告人张某某 A、张某某 B 在共同犯罪中分工明确、成本共担、利益分享，非法经营额达 60 万余元，其与被告人郑某某、娄某某的地位相同，作用相当，亦应认定为主犯。被告人郭某某在共同犯罪中起次要作用，系从犯，应当减轻处罚。

被告人郑某某、娄某某、张某某 A、张某某 B、郭某某均能认罪悔罪；被告人郑某某、娄某某、张某某 A、张某某 B 到案后能主动退赔被害单位损失并取得其谅解，依法均可酌情从轻处罚。综上，根据各被告人犯罪的事实、性质、情节和对于社会的危害程度，依照《中华人民共和国刑法》第二百一十七条第（一）项、第二十五条第一款、第二十六条第一款、第二十七条、第六十七条第三款、第七十二条第一款、第三款、第七十三条第二款、第三款、第五十三条、第六十四条，《最高人民法院、最高人民检察院关于办理侵犯知识产权刑事案件具体应用法律若干问题的解释》第五条第二款第（一）项之规定，判决如下：第一，被告人郑某某犯侵犯著作权罪，判处有期徒刑三年，缓刑四年，并处罚金人民币九万元。第二，被告人娄某某犯侵犯著作权罪，判处有期徒刑三年，缓刑四年，并处罚金人民币九万元。第三，被告人张某某 A 犯侵犯著作权罪，判处有期徒刑三年，缓刑四年，并处罚金人民币九万元。第四，被告人张某某 B 犯侵犯著作权罪，判处有期徒刑三年，缓刑三年，并处罚金人民币九万元。第五，被告人郭某某犯侵犯著作权罪，判处有期徒刑二年，缓刑二年，并处罚金人民币四万元。第六，被告人郑某某、娄某某、张某某 A、张某某 B、郭某某的违法所得责令退赔被害单位上海蛙扑网络技术有限公司，用于犯罪的工具及物品予以没收。

| 案件分析 |

一、游戏私服中的法律问题

本案涉案行为系运营游戏"私服"。"私服"指私人服务器，与"官服"即官方服务器的概念相对。运营"私服"指的是未经网络游戏软件著作权人许可，非法获取并控制网络游戏服务端程序，通过网络或其他途径向游戏玩家提供客户端程序，私自运营他人享有著作权的网络游戏的行为。[①] 在分析运营游戏"私服"是否构成侵犯著作权罪时，需要依次分析以下几个问题：

（一）游戏"私服"问题中受版权法保护的内容

虽然目前对于电子游戏中的可版权内容和著作权保护模式等都存在较大争议，具体而言有整体保护模式（类电作品模式、其他作品模式、独立作品类型模式）和分别保护模式。[②] 但由于运营"私服"的行为涉及对游戏所有的数据内容的利用，因此在侵犯著作权罪的定罪问题上障碍较小。由于计算机软件代码可单独受到著作权保护在我国已无争议，[③] 而且开设和运营游戏"私服"必然涉及对计算机软件代码的复制，因而在实务中法院时常将其作为认定侵犯著作权罪的考察内容，并结合违法所得来判断情节程度，本案中正是如此。这在实务操作中具有简便性和直接性，值得肯定。

不过，电子游戏可被划分为两部分：一是计算机程序；二是运行程序后通

[①]　何渊、荣学磊、王欢：《网络游戏私服行为的刑法定性分析》，《科技与法律》2011 年第 5 期。

[②]　参见北京海淀法院课题组：《网络游戏侵犯知识产权案件调研报告（二）——游戏作品受著作权法保护的范围》，《中关村》2016 年第 9 期。

[③]　参见《计算机软件保护条例》《计算机软件著作权登记办法》等。

过屏幕显示的整体内容(可有配音)，①二者具有不同的著作权意义已成为目前学界和实务界的共识，分歧主要在于游戏运营时屏幕呈现的音画等内容如何进行保护。② 因此，应当认识到对游戏的著作权刑事保护仍停留在对计算机软件代码上是不够的。比如说，即使游戏软件代码不同或不相似，游戏整体画面相同或近似的情况仍然大有可能，③这类民事案件近两年来已层出不穷。而且，游戏呈现的音画等内容与游戏的计算机程序代码并不一定具有一一对应的关系，即不具有实质性相似的计算机程序代码，经过运算后也可能产生实质性相似的游戏画面、角色美术形象等内容。若这些行为被认定为著作权民事侵权行为，且达到了以营利为目的、情节较为严重等侵犯著作权的法定条件，是否应当对其进行刑事制裁，也将成为著作权刑事司法领域亟待解决的一个重要问题。目前，我国刑事司法实务中已经出现不少此类案例，运用侵犯著作权罪予以刑事制裁的案件也有许多。④

(二)游戏"私服"中的"复制发行"

由于目前刑事司法实务中仍以计算机软件代码为该类案件的考察对象，在此也仅以计算机软件代码为讨论对象。在架设和运营"私服"的过程中，对于计算机软件代码的复制行为较为明显，不存争议。但有关"发行"的含义仍需要依据我国对于信息网络环境下侵犯著作权罪的司法解释进行考察。游戏"私服"问题中的与"发行"相关的行为主要是未经著作权人许可通过信息网络向游戏用户提供侵权客户端的行为，严格来说，该行为应当属于《著作权法》上的信息网络传播权而非发行权所控制的行为，因为该行为并未转移作品有形载体的所有权。⑤ 但根据最高人民法院、最高人民检察院《关于办理侵

---

① 参见王迁、袁锋:《论网络游戏整体画面的作品定性》,《中国版权》2016 年第 4 期。

② 参见崔国斌:《认真对待游戏著作权》,《知识产权》2016 年第 2 期;郝敏:《网络游戏要素的知识产权保护》,《知识产权》2016 年第 1 期等。

③ 例如在"奇迹 MU"诉"奇迹神话"案中,虽然两者在画面表现、游戏规则等各方面都存在相同或相似,但前者是客户端游戏而后者是网页游戏,在计算机程序代码这一技术实现手段的层面上完全不同。

④ 参见福州初心互娱网络科技有限公司等侵犯著作权案,(2017)浙 0683 刑初 801 号判决书;马义词犯侵犯著作权案二审刑事裁定书,(2015)苏知刑终字第 00005 号等。

⑤ 参见王迁:《论著作权意义上的"发行"——兼评两高对〈刑法〉"复制发行"的两次司法解释》,《知识产权》2008 年第 1 期。

犯知识产权刑事案件具体应用法律若干问题的解释》（本文简称《解释
（一）》），通过信息网络向公众传播他人文字作品、音乐、电影、电视、录像作
品、计算机软件及其他作品的行为，应当视为《刑法》第二百一十七条规定的
"复制发行"。① 虽然该司法解释是否符合罪刑法定原则的要求存在一定争
议，但考虑到信息时代下社会的现实需求以及从保护法益进行实质刑法解释
的合理结论，②就目前的个案判决来看，法院在此现状下适用《解释（一）》认
定侵犯信息网络传播权的行为也可能构成侵犯著作权罪，是较为合理的处理
方式，但本案法院并未在法律依据中列出该解释，直接将信息网络传播行为视
作发行，存在法律适用上的瑕疵。

（三）游戏"私服"问题中侵犯著作权罪与非法经营罪的竞合

由于"私服"游戏中的计算机程序代码已经完全由私服游戏运营者掌控，
对其作出的区别于原游戏的修改并不会对官服游戏的计算机信息系统产生影
响，因此一般无涉计算机类犯罪。但是，目前实务中存在一些将游戏私服行为
认定为非法经营罪的判决，③这是值得商榷的。

架设、运营游戏"私服"在一般情况下不应当定非法经营罪，这不仅是对
非法经营罪进行法理分析的结果，也是知识产权刑事保护的必然要求。最高
人民法院、最高人民检察院《关于办理侵犯知识产权刑事案件具体应用法律
若干问题的解释（二）》（本文简称《解释（二）》）第二条第三款规定："非法出
版、复制、发行他人作品，侵犯著作权构成犯罪的，按照侵犯著作权罪定罪处
罚。"④一方面，两高认为非法经营罪与侵犯著作权罪属于一般罪名和特殊罪
名关系，依照特殊罪名进行处理更为适宜也避免非法经营罪成为"口袋罪"；
另一方面，这样的认定能够使司法实务对于此类犯罪行为的定性、刑罚适用等
问题更具一致性，也有利于对侵犯知识产权犯罪的统计。该观点为此后最高

---

① 参见《最高人民法院、最高人民检察院关于办理侵犯知识产权刑事案件具体应用法律
若干问题的解释》第十一条第三款。
② 参见王翠霞：《数字环境中版权犯罪的实质刑法解释——以"复制发行"为视角》，《求
索》2014 年第 10 期。
③ 参见绵阳市游仙区人民法院（2014）游刑初字第 102 号判决书等。
④ 张军主编：《解读最高人民法院司法解释之刑事卷（上）》，人民法院出版社 2011 年版，
第 462 页。

人民法院、最高人民检察院、公安部出台的《关于办理侵犯知识产权刑事案件适用法律若干问题的意见》（本文简称《意见》）第十二条所明确，其规定，非法出版、复制、发行他人作品，侵犯著作权构成犯罪的，按照侵犯著作权罪定罪处罚，不认定为非法经营罪等其他犯罪。不过，由于非法经营罪的法定刑的上限要高于侵犯著作权罪，若游戏"私服"等这类行为严重扰乱市场、情节特别严重，以至于适用侵犯著作权罪而不适用非法经营罪将达到罪刑不相适应的后果，也可考虑将其定性为非法经营罪。①

实际上，从法条所规定的罪名关系来看，侵犯知识产权罪和销售侵权复制品罪都分别与非法经营罪存在交叉关系，这在我国刑法理论通说中被认为是法条竞合，②应采取特别法优于一般法和重法条优于轻法条的原则认定为仅构成一罪，前述《解释（二）》与《意见》亦是此态度。但也有学者认为，交叉关系时必须认定为想象竞合而非法条竞合，③因为二者针对的法益并不相同，例如非法经营罪并未直接将著作权作为保护法益，因此仅适用其中一个法条会导致对不法内容缺乏全面评价。因此，在判决中应当逐一列出行为所触犯的罪名，但仅按其中较重犯罪的法定刑处罚；在行为所触犯的两个罪名的法定刑相同的情况下，不是按所谓目的行为所触犯之罪的法定刑量刑，而是按照事实情节较重的犯罪的法定刑处罚。④

总的来说，无论采何种观点，直接将架设运营游戏"私服"等涉及知识产权犯罪的行为直接认定为非法经营罪，缺乏对知识产权法益的合理保护，也不符合我国现行司法解释的处理意见。但在司法实践中仍有许多这类侵犯著作权行为被以非法经营罪定罪处理，这也给我国的国际形象以及司法评价带来了一定的负面影响。⑤

---

① 参见于志刚、于冲：《网络犯罪的裁判经验与学理思辨》，中国法制出版社 2013 年版，第 304 页。

② 参见陈兴良：《规范刑法学》（上册），中国人民大学出版社 2008 年版，第 277—279 页。

③ 参见张明楷：《刑法学》（第五版），法律出版社 2016 年版，第 464、485—486 页。

④ 参见张明楷：《刑法学》（第五版），法律出版社 2016 年版，第 464、489 页。

⑤ 参见高晓莹：《论非法经营罪在著作权刑事保护领域的误用与退出》，《当代法学》2011 年第 2 期。

二、本案案情分析

在定罪问题上，五名被告构成共同犯罪，且皆为实行犯，依据前述分析应该按照侵犯著作权罪论处。但在认定犯罪情节时，由于张某某 A 和张某某 B 在另外三名被告人开始实施犯罪行为之后才加入，属于事前无通谋的共同犯罪，即承继的共同犯罪，①在认定其违法所得时应进行合理的区分。最终法院认定，被告人郑某某、娄某某、张某某 A、张某某 B、郭某某结伙后以营利为目的，未经著作权人许可，复制发行其计算机软件作品，其中，被告人郑某某、娄某某、郭某某的非法经营额达人民币 80 万余元，被告人张某某 A、张某某 B 的非法经营额达人民币 60 万余元，均属有其他特别严重情节，其行为均已构成侵犯著作权罪，且系共同犯罪，依法应予处罚。除了未援引《解释（一）》中有关信息网络传播的条款外，本罪定罪部分较为准确。

在量刑问题上，第一，本案五名被告在被公安机关抓获后，均如实供述了前述犯罪事实。在《刑法修正案（八）》出台后，坦白属于法定的从宽处罚情节，依据《刑法》第六十七条第三款，"犯罪嫌疑人虽不具有前两款规定的自首情节，但是如实供述自己罪行的，可以从轻处罚；因其如实供述自己罪行，避免特别严重后果发生的，可以减轻处罚"。第二，本案中，五名被告构成共同犯罪，被告人郑某某、娄某某在共同犯罪中起主要作用，应认定为主犯；被告人张某某 A、张某某 B 在共同犯罪中分工明确、成本共担、利益分享，非法经营额达 60 万余元，其与被告人郑某某、娄某某的地位相同，作用相当，亦应认定为主犯；而被告人郭某某在共同犯罪中起次要作用，系从犯。在量刑上应当依据《刑法》第二十六条和第二十七条分别判断，对主犯应当按照其所参与的或组织、指挥的全部犯罪处罚；对从犯应当从轻、减轻处罚或者免除处罚。第三，本案中除郭某某外的四名被告人积极赔偿被害人的损失，并取得了被害人的谅解，在综合考虑犯罪性质、赔偿数额、赔偿能力以及认罪、悔罪等情况后，可以减少基准刑的 40% 以下。② 综合而言，法院对五名被告的量刑的认定基本

---

① 参见张明楷：《刑法学》（第五版），法律出版社 2016 年版，第 823—826 页。
② 《最高人民法院关于常见犯罪的量刑指导意见》第九条。

合理。

综上所述,本案体现了我国著作权刑事司法对于游戏私服问题的典型解决方式,案件从侦查到审判的整个处理流程也较为明晰,对我国处理游戏私服相关的刑法问题中的侦查、取证、判决等各方面而言都有典例价值,且该案违法所得较大、社会影响范围广,还涉及大学生犯罪等社会问题,在许多意义上都具有研究价值。但是,本案也同样蕴含着我国著作权刑事司法对于游戏私服相关问题处理方式的局限性,需要进一步的研究与更加深入的思考。

（作者：丛立先　刘乾）

制作销售、单纯销售游戏外挂：

蔡某某等侵犯著作权案

| 典型意义 |

　　随着网络游戏产业的不断发展,通过挂接游戏客户端以及修改、复制原游戏程序及相关程序等方式影响游戏用户在游戏中的进程,实现诸多违反游戏规则功能的游戏外挂一直存在,其技术手段也越来越复杂。游戏私服、游戏外挂这两类涉及著作权侵权并严重影响游戏行业市场秩序的行为一直是著作权侵权刑事规制的重要对象,实施这类行为的侵权人往往违法所得数额较大,并且损害游戏的正常运营秩序和市场竞争秩序,给权利人造成了严重的损失,且严重损害社会公共利益,需要刑法予以规制。我国 2003 年出台的《关于开展对"私服"、"外挂"专项治理的通知》①(本文简称《通知》)并未区分游戏私服与游戏外挂的概念,但如今二者在确有一定相似性之余,具有一些不同的性质、存在许多不同的法律问题也已经成为学界与实务界的共识。本案系国家版权局通报的 20 起"剑网 2017"专项行动典型案件之一,法院对未经著作权人许可获取游戏源代码,编译生成可执行的外挂程序并在外挂程序中加入验证程序进行收费,以及通过互联网销售此类外挂的行为能够构成侵犯著作权罪进行了判定,体现了我国刑事司法领域对于游戏外挂问题的一种处理方式,具有较大的参考价值和典型的社会意义,延伸出的有关外挂的各类法律问题也值得进一步探讨。

| 裁判要旨 |

　　本案四名被告人未经许可,从互联网上获取被害单位享有著作权的游戏

---

　　①　参见《关于开展对"私服"、"外挂"专项治理的通知》(新出联〔2003〕19 号)。

程序代码,编译生成可执行的外挂程序(该外挂通过注入动态链接库文件、修改游戏进程内存数据的方式,实现对涉案游戏客户端程序代码等内容的增加、修改等操作,对游戏的正常操作流程和正常运行方式造成了干扰),并在外挂程序中加入验证程序进行收费,以及通过互联网销售此类外挂的行为,属于以营利为目的,未经著作权人许可,复制发行其计算机软件,情节严重,均构成侵犯著作权罪。其中一名被告还在从事个人销售工作时,从网络上下载和从他人处非法获取大量公民个人信息资料,属于违反国家有关规定,非法获取公民个人信息,情节严重,构成侵犯公民个人信息罪,应当对其进行数罪并罚。对于认罪态度较好,积极退赃的被告,可从轻和酌情从轻处罚;对于在缓刑考验期限内犯新罪的被告,应当撤销缓刑;对于在刑罚执行完毕后五年内,再犯应当判处有期徒刑以上刑罚之罪的被告,系累犯,应当从重处罚。

案情介绍

（2018）鄂 1221 刑初字第 66 号

本案被害单位为深圳市腾讯计算机系统有限公司(本文简称腾讯公司),被告为蔡某某、熊某某、王某某、黄某某。其中,被告人熊某某于 2009 年 7 月因犯故意伤害罪被判处有期徒刑五年,2013 年 2 月刑满释放;被告人黄某某于 2015 年 3 月因犯非法经营罪被江苏省扬州市江都区人民法院判处有期徒刑三年,缓刑五年,并处罚金 100 万元。

2011 年 4 月 26 日,被害单位腾讯公司取得中华人民共和国国家版权局关于《逆战》的游戏软件著作权登记。2016 年 4 月,被告人蔡某某在未经腾讯公司的授权和许可的情况下,从电脑网络上下载了《逆战》游戏辅助透视源码,通过"易语言"编译生成可执行外挂程序,并在外挂程序中加入验证程序,细分为日卡、周卡、月卡,将外挂取名为"神马""遮天"。以日卡每张 8 元、周卡每张 40 元、月卡每张 80 元的价格,于同年 12 月和 2017 年 4 月,分别交给被告人王某某、熊某某在网络上予以销售,王某某和熊某某分别加价予以销售。王某某于 2016 年 12 月至 2017 年 7 月间,通过支付宝转账支付给蔡某某外挂销售款121070 元。熊某某于 2017 年 4 月至 5 月间,支付给蔡某某外挂销售款 11662 元。

2016 年 12 月，被告人黄某某在未经腾讯公司授权和许可的情况下，从第三方获取《逆战》游戏外挂程序，分别取名为"云某""蛤蟆""绝无情"，交给熊某某在网络上予以销售。熊某某加价销售后于同年 12 月至 2017 年 7 月间，支付给黄某某外挂销售款 100992 元。

2017 年 4 月，李某（另案处理）在未经腾讯公司授权和许可的情况下，在电脑网络上下载《逆战》游戏辅助透视源码，编译生成可执行外挂程序，将外挂取名为"天山"，交给熊某某在网络上予以销售。熊某某加价销售后于同年 5 月至 7 月间，支付给李某外挂销售款 11790 元。

经深圳市腾讯计算机系统有限公司报案，蔡某某、熊某某、王某某、黄某某均于 2017 年 7 月 11 日被抓获归案。嘉鱼县公安局分别扣押蔡某某现金 14.90万元、王某某现金 135487 元、李某现金 13200 元。经福建中证司法鉴定中心鉴定，蔡某某等人编译《逆战》游戏外挂程序通过注入动态链接库文件、修改游戏进程内存数据的方式，实现"绘制方框""子弹追踪""无后座""神枪手爆头"等功能。待检"易语言"源代码编译后的程序存在对《逆战》游戏客户端实施增加、修改的操作，对游戏的正常操作流程和正常运行方式造成了干扰。

综上所述，在未经深圳市腾讯计算机系统有限公司授权和许可的情况下，被告人蔡某某非法编译销售该公司《逆战》游戏外挂经营数额 132732 元，从中获利 132732 元；被告人熊某某非法销售经营数额 124444 元，从中获利 3 万余元；被告人王某某非法销售经营数额 121070 元，从中获利 1 万余元；被告人黄某某非法销售经营数额 100992 元，从中获利 2 万余元。

另查明，2016 年 6 月间，被告人黄某某在从事个人销售工作时，从网络上下载和从他人处非法获得含有公民姓名、身份证号码、通信通讯联系方式、住址的公民个人信息共计 7233 条。

| 裁判理由 |

法院认为，被告人蔡某某、熊某某、王某某、黄某某以营利为目的，未经著作权人许可，复制发行其计算机软件，情节严重，黄某某违反国家有关规定，非法获取公民个人信息，情节严重，公诉机关指控蔡某某、熊某某、王某某侵犯著作权和黄某某侵犯著作权、非法获取公民个人信息的事实成立，蔡某某、熊某某、王某某均构成侵犯著作权罪,黄某某构成侵犯著作权罪、侵犯公民个人信息罪。

归案后,蔡某某认罪态度较好,积极退赃,可从轻和酌情从轻处罚,但不存在自首情节。熊某某在刑罚执行完毕后五年内,再犯应当判处有期徒刑以上刑罚之罪,系累犯,应当从重处罚。归案后,认罪态度较好,可酌情从轻处罚。王某某归案后,认罪态度较好,积极退赃,可从轻和酌情从轻处罚。黄某某在缓刑考验期限内犯新罪,应当撤销缓刑,且一人犯数罪,应数罪并罚。归案后,认罪态度较好,可酌情从轻处罚。

依照《中华人民共和国刑法》第二百一十七条第(一)项、第二百五十三条之一第一款和第三款、第二十五条第一款、第五十二条、第六十四条、第六十五条第一款、第六十九条、第七十二条第一款和第三款、第七十三条第二款和第三款、第七十七条第一款和《最高人民法院、最高人民检察院关于办理侵犯知识产权刑事案件具体应用法律若干问题的解释》(本文简称《解释(一)》)第五条第一款的规定,法院判决如下:第一,被告人蔡某某犯侵犯著作权罪,判处有期徒刑一年六个月,缓刑二年,并处罚金 3 万元。第二,被告人熊某某犯侵犯著作权罪,判处有期徒刑一年二个月,并处罚金 3 万元。第三,被告人王某某犯侵犯著作权罪,判处有期徒刑一年,缓刑二年,并处罚金 2 万元。第四,被告人黄某某犯侵犯著作权罪,判处有期徒刑八个月,并处罚金 2 万元;犯侵犯公民个人信息罪,判处罚金 1 万元;撤销江苏省扬州市江都区人民法院(2014)扬江刑初字第 00725 号刑事判决书中对被告人黄某某宣告缓刑的部分,执行原判刑罚犯非法经营罪,判处有期徒刑三年,并处罚金 100 万元,决定执行有期徒刑三年四个月,并处罚金 103 万元。第五,被告人蔡某某违法所得款 132732 元、被告人熊某某非法经营款 124444 元、被告人王某某非法经营款 121070 元、被告人黄某某非法经营款 100992 元和李某非法所得款 13200 元,依法予以追缴没收,上缴国库。

┃案件分析┃

一、游戏外挂中的法律问题

本案涉案行为系制作销售和单纯销售游戏"外挂"。外挂是指非官方(授权）主体针对某个或者某些游戏程序所设定的,具有挂接游戏客户端以及修改、复制原游戏程序及相关程序等功能,从而影响游戏用户在游戏中的进程,并且会造成权利人损害的程序。① 我国 2003 年出台的《通知》并未区分"私服"与"外挂",对二者进行了笼统的概括和定义,在司法实践中也存在大量混淆这两个问题的情况。实际上,无论是从技术层面还是从法律层面,这两类问题都存在很大的差异,不过在侵犯著作权的问题上确实也存在一定的共通之处。需要提前说明的是,模拟在电脑、手机等设备上进行点击的"脚本"不属于在此讨论的法律意义上的"外挂",因为其并未违规利用游戏的源代码或计算机程序外的其他内容,仅仅是代替用户做出点击等符合游戏规则的操作,即便游戏运营商出于运营游戏的目的禁止玩家使用脚本,但对于脚本的制作、销售和使用行为等都并非刑法应当规制的对象。

对于外挂问题,首先应当依据外挂所使用的计算机程序代码及其实现的功能对外挂本身进行类型划分,因为这将影响外挂是否有可能涉及著作权侵权;其次应当依据使用外挂的不同行为进行划分,因为即便是涉及著作权侵权的外挂,不同的使用行为也可能满足不同罪名中犯罪行为的客观要件。

(一)依据代码或功能区分外挂本身

对于可能涉及侵犯著作权罪的部分,游戏外挂与游戏私服问题的判断逻辑基本上是相同的。因此,以下讨论同样基于两个前提②:第一,区分游戏中计算机程序代码与计算机程序外的其他内容(如游戏画面、游戏音乐等),二者均应当受到著作权所保护,对侵犯前者著作权的行为可以进行刑事制裁已无争议,对侵犯后者著作权的行为在满足其他条件时能否进行刑法规制尚存争议,但刑法实务界已出现许多此类案例;第二,侵犯著作权罪中的"复制发行",经由《解释(一)》等司法解释,已经被扩张解释为包含信息网络传播行为。

第一,某些外挂对于相关游戏中的计算机程序代码进行了复制。虽然外挂的制作和运行的过程中,复制的原始游戏的计算机程序代码内容或程度可

---

① 参见王燕玲:《论网络游戏中"外挂"之刑法规制》,《法律适用》2013 年第 8 期。

② 详细论述参见本书"郑某某等侵犯著作权案"案件分析。

能存在区别,但为了完成其修改游戏数据的目的,大部分外挂都会涉及对相关游戏中受著作权法保护的计算机软件代码的主要或核心内容进行复制。① 例如在"余刚等侵犯著作权案"②中,经鉴定,涉案外挂程序和样本《龙之谷》游戏客户端程序的文件目录结构相似度为84.92%,文件相似度为84.5%,两者存在实质性相似。因此,向公众传播此类游戏"外挂"与运营游戏"私服"一样,都涉及对计算机软件程序的复制和信息网络传播,在此罪的构成上并无太大差异。不过在许多案件(例如本案)中,法院通过对于外挂程序代码和游戏程序代码的司法鉴定也得出了二者存在实质性相似的结论,但未明确在判决书中写出二者的相似程度,这或许是司法实务在判定此类案件时应当完善的。还需要说明的是,由于游戏外挂通常会额外加入许多游戏代码,因为并不需要外挂整体代码与游戏都构成实质性相似,只需存在达到一定量的实质性相似部分即可,正如在一本书的一个章节中完全复制他人另一本书中的某一章节,也同样构成对复制权的侵犯。

第二,某些外挂对于相关游戏中的计算机程序代码外的部分内容进行了复制。例如有些外挂具有修改游戏时装外观等功能,将此装备的外形替换为彼装备的外形,使得玩家能够在未购买相应付费时装的情况下即可享受相应的游戏内容。虽然对复制发行计算机程序代码外的部分内容行为在满足其他条件时能否进行刑法规制尚存争议,但由于民刑学界与实务界都开始逐渐意识到一些特殊的游戏元素能够独立受到著作权保护,如游戏整体画面、游戏背景音乐等,对于此类外挂是否能够构成具有刑事可责性的著作权侵权行为是值得思考的。即便此类外挂也可能因存在对计算机程序代码的复制而不影响入罪与否,但至少会对量刑产生一定影响。因为单独复制游戏的程序代码并进行传播,满足一定条件时已经足以构成侵犯著作权罪;那么架设、运营游戏私服的行为,在违法传播游戏程序代码的基础上还违法传播了游戏中计算机程序代码与程序外的其他内容,将后者视为量刑情节之一是具有一定正当性的。

---

① 参见寿步、黄毅峰、李勇、朱凌:《外挂程序相关法律关系分析》,《电子知识产权》2005年第9期。

② 参见上海市徐汇区人民法院(2011)徐刑初字第984号刑事判决书。

游戏外挂既有可能同时涉及对计算机程序代码的复制和对计算机程序代码外内容的复制，也可能仅涉及其中之一。而且，不排除有些游戏外挂的代码内容与游戏计算机程序代码完全不构成实质性相似，这类游戏则不涉及侵犯著作权罪，但依具体功能和技术手段可能涉及提供侵入、非法控制计算机信息系统程序、工具罪。当然，由于外挂通常并非完全复制游戏程序代码或其他内容，还会针对不同的目的对其做一些修改，这其中可能还会涉及对于改编权的侵害，但由于我国刑法和相关司法解释中都未明确将侵犯改编权的行为作为刑法规制的对象，这暂时并非本罪或是著作权刑事保护所要考虑的范畴。

（二）依据构成的罪名区分使用外挂的行为

即便对于那些在代码和功能上可能侵犯著作权的外挂，使用这类外挂的行为也并不一定都涉及对公众的传播，因为不同的外挂类型和使用外挂的行为都可能会产生不同的后果。因此，对于"外挂"行为的定罪问题，应当依据外挂种类和使用行为的不同类型进行区分，对应不同的罪名。接下来在本小节中探讨的"外挂"均指可能涉及著作权侵权的外挂。

根据不同的使用方式，外挂行为主要可以分为以下几种类型：第一，制作外挂软件并出售牟利；第二，单纯出售外挂程序牟利；第三，利用外挂程序为他人有偿代练；第四，为自己或他人赚取具有财产价值的虚拟物品。这几种行为具体样态各异，若试图用一个罪名予以涵括，与刑法调整的精确性相差甚远。[1] 这也是我国目前对于"外挂"的法律规制较为混乱的原因，因为不同的外挂行为将产生不一样的法律效果，需要依据外挂的功能和技术实现方式、利用外挂的行为类型等分别讨论。

第一，制作并销售外挂的行为，大多能够构成侵犯著作权罪中的"复制发行"。[2] 正如前文所言，虽然在外挂的制作和运行的过程中，复制的原始游戏的计算机程序代码内容或程度可能存在区别，但为了完成其修改游戏数据的目的，大部分外挂都会涉及对相关游戏中受著作权法保护的计算机软件代码

---

① 参见俞小海：《网络游戏外挂行为刑法评价的正本清源》，《政治与法律》2015 年第 6 期。
② 参见黑龙江省大庆市龙凤区人民法院（2017）黑 0603 刑初字第 258 号刑事判决书、湖北省恩施土家族苗族自治州中级人民法院（2018）鄂 28 刑终字第 42 号刑事裁定书、湖北省罗田县人民法院（2017）鄂 1123 刑初字第 2 号刑事判决书等。

的主要或核心内容进行复制,①此类外挂属于可能涉及著作权侵权的外挂。而通过网络销售此类外挂必然会涉及信息网络传播权的权利内容。因此,制作并销售这类外挂行为应当构成侵犯著作权罪中的"复制发行",这与运营游戏"私服"行为可能构成侵犯著作权罪的判断逻辑一致。当然,依据《最高人民法院、最高人民检察院关于办理侵犯知识产权刑事案件具体应用法律若干问题的解释(二)》(本文简称《解释(二)》)和对其的合理解释,以发行为目的的复制也足以构成刑法第二百一十七条所规制的行为,因而如果侵权人尚未进行销售和传播但已制作外挂并经查明确有传播目的,仍可构成此罪。

第二,单纯出售外挂程序牟利,该行为可能构成《刑法》第二百一十八条规定的销售侵权复制品罪。从立法目的而言,两罪区分的实益在于罪数问题:若销售因自身侵犯著作权的行为产生的复制品,属于实施刑法第二百一十七条"复制发行"行为的事后不可罚行为,整体构成一罪;而第二百一十八条规定的是单纯的销售侵权复制品的情形,此罪所指的侵权复制品独立于产生该侵权复制品的"复制发行"行为,无论该侵权复制品来源为何。因此,第二百一十八条的"销售"行为发生于"发行"之后,第二百一十七条"发行"包含的"销售"形式乃是"发行"本身。② 结合前述分析,单纯出售外挂程序牟利应当涉及销售侵权复制品罪,而无涉侵犯著作权罪。需要注意的是,如果销售外挂者与制作外挂者存在事前合谋,那么其行为则不是单纯的出售外挂,而是制售外挂的共同犯罪行为。例如在"吴某某等侵犯著作权、销售侵权复制品案③"中,虽然仅有汪某、常某1两名被告参与制作外挂,常某某2未参与制作仅销售了外挂,但三人存在有关制作并销售外挂的事前通谋,只是分工不同,构成侵犯著作权罪的共同犯罪;而同案中的另外两名被告陶某某1和陶某某2与外挂制作人没有事先同谋,仅是以营利为目的,明知外挂程序侵犯游戏软件著作权人权利,仍然参与销售且违法所得巨大,不构成侵犯著作权罪的共同犯

---

① 参见寿步、黄毅峰、李勇、朱凌:《外挂程序相关法律关系分析》,《电子知识产权》2005年第9期。

② 参见张远煌、余耗:《论刑法中"销售"与"复制发行"之关系》,《中国刑事法杂志》2011年第6期。

③ 参见成都高新技术产业开发区人民法院(2015)高新知刑初字第2号判决书。

罪,而构成销售侵权复制品罪。需要注意的是,在目前的刑法条文下,单纯出售外挂程序应当定销售侵权复制品罪还是提供侵入、非法控制计算机信息系统程序、工具罪,确实尚有商榷的空间,将在下文阐述。

第三,利用外挂程序为他人有偿代练。由于这类行为不涉及获取游戏源代码、制作或是传播外挂,因而无涉知识产权类犯罪。但是,在使用外挂的过程中,由于其会违反相关权利人的意愿,规避或突破游戏计算机信息系统的技术保护措施,依据外挂的不同功能和运行方式,在一定条件下可能构成非法获取计算机信息系统数据罪[1]或破坏计算机信息系统罪[2]。因此,如果使用自己制作或单纯销售的外挂进行此类行为,后果严重的,应该结合前文所述内容进行数罪并罚;而如果使用他人制作、销售的外挂进行此类行为,后果严重的,应当仅依据外挂的功能和运行方式,以非法获取计算机信息系统数据罪或破坏计算机信息系统罪中的一罪论处。需要说明的是,如果是在制作并销售外挂的过程中,为了测试外挂而短暂使用,该测试性短暂使用的行为一方面因以制作并销售外挂为目的而应被后行为吸收,另一方面使用未达到后果严重的程度,因此应基于制作并销售外挂的行为仅论一罪。

第四,利用外挂程序为他人或自己赚取具有财产价值的虚拟物品。由于将非法获取他人虚拟财产的行为认定为财产犯罪具有合理性,[3]依据外挂的具体功能和运作模式,这种行为将构成盗窃罪与非法获取计算机信息系统数据罪或破坏计算机信息系统罪的想象竞合,应当择一重罪论处。

(三)制作销售、单纯销售游戏外挂行为涉及的罪名竞合

1. 与非法经营罪

制作销售、单纯销售游戏外挂行为都会涉及侵犯著作权类犯罪。与游戏私服问题一样,这两类行为在司法实务中也时常被认定为构成非法经营罪,在一般情况下同样是不甚合理的做法,因为一方面侵犯知识产权罪和销售侵权

---

[1]　例如,仅通过外挂获取服务器端已存储、处理或传输,但受权限限制未发送给客户端的数据内容(参见《中华人民共和国刑法》第二百八十五条)。

[2]　大部分外挂会涉及对计算机系信息系统功能、数据、应用程序等的删除、修改、增加、干扰,属于此罪规定的行为(参见《中华人民共和国刑法》第二百八十六条)。

[3]　参见张明楷:《非法获取虚拟财产的行为性质》,《法学》2015年第3期。

复制品罪都分别与非法经营罪存在交叉关系，无论将其认为法条竞合或是想象竞合，都不能直接认定这类犯罪行为仅构成非法经营罪一罪；另一方面知识产权刑事保护需要对侵犯著作权类犯罪行为定性、刑罚适用、数据统计等问题保持一致性，对于能够认定为侵犯著作权类罪名的行为，应当尽量避免将其认定为非法经营罪。[①]

但是，司法实务中将制作销售、单纯销售游戏外挂行为认定为非法经营罪而非侵犯著作权类犯罪的案例有很多，[②]且远远多于将架设、运营游戏私服行为认定为非法经营罪的案例。这有多方面原因：第一，正如前文分析，有些外挂确实可能无涉著作权侵权。第二，由于非法经营罪的法定刑的上限要高于侵犯著作权罪，对于某些情节过于严重的游戏外挂行为而言，适用侵犯著作权罪而不适用非法经营罪将达到罪刑不相适应的后果。第三，认定侵犯著作权罪需要对游戏外挂和游戏程序的计算机程序代码或其他部门进行详细的司法鉴定，并非所有侦查机关和公诉机关在处理外挂案件时都会进行这项工作，例如在"谈某某等非法经营案"[③]中，一审法院将被告制售游戏外挂的行为认定为侵犯著作权罪，但二审法院指出该案证据只能证明涉案外挂软件在运行中突破了涉案游戏软件的技术保护措施并修改数据和调用函数，无法认定被告进行了"复制发行"；或者一些法院始终要求外挂整体要与游戏整体的计算基础程序代码构成相似，未认识到复制部分代码达到一定量也已经构成著作权侵权；而且对公诉机关和法院而言，即便不认定著作权侵权，论证制售或单纯销售外挂构成非法经营罪也是较为容易的。

对于第一类情况而言，直接认定该类行为构成非法经营罪而无涉侵犯著作权类犯罪是合理的；对于第二类情况而言，在认定该类行为构成非法经营罪

---

① 详细论述参见本书"郑某某等侵犯著作权案"案件分析。另参见《最高人民法院、最高人民检察院关于办理侵犯知识产权刑事案件具体应用法律若干问题的解释（二）》第二条第三款、《最高人民法院、最高人民检察院、公安部关于办理侵犯知识产权刑事案件适用法律若干问题的意见》第十二条等。

② 参见江苏省盐城市中级人民法院（2017）苏09刑终字第22号刑事裁定书、江苏省淮安市中级人民法院（2016）苏08刑终字第87号刑事裁定书等。

③ 参见北京市海淀区人民法院（2006）海法刑初字第1750号刑事判决书、北京市第一中级人民法院（2007）一中刑终字第1277号刑事判决书。

和侵犯著作权类犯罪的竞合后,择重罪非法经营罪论处也是有合理性的;但对于第三类情况而言,侦查机关、公诉机关和法院都不应当忽视对于游戏外挂与游戏中的可版权性内容的比对,因为倘若该制售或单纯销售外挂确实能够构成著作权侵权类犯罪,情节又没有严重到必须适用非法经营罪量刑的程度,则不应当将其认定为非法经营罪。

2. 与提供侵入、非法控制计算机信息系统程序、工具罪

在制作销售、单纯销售游戏外挂这两类行为中,外挂制作者与传播者并未直接实施对游戏数据的获取和破坏行为,而实际利用外挂进行游戏的用户往往达不到"情节严重"的定罪标准,因而依据共犯的从属性原理,外挂制作者与传播者的这两类行为一般不会构成非法获取计算机信息系统数据罪和破坏计算机信息系统罪。但是,销售帮助游戏用户非法侵入和非法控制(局部)游戏系统的恶性外挂的行为,可能构成提供侵入、非法控制计算机信息系统程序、工具罪,因为构成此罪虽要求犯罪情节,但是要求的是"帮助"的情节严重(例如销售的数量、范围、违法所得等)①而非游戏用户使用的情节严重。

这样看来,如果以涉案外挂是能够非法侵入和非法控制(局部)游戏系统的恶性外挂为前提,制作销售外挂行为涉及侵犯著作权罪与提供侵入、非法控制计算机信息系统程序、工具罪的竞合,但由于两罪法定量刑区间相同,无论认为二者属于法条竞合还是想象竞合,最终都可以直接按照侵犯著作权罪定罪量刑;但单纯销售外挂的行为就涉及销售侵权复制品罪与提供侵入、非法控制计算机信息系统程序、工具罪的竞合,但构成前罪需要"数额巨大",构成后罪仅需"情节严重",且后罪的法定刑高于前罪,加之无司法解释对此情况进行限定,在某些情况下将单纯销售外挂的行为认定为提供侵入、非法控制计算机信息系统程序、工具罪也不无道理。②

二、本案案情分析

本案涉及两项共同犯罪,二者构成的罪名存在区别,理应进行区分。

---

① 参见《最高人民法院、最高人民检察院关于办理危害计算机信息系统安全刑事案件应用法律若干问题的解释》第三条。

② 2018 年的"王者荣耀"外挂案为此类案件的典型(参见刘某某提供侵入、非法控制计算机信息系统程序、工具案,江苏省江阴市人民法院(2018)苏 0281 刑初字第 184 号刑事判决书)。

第一，被告蔡某某、熊某某、王某某以营利为目的，未经著作权人许可，复制发行其计算机软件，且违法所得数额已达到《解释（一）》第五条①所要求的情节严重标准，且四人均存在事前通谋与分工合作，构成侵犯著作权罪的共同犯罪。在量刑问题上，获取游戏源代码并开发和销售外挂程序的蔡某某系主犯，负责销售的熊某某、王某某系从犯，应考虑被告在共同犯罪中起到的不同作用；②蔡某某、王某某、熊某某归案后认罪态度较好，积极退赃，可从轻和酌情从轻处罚；熊某某在刑罚执行完毕后五年内，再犯应当判处有期徒刑以上刑罚之罪，系累犯，应当从重处罚。有关这部分内容，除了未援引《解释（一）》中有关信息网络传播的条款外，法院的定罪与量刑均较为准确。

第二，被告黄某某、熊某某之间仅存在销售外挂的事前同谋和共同犯罪行为，涉及的外挂系黄某某从他人处获取的，应当认定为销售侵权复制品罪或提供侵入、非法控制计算机信息系统程序、工具罪的共同犯罪，而不应认定为侵犯著作权罪。因此，除了未援引《解释（一）》中有关信息网络传播的条款外，法院对这部分内容在定罪和量刑上还存在一定瑕疵。

此外，被告黄某某在此行为外，还违反国家有关规定，非法获取公民个人信息，情节严重，构成侵犯公民个人信息罪；黄某某在缓刑考验期限内犯新罪，应当撤销缓刑，且一人犯数罪，应数罪并罚；归案后，黄某某、熊某某认罪态度较好，可酌情从轻处罚。法院对于黄某某的该罪名和黄某某、熊某某的其他量刑情节均认定无误。

综上所述，本文对于蔡某某、熊某某、王某某三人构成侵犯著作权罪的共同犯罪和黄某某构成侵犯公民个人信息罪，在定罪和量刑上均判断无误；对于被告黄某某、熊某某之间的共同犯罪行为判断有误，二者应当构成销售侵权复制品罪或提供侵入、非法控制计算机信息系统程序、工具罪的共同犯罪，而不应认定为侵犯著作权罪。

（作者：丛立先　刘乾）

---

① 参见《最高人民法院、最高人民检察院关于办理侵犯知识产权刑事案件具体应用法律若干问题的解释》第五条。
② 参见《中华人民共和国刑法》第二十六条、第二十七条。

以非知识产权罪名间接实现
著作权刑事保护：

晟品公司、侯某某等非法获取
计算机信息系统数据案

| **典型意义** |

在信息网络环境下,计算机信息系统的数据代码成了作品的载体,数据与以数据形式存储于服务器上的视频在计算机信息系统环境下存在同一性。由于计算机程序代码和电子数据也是受到著作权法或其他法律保护的对象,对于网络环境中作品的犯罪行为可能同时触犯侵犯著作权罪及其他与计算机信息系统数据相关的罪名。因此,以非知识产权罪名间接实现著作权刑事保护是现实可行的,这不仅涵盖了对于信息网络环境中的作品著作权的保护,也能够涵盖那些无涉著作权但受其他法律保护的电子数据,相较于侵犯著作权罪而言规制范围更大也更全面。本案涉及非法获取计算机信息系统数据罪和侵犯著作权罪的竞合,认定了被告通过技术手段破解防抓取措施,并对视频内容、用户评论等数据进行抓取并存储行为的犯罪性质;法院还通过受害公司损失技术服务费考察犯罪情节,作为定罪量刑的标准。本案对我国司法实务处理类似的未经许可盗取承载着作品内容的计算机信息系统数据的案件具有重要的参考价值,对学术界研究侵犯著作权罪与其他罪名的竞合与衔接等问题也具有很重要的意义。

| **裁判要旨** |

一、通过技术手段破解防抓取措施、绕过服务器的身份校验等,抓取他人服务器中存储的视频数据、视频列表、分类视频列表、相关视频及评论等内容并存储于自身服务器上的行为,情节严重的,构成非法获取计算机信息系统数

据罪。此外,本案被告的行为造成被害单位损失技术服务费人民币两万元,即造成经济损失一万元以上,已满足"情节严重"的要求。

二、本案满足单位犯罪的条件,应当对单位判处罚金,并对其直接负责的主管人员和其他直接责任人员,依照非法获取计算机信息系统数据罪各款的规定进行处罚。在量刑时,应当综合考虑被告如实供述犯罪事实、赔偿被害单位并取得谅解、共同犯罪中各罪犯所起到的作用等因素进行综合评价。

| 案情介绍 |

（2017）京 0108 刑初字第 2384 号

本案被告单位上海晟品网络科技有限公司（本文简称晟品公司）系有限责任公司,经营计算机网络科技领域内的技术开发、技术服务、电子商务、电子产品等业务。被告人张某某系晟品公司法定代表人兼 CEO,负责公司整体运行;被告人宋某于 2016 年 8 月至 2017 年 2 月任职于晟品公司,担任联席 CEO,系产品负责人;被告人侯某某于 2016 年 8 月至 2017 年 2 月任晟品公司 CTO,系技术负责人;被告人郭某系晟品公司职员。

被告人张某某、宋某、侯某某经共谋,于 2016 年至 2017 年间采用技术手段抓取被害单位北京字节跳动网络技术有限公司（本文简称字节跳动公司）服务器中存储的视频数据,并由侯某某指使被告人郭某破解字节跳动公司的防抓取措施,使用"tt_spider"文件实施视频数据抓取行为,造成被害单位字节跳动公司损失技术服务费人民币两万元。

经鉴定,"tt_spider"文件中包含通过头条号视频列表、分类视频列表、相关视频及评论三个接口对今日头条服务器进行数据抓取,并将结果存入到数据库中的逻辑。在数据抓取的过程中使用伪造 device_id 绕过服务器的身份校验,使用伪造 UA 及 IP 绕过服务器的访问频率限制。2017 年 2 月 27 日,被告人宋某、侯某某被公安机关抓获;3 月 4 日,被告人张某某、郭某被公安机关抓获。后四人均如实供述了上述事实。本案审理期间,鉴于被告人张某某、宋某、侯某某、郭某真诚悔罪、认罪,坦白相关犯罪事实,被害单位字节跳动公司出具刑事谅解书,对被告人张某某、宋某、侯某某、郭某的行为表示谅解。

裁判理由

法院认为，被告单位晟品公司违反国家规定，采用技术手段获取计算机信息系统中存储的数据，情节严重，其行为已构成非法获取计算机信息系统数据罪，应予惩处。被告人张某某、宋某、侯某某作为直接负责的主管人员，被告人郭某作为其他直接责任人员，亦应惩处。被告人宋某、侯某某在本案中所起的作用相当，但相对被告人张某某较小，被告人郭某较之宋某、侯某某作用次之，在量刑时酌情考虑。

鉴于被告单位晟品公司及被告人张某某、宋某、侯某某、郭某能够如实供述自己的犯罪事实，违法性认识不足，认罪态度较好；被告人张某某、宋某、侯某某、郭某已获得被害单位谅解，加之本案适用认罪认罚从宽制度，故法院依法对其均从轻处罚，并对张某某适用缓刑。被告人张某某、宋某、侯某某、郭某的辩护人的辩护意见，本院酌予采纳。对被告人张某某依照《中华人民共和国刑法》第二百八十五条第二款、第四款，第三十条，第三十一条，第六十七条第三款，第七十二条，第七十三条第二款、第三款，第五十三条之规定，对被告单位上海晟品网络科技有限公司及宋某、侯某某、郭某依照《中华人民共和国刑法》第二百八十五条第二款、第四款，第三十条，第三十一条，第六十七条第三款，第五十三条，判决如下：第一，被告单位上海晟品网络科技有限公司犯非法获取计算机信息系统数据罪，判处罚金人民币二十万元；第二，被告人张某某犯非法获取计算机信息系统数据罪，判处有期徒刑一年，缓刑一年，罚金人民币五万元；第三，被告人宋某犯非法获取计算机信息系统数据罪，判处有期徒刑十个月，罚金人民币四万元；第四，被告人侯某某犯非法获取计算机信息系统数据罪，判处有期徒刑十个月，罚金人民币四万元；第五，被告人郭某犯非法获取计算机信息系统数据罪，判处有期徒刑九个月，罚金人民币三万元。

案件分析

在互联网环境下，许多作品以数据的形式被存储于服务器中，这使得许多网络犯罪行为可能兼具对著作权与其他有关数据信息的法益的侵害。如何合理地对这些行为进行认定并定罪量刑，便成了互联网时代刑事司法的一个重要问题。

一、非法获取计算机信息系统数据、非法控制计算机信息系统罪

规定于《刑法》第二百八十五条第一款的"非法获取计算机信息系统数据、非法控制计算机信息系统罪"，指自然人或者单位违反国家规定，侵入国家事务、国防建设、尖端科学技术领域的计算机系统①以外的计算机信息系统或者采取其他技术手段，获取该计算机系统中存储、处理或者传输的数据，或者对该计算机系统实施非法控制，情节严重的行为。该罪名属于选择性罪名，涉及"获取该计算机信息系统中存储、处理或者传输的数据"和"对该计算机信息系统实施非法控制"两项行为。在实施相关犯罪行为时，行为人既可能单独使用两种手段之一，也可能同时使用。

在讨论本案的具体情况前，首先有必要明确关于此罪名的几个问题：

第一，本罪中的"违反国家规定"指的是获取行为本身的违法性而非获取手段的违法性，②且应该是指违反全国人大及其常委会制定的法律和决定，国务院制定的行政法规、规定的行政措施、发布的决定和命令等，而不是指国家通过该法规建立起的对于一整套抽象的计算机信息系统安全保护制度。③这其中自然应当包括全国人大常委会制定的《关于维护互联网安全的决定》第三条第(三)项"利用互联网侵犯他人知识产权"和第四条第(二)项"非法截获他人其他数据资料"的规定，因此，本罪涉及的犯罪行为有可能与侵犯著作权罪或侵犯商业秘密罪产生竞合。

第二，不论是"侵入"或是"采用其他技术手段"，本罪所涉及的都是在未得到计算机信息系统控制人或权利人许可的情况下，违背其意思进入其计算机信息系统的行为，这不仅包括进入无权访问的信息系统本身，也应当包括已被授权访问系统中特定数据内容的用户，对禁止其访问的数据内容进行越权

---

① 参见《中华人民共和国刑法》第二百八十五条第一款。

② 参见李遐桢、侯春平：《论非法获取计算机信息系统数据罪的认定——以法解释学为视角》，《河北法学》2014年第5期。

③ 参见孙玉荣：《非法获取计算机信息系统数据罪若干问题探讨》，《北京联合大学学报（人文社会科学版）》2013年第2期。

访问的行为。而只要是通过非法侵入方式或者其他技术手段，违反他人意志，获取他人计算机信息系统中存储、处理或者传输的部分数据或者全部数据的，均属于本罪的"获取"；获取后是否利用该数据，不影响本罪的成立。①

第三，本罪属情节犯，要求相关行为情节严重才构成犯罪，可依据《最高人民法院、最高人民检察院关于办理危害计算机信息系统安全刑事案件应用法律若干问题的解释》第一条②进行判明。需要指出的是，该条所指的"经济损失"应当包括危害计算机信息系统犯罪行为给用户直接造成的经济损失，以及用户为恢复数据、功能而支出的必要费用。③

二、本案定罪问题

在犯罪主体问题上，由于刑法明文规定本罪包括单位犯罪，本案涉案行为由被告人张某某（被告公司法定代表人兼 CEO）、被告人宋某（被告公司联席 CEO、产品负责人）、被告人侯某某（被告公司 CTO，技术负责人）共谋后作出，综合被告单位的业务内容，可以认定涉案行为由单位的决策机构按单位的决策程序决定，由直接责任人员实施，且表现为为本单位谋取非法利益，④满足单位犯罪的条件。因此，本案被告人应为涉案单位、直接负责的主管人员及其他直接责任人员，⑤即被告公司、前述三名被告及执行公司决策实施犯罪行为的被告人郭某，五名被告构成共同犯罪。

在犯罪行为问题上，第一，本案被告破解受害单位的防抓取措施，并在数据抓取的过程中使用伪造 device_id 绕过服务器的身份校验，使用伪造 UA 及 IP 绕过服务器的访问频率限制，这样的行为明显违反受害单位的意愿，系利

---

① 张明楷：《刑法学》（第五版），法律出版社 2016 年版，第 1047 页。

② 《最高人民法院、最高人民检察院关于办理危害计算机信息系统安全刑事案件应用法律若干问题的解释》第一条第一款："非法获取计算机信息系统数据或者非法控制计算机信息系统，具有下列情形之一的，应当认定为刑法第二百八十五条第二款规定的'情节严重'：（一）获取支付结算、证券交易、期货交易等网络金融服务的身份认证信息十组以上的；（二）获取第（一）项以外的身份认证信息五百组以上的；（三）非法控制计算机信息系统二十台以上的；（四）违法所得五千元以上或者造成经济损失一万元以上的；（五）其他情节严重的情形。"

③ 张明楷：《刑法学》（第五版），法律出版社 2016 年版，第 1047 页。

④ 参见张明楷：《刑法学》（第五版），法律出版社 2016 年版，第 135 页。

⑤ 参见《中华人民共和国刑法》第三十一条有关"单位犯罪的处罚原则"的规定。

用技术手段破解他人计算机信息系统防御措施,进入其无权进入的计算机信息系统的行为,应当构成前文所述的"侵入";第二,被告使用"tt_spider"文件实施视频数据抓取行为,对受害单位的相关软件服务器中的视频列表、分类视频列表、相关视频及评论等数据进行抓取,并将结果存入到其自身数据库中,应当构成前文所述的"获取";第三,法院最终认定被告的行为造成被害单位损失技术服务费人民币两万元,即造成经济损失一万元以上,虽然并未对涉及犯罪情节的其他事实予以查明,但已满足前述的"情节严重"要求。

需要指出的是,本案存在与侵犯著作权罪发生竞合的犯罪行为。在本案被告非法获取的数据中,不仅包括数据列表、用户评论①等无涉被害人著作权的内容,也包括对被害人享有著作权的视频内容的抓取。由于数据与以数据形式存储于服务器上的视频在计算机信息系统环境下存在同一性,本案被告获取相关数据的行为,起码属于未经许可复制被害人享有著作权的视频内容,构成民事法律意义上对于相关作品复制权的侵害。而且,虽然法院在判决书中未认定相关内容,但考虑到被告的公司性质、经营范围及其自身也运营短视频平台等情形,通过对相关证据的考察认定其行为是否属于"有发行目的复制"②是可行的。因此,若查明事实后能满足该条件,本案有关获取视频数据的犯罪行为有可能构成非法获取计算机信息系统数据罪与侵犯著作权罪的竞合;且不论是否查明发行目的,该案犯罪行为也已经涉及对著作权民事权利的侵犯。

但是,从案件实际情况而言,除了未明确分析两罪竞合的问题外,本案检察院选用非法获取计算机信息系统数据罪进行起诉也有其合理性。首先,本案除了对于具有著作权的视频内容的非法获取外,还包含对于其他数据内容的获取,侵犯著作权罪不能涵盖本案被告所有的犯罪行为;而且即便考虑罪名的竞合,也将产生适用罪责较重的非法获取计算机信息系统数据罪的结果。其次,在证据法的意义上,两罪所要求的证据略有不同,例如若以侵犯著作权罪起诉还需要对被盗取的视频内容、数量、权利归属等多方面

---

① 参见(2015)浦民三(知)初字第 528 号;(2016)沪 73 民终 242 号。
② 参见侯艳芳、何亚军:《侵犯著作权罪界限划定疑难问题探析》,《法学杂志》2008 年第 6 期。

进行综合的分析取证，从侦查难度、取证技术等角度而言，选取非法获取计算机信息系统数据罪处理本案的相关问题或许更为实际。总之，本案最终定罪的罪名虽然并不是知识产权类犯罪，但不仅间接保护了受害人的知识产权，还为信息网络环境下对于以数据形式存在的作品如何进行刑事保护提供了重要的思路。

三、本案量刑问题

第一，本案被告在被公安机关抓获后，均如实供述了前述犯罪事实。在《刑法修正案（八）》出台后，坦白属于法定的从宽处罚情节，依据《刑法》第六十七条第三款，"犯罪嫌疑人虽不具有前两款规定的自首情节，但是如实供述自己罪行的，可以从轻处罚；因其如实供述自己罪行，避免特别严重后果发生的，可以减轻处罚"。

第二，本案中，五名被告人构成共同犯罪，且系单位犯罪，依照本案所定罪名的法律条文规定，应对单位判处罚金，并对其直接负责的主管人员和其他直接责任人员，依照该罪各款的规定处罚。虽然本案中被告皆为实行犯，但就对犯罪行为起到的作用而言，被告人宋某、侯某某作用相当，但相对被告人张某某较小，被告人郭某较之宋某、侯某某作用次之，因此法院在量刑时予以酌情考虑。

第三，本案中的被告人积极赔偿被害人的损失，并取得了被害人的谅解，在综合考虑犯罪性质、赔偿数额、赔偿能力以及认罪、悔罪等情况后，可以减少基准刑的40%以下。①

综合而言，就本案的现有证据来看，法院在量刑方面的裁判较为合理，但由于检察院对于犯罪情节的指控仅基于被害单位损失的技术服务费，未提及被告获取数据的数量、违法所得等其他判定获取计算机信息系统数据罪情节程度的因素，本案量刑可能还会因这些方面的证据产生应当调整的空间。

综上所述，本案不仅使用非知识产权罪名间接解决了刑法保护著作权的

---

① 参见《最高人民法院关于常见犯罪的量刑指导意见》第九条。

问题,还对于计算机信息系统下对数据的犯罪行为作出了更为合理的判断,因此对于信息技术时代我国有关数据和以数据形式存储的作品的刑事保护问题提供了重要的思路。

（作者：丛立先　刘乾）

行　政

XINGZHENG

- 计算机软件作品构成商业秘密的认定
- 未经许可传播金融资讯类作品
- 数字图书馆非法复制、发行、传播他人作品
- 利用 VR 技术传播盗版影视作品
- 行政处罚与刑事制裁的衔接

计算机软件作品构成商业秘密的认定：

牟乾公司诉上海静安市场监管局行政处罚纠纷案

| 典型意义 |

知识产权行政保护和司法保护的"双轨制"是我国富有特色和成效的知识产权保护模式。本案中,法院依法撤销行政机关作出的处罚决定,充分体现了知识产权保护的"司法主导",维护了行政相对人的合法利益。作为知识产权保护最有效、最根本、最权威的手段,知识产权权利人日益把司法保护作为维护权益最值得信赖的途径,而提高知识产权司法保护的可预期性和导向性是发挥司法保护主导作用的客观要求。本案法院的判决明确了保护计算机软件作品的规则。另外,鉴于实践中对商业秘密认定的复杂性和困难性,本案法院严格要求行政机关的举证责任,对规范行政机关涉商业秘密的执法和计算机软件作品的保护具有重大指导意义。

| 裁判要旨 |

计算机软件的相关权利既可以成为著作权法的保护对象,也可以通过反不正当竞争法中商业秘密的规定予以保护。著作权法保护软件程序的表达,而反不正当竞争法保护软件程序中构成商业秘密的内容。其中,行政处罚侵犯商业秘密行为应以存在商业秘密为前提。商业秘密的构成应依照法律规定的要件认定而不以当事人约定为依据认定。商业秘密的构成要件之一"不为公众所知悉"是指有关信息不为其所属领域的相关人员普遍知悉和容易获得,当事人签订保密协议只满足了采取保密措施的条件,不足以认定符合"不为公众所知悉"的条件。

| 案情介绍 |

上海知识产权法院(2016)沪 73 行初第 1 号

上海市高级人民法院(2016)沪行终第 738 号

本案原告(二审被上诉人)为上海牟乾广告有限公司(本文简称牟乾公司),被告(二审上诉人)为上海市静安区市场监督管理局(本文简称上海静安市场监管局),第三人(二审上诉人)为上海商派网络科技有限公司(本文简称商派公司)和酷美(上海)信息技术有限公司(本文简称酷美公司)。

2012 年 2 月 23 日,被告收到两名第三人的举报信,举报原告恶意高薪聘请第三人的员工,获取第三人的软件源代码、用户需求文档等,使其商业秘密遭受严重侵犯,同时该公司还有在网站上进行虚假宣传的违法行为,故要求予以查处。同时提交了公证书及经公证封存的存储有两名第三人主张保护的软件的光盘。被告接到举报后就此案的管辖上报市工商局。同年 3 月 20 日,市工商局批复(后又补充批复):将涉案行为交被告查办。同日,被告委托上海上信计算机司法鉴定所(本文简称上信司法鉴定所)对相关电脑的数据固定并与提供的公证处封存光盘数据比对。3 月 21 日,被告工作人员及上信司法鉴定所人员到达原告办公场所,对其办公场所 8 台电脑中的数据进行固定和全盘镜像,对其公司网站及在新浪网的官方微博的相关页面进行了截屏打印,确定了来自两名第三人公司的人员名单,并进行了调查询问,遂予立案。

2012 年 7 月 13 日,上信司法鉴定所出具三份司法鉴定意见书,结论为:原告办公场所电脑中的文件可以认定的部分与第三人提供的 Ecstore、分销王、Ecshop、Shopex485 软件代码相同,可视为来自同一来源;并真实存在分销王软件产品开发文档需求说明书和 Ecstore 软件数据库结构文档等文档。应被告要求,市软件行业协会先后两次提交了关于对软件行业相关专业问题的书面解答和情况说明,主要内容为:第三人的软件源代码、数据库文件、需求说明书等是企业的主要资产,能为企业带来经济利益,其均未公开,不会为公众所知悉,属于商业秘密。

2012 年 10 月 8 日,被告将办案期限扣除鉴定期间后,延长至 2012 年 11 月 14 日。同年 11 月 14 日,被告向原告送达行政处罚听证告知书,并于同年

12月20日进行了听证。同月27日，被告召开办公会议讨论案件的第二次延期，决定同意将案件延期至2015年6月26日。会议记录显示参加人员含办案人员及听证主持人共9人，签字人为5位。2015年3月30日，被告再次向原告送达行政处罚听证告知书，并于2015年4月28日进行了听证。

经历两次听证和延期后，2015年6月25日，被告作出行政处罚决定，主要内容为：一、原告自2011年11月中旬起在其公司网站及官方微博上分别发布，其是"中国电子商务ERP软件第一品牌……""员工也扩大到今天的500人，其中技术服务人员300多人"等内容。该内容与事实不符，构成虚假宣传。鉴于其有改正情节，决定对原告作出责令停止违法行为、消除影响和罚款人民币1万元的处罚。二、两名第三人共同研发了Shopex、Ecshop（开源软件）、Ecstore、分销王、OME订单处理、淘打等电子商务类软件，2011年8月起，原告先后招聘两名第三人的原参与软件研发人员及大客户销售经理等6人，该6人都签有保密协议。原告办公场所的电脑中文件可认定部分与第三人Ecstore、分销王、Ecshop、Shopex485软件代码相同，真实存在部分开发文档，该电脑有被访问的记录，故构成获取、使用商业（技术）秘密的侵权。决定对原告作出责令停止违法行为，罚款人民币2万元的处罚。对原告上述两项行为作出责令停止违法行为，合并处罚3万元的行政处罚决定。

原告不服被告作出的行政处罚决定，向上海知识产权法院提出行政诉讼，诉称：被告对原告的行政处罚违法，没有管辖权，存在先调查后立案、违法延期、违法听证、违法鉴定等违反法定程序的行为；认定原告侵犯商业秘密的事实不清，仅以签订保密协议就认定是商业秘密，不符合法律规定；原告对虚假宣传行为已经及时整改，被告处罚过重。故诉请撤销被诉处罚决定。被告辩称：市工商局书面批复将本案交由被告管辖，本案执法程序合法；被告对原告虚假宣传、获取并使用第三人商业秘密行为的事实认定清楚，并已考虑具体情节而从轻处罚，法律适用正确。法院应驳回原告诉讼请求。两名第三人共同述称：被告行政处罚决定程序合法，事实清楚，适用法律正确。

一审经过审理，判决撤销被告作出的行政处罚决定中认定原告侵犯商业秘密所作的行政处罚决定，驳回原告的其余诉讼请求。一审判决后，被告及两名第三人均不服上海知识产权法院作出的判决，分别向上海市高级人民法院提起上诉。上诉法院经过审理，于 2017 年 3 月 1 日判决驳回上诉，维持原判。

┃裁判理由┃

上海市高级人民法院经审理认为，本案争议焦点主要在于：第一，涉案软件源代码、数据库结构文档和开发文档需求说明书是否存在商业秘密，以及牟乾公司是否使用了涉案软件源代码、数据库结构文档和开发文档需求说明书；第二，上海静安市场监管局认定牟乾公司侵犯商业秘密并作出行政处罚是否适当，执法程序是否合法；第三，原审法院在本案审理过程中是否存在程序违法之事实？

一、涉案软件源代码和文档是否存在商业秘密以及牟乾公司是否使用了涉案软件源代码和文档

一审法院认为被告对原告侵犯两名第三人商业秘密行为所作的行政处罚决定，事实不清，依据不足。关于这个问题，二审法院在判决中肯定了一审法院的认定，指出需要对涉案源代码及文档在整体上是否符合商业秘密的要件进行审查。

二审法院指出，上海静安市场监管局应当首先证明涉案软件源代码及文档处于"不为公众所知悉"的状态，即客观上无法从公共渠道直接获取。该要件作为认定商业秘密之首要要件，属于一个事实认定问题，不能仅仅从持有人已采取了保密措施即推定相关信息必然不为其所属领域的相关人员普遍知悉和容易获得。只有在其符合上述秘密性之要求后，行政机关才能进一步对于涉案信息是否具有价值性、实用性以及持有人是否采取了必要的保密措施作出认定，以确定本案是否存在商业秘密。

上海静安市场监管局在本案中提供的涉案证据包括三份《司法鉴定意见书》和市软件行业协会对软件行业相关专业问题的书面解答和情况说明。二审法院指出，《司法鉴定意见书》中的委托鉴定事项仅针对证据固定、鉴定对象的相关文件之内容比对以及文件之真实性鉴定，并未委托鉴定机构对涉案源程序及文档是否处于"不为公众所知悉"之状态进行鉴定。而在鉴定机构涉案三项鉴定的具体鉴定过程中，其也仅根据委托事项作出鉴定结论，并未认

定涉案源程序及文档是否"不为公众所知悉"。因此,三份《司法鉴定意见书》并未对涉案源代码及文档是否符合商业秘密的秘密性要求进行鉴定。此外,对于市软件行业协会出具的解答及补充情况说明,因其未针对涉案软件源代码及文档进行具体分析,仅以软件源代码和相关文档对软件企业之普遍重要性和价值性出发即认定其不为公众所知悉,同样缺乏事实基础,无法作为涉案源程序及文档构成商业秘密的认定依据。

鉴于本案三份鉴定意见及市软件行业协会的相关意见,均未能证实涉案源代码和文档不为公众所知悉。因此,一审法院和二审法院均认定上海静安市场监管局根据上述鉴定结论和意见,认定涉案源代码、数据库结构文档和开发文档需求说明书存在商业秘密,缺乏事实依据。

上海市高级人民法院认为,由于被诉行政处罚决定认定涉案源代码和文档构成商业秘密缺乏事实依据,故牟乾公司是否获取并使用了上述源代码及文档,在本案中已无审查必要。

二、行政处罚是否适当以及执法程序是否合法

关于执行程序是否合法之问题,一审法院和二审法院均指出,首先需要讨论管辖权的问题。根据《反不正当竞争法》第三条第二款的规定,县级以上人民政府工商行政管理部门对不正当竞争行为进行监督检查。本案中,涉案行为发生在上海市范围内,市工商局对此有权管辖,其也有权将相关涉嫌违法行为的查办指定其辖区内的下级工商行政管理部门管辖,故根据市工商局批复,上海静安市场监管局对所查办的涉案行为有管辖权。因此,该行政处罚案件并无不当管辖。

其次,对于行政调查行为先于行政处罚案件立案时间是否属滥用职权之问题,一审法院和二审法院指出,根据《工商行政管理机关行政处罚程序规定》第十七条的规定,工商行政管理机关应当自收到举报材料之日起七个工作日内予以核查,并决定是否立案,故静安市场监管局在接到举报后至现场核查,并在核查完毕后决定立案,并未违反上述法律规定。

再次,对于上海静安市场监管局办案取证范围是否超出虚假宣传案件取证范围之问题。二审法院指出,因两第三人的举报信同时涉及虚假宣传和商

业秘密行为,故上海静安市场监管局在办案取证时对涉及虚假宣传和商业秘密的相关证据均予核查,并无不妥。

另外,对于行政处罚办案期限问题,一审法院和二审法院均认定上海静安市场监管局在办案过程中因案情复杂,进行了两次延期,办理了相关延期手续,符合法律规定。至于在上海2012年12月27日办公会议记录上参与会议的9人中只有5人签名之情况,二审法院在一审法院的判决基础上进行了更为详细的论述:未签字之4人均系办案或汇报案情人员,即均系提出该案延长审理期限申请之人员,而非有权表决人员,故虽然其未在该记录上签字确有不妥,但并不影响原审法院对其申请延长该案办理期限之意思表示的认定及该延长手续合法性的判定。

对于鉴定程序是否合法之问题,二审法院认定,上海静安市场监管局就涉嫌商业秘密之专业事项,依职权委托具有司法鉴定资质的上信司法鉴定所进行专业鉴定之行为,未违反法律规定,也未侵害牟乾公司相关权益。对于上海静安市场监管局在听证过程中是否剥夺牟乾公司质证权利的问题,二审法院认定,2012年12月20日上海静安市场监管局听证笔录显示,被诉行政处罚决定所载明的证据均经牟乾公司质证,并不存在剥夺其质证权利的情况。

最后,关于涉案行政处罚是否适当的问题,原告在一审中诉称被告处罚过重。二审法院认为,由于涉案行政处罚所认定的事实系基于涉案司法鉴定意见和市软件行业协会相关解答而得出,而上述鉴定意见和解答并未对商派公司和酷美公司涉案源代码及文档是否符合"不为公众所知悉"之商业秘密要件进行审查,且其对检材的同一性、真实性进行的比对和认定亦不完整,故其结论无法作为认定涉案软件及文档构成商业秘密的依据。因此,上海静安市场监管局基于对涉案源代码和文档构成商业秘密之认定而作出的行政处罚,缺乏事实依据。

三、原审法院在审理过程中是否存在程序违法之事实

上诉人的上诉理由还涉及诉讼时效问题,二审法院指出,根据《行政诉讼法》第四十六条的规定,公民、法人或者其他组织直接向人民法院提起诉讼的,应当自知道或者应当知道作出行政行为之日起六个月内提出。本案中,上

海静安市场监管局于 2015 年 6 月 25 日作出被诉行政处罚决定;同月 30 日,该局将行政处罚决定书送达牟乾公司。因此,本案的诉讼时效应当为 2015 年 6 月 30 日至 2015 年 12 月 30 日。2015 年 12 月 24 日,闸北法院收到牟乾公司起诉材料,但 2015 年 12 月 31 日,该院书面告知牟乾公司向上海知识产权法院提起诉讼。2016 年 1 月 11 日,上海知识产权法院正式受理本案。因此,牟乾公司就本案提起行政诉讼未超出法定 6 个月的诉讼时效。

另对于牟乾公司提出一审第三人不具备二审上诉人资格之理由,二审法院认为,本案处理结果同该两公司存在法律上的利害关系,因此两公司对一审判决应当享有提起上诉的权利。本院依法确认其在二审程序中的诉讼地位为上诉人,并未违反行政诉讼法的相关法律规定。

| 案件分析 |

本案的起因在于商派公司、酷美公司举报牟乾公司存在侵犯其商业秘密以及进行虚假宣传的违法行为。上海静安市场监管局接到举报后启动了查处程序并对两项违法行为均作出了行政处罚。牟乾公司不服上海静安市场监管局作出的行政处罚决定,遂向上海知识产权法院提起行政诉讼。一审判决撤销行政处罚决定中认定原告侵犯商业秘密所作的行政处罚决定,驳回原告的其余诉讼请求。上海静安市场监管局和一审两第三人不服一审判决,随后向上海市高级人民法院提起上诉,而二审法院维持了一审判决。整个司法程序主要讨论了涉案软件源程序及文档是否构成商业秘密以及相关程序是否合法的问题。下文将对商业秘密的认定、行政处罚程序、计算机软件商业秘密保护与著作权保护的区别进行具体说明。

一、是否构成商业秘密应依法认定

商业秘密的构成是认定商业秘密侵权的必要前提,而判定是否构成商业秘密应当依照法律规定的构成要件予以认定,不应以当事人的约定为认定依据。由于本案的审结时间是 2017 年,所以关于商业秘密的认定适用的是 1993 年实施的《反不正当竞争法》。1993 年《反不正当竞争法》第十条第三款对商业秘密作了明确的定义,商业秘密必须具备不为公众所知悉、具有价值性和实用性、采取保密措施四个构成要件。2018 年新实施的《反不正当竞争法》第九条第三款,对商业秘密的含义作了重新界定:"不为公众所知悉、具有商业价值并经权利人采取相应保密措施的技术信息和经营信息"。与 1993 年旧法相比,新法将"能为权利人带来经济利益、具有实用性"改为"具有商业价值"。此种改变主要是因为旧法具有实用性的规定,在司法实践中产生了很多争议,何为实用性以及如何证明具有实用性给权利人的维权增加了不必要的负担,容易引发歧义和争议,因此新法使用"具有商业价值"替代。

而关于"不为公众所知悉"这一构成要件并未发生改变。根据《最高人民法院关于审理不正当竞争民事案件应用法律若干问题的解释》(本文简称《若干问题的解释》)第九条的规定,"不为公众所知悉"是指"有关信息不为其所属领域的相关人员普遍知悉和容易获得",即获得该项信息要有一定的难度或付出一定的代价。存在商业秘密是认定有关行为侵犯商业秘密的必要前提,当事人约定某些文件或者资料作为商业秘密,仅对当事人产生合同上的约束力,并不等于满足了不为公众所知悉的条件。

关于侵犯商业秘密的行为,2018 年新实施的《反不正当竞争法》第九条第二款规定:"第三人明知或者应知商业秘密权利人的员工、前员工或者其他单位、个人实施前款所列违法行为,仍获取、披露、使用或者允许他人使用该商业秘密的,视为侵犯商业秘密。"与旧法相比,增加了"商业秘密权利人的员工、前员工或者其他单位、个人"内容。之所以明确列举上述人员,是因为商业秘密侵权行为大多是由上述主体实施。因此,新反不正当竞争法将常见侵权行为主体作了列举,以便于法律的执行。但无论哪种行为,侵权的成立都是以商业秘密存在或构成为前提。

本案中,第三人计算机软件的源程序及文档是否构成商业秘密,是本案被告认定原告侵犯商业秘密的前提和基础,而确定商业秘密范围即秘密点是第一步。秘密点指商业秘密的权利人主张保护的与公知信息不同的技术信息或经营信息。[①] 本案中,因市场上有多种网络分销软件,而第三人还提供其他软

---

① 参见朱妙春、周超:《浅议对商业秘密中经营信息的鉴定》,《中国发明与专利》2015 年第 12 期。

件,第三人软件源程序及文档中哪些信息属于其主张商业秘密保护的范围,应当具体明确。但两名第三人未指明其软件中哪些技术信息是其保护的秘密点范围,上海静安市场监管局也没有区分软件中作为技术信息保护的范围。

根据《若干问题的解释》第十四条的规定,当事人指称他人侵犯其商业秘密的,应当对其拥有的商业秘密符合法定条件、对方当事人的信息与其商业秘密相同或者实质相同以及对方当事人采取不正当手段的事实负举证责任。其中,商业秘密符合法定条件的证据,包括商业秘密的载体、具体内容、商业价值和对该项商业秘密所采取的具体保密措施等。而在行政诉讼中,认定商业秘密侵权行为存在并由此作出行政处罚的行政机关负有举证义务,即对其认定的商业秘密符合法定要件承担举证责任。本案中,在没有区分软件中作为技术信息保护的范围并判断该信息是否符合商业秘密构成要件的情况下,被告委托鉴定机构进行软件代码等比对的司法鉴定没有实际意义。至于某软件行业协会针对被告咨询问题的解答和补充说明,由于该协会并未对涉案软件程序中的技术信息进行具体的区分和分析,其认为涉案软件源代码等是企业重要资产"均未公开,从公开渠道无法获得,不为公众所知悉""属于商业秘密"的结论,只是一种一般性的推理,缺乏具体针对性和事实基础,其实质也是以签订保密协议、未公开等同于不为公众所知悉,故被告未完成构成商业秘密的举证责任。上海知识产权法院和上海市高级人民法院撤销被告作出的行政处罚决定中认定原告侵犯商业秘密所作的行政处罚决定,严格明确被告的举证责任,是符合法律规定的。

二、行政处罚程序

按照《著作权法》第四十八条的规定,如果当事人具有该条列出的八种侵权行为,同时损害公共利益的,可以由著作权行政管理部门责令停止侵权行为,没收违法所得,没收、销毁侵权复制品,并可处以罚款;情节严重的,著作权行政管理部门还可以没收主要用于制作侵权复制品的材料、工具、设备等。该条款为行政机关针对著作权侵权行为作出行政处罚的法律依据。无论是在著作权行政查处过程中还是其他行政执法活动中,执法程序的合法性要求都是不容忽视的。根据我国行政诉讼法和行政处罚法的相关规定,行政处罚的一般程序如下。

首先是发现案源，案源一般包括上级部门交办、有关部门移交、群众举报、消费者或者受害人投诉、申诉以及相关行政机关依据职权在日常监管、市场巡查中发现等；经初步核查、核实案源线索后，认为依法应当立案查处的，办案机构应当及时立案。其中立案是合法启动行政处罚程序的首要环节和法律依据，办案机构查办案件的立案标准包括：一是发现有涉嫌违法违章等行为的存在，二是认为应当依法给予行政处罚。在这两项立案标准中，前一项是客观存在标准，后一项是主观认识标准。而在立案时，并不要求必须查明涉嫌违法的确切当事人的身份、违法行为所涉及的具体财物状况以及情节、手段、结果等问题。

立案之后则开始进入调查取证程序，案件经批准立案后，办案人员应当及时进行调查，收集证据；必要时可以依照有关法律、法规规定进行检查。其中，办案人员对案件进行调查，应当收集的证据类型主要有：书证、物证、证人证言、视听资料、计算机数据、当事人陈述、鉴定结论、勘验笔录和现场笔录。上述证据必须经多方查证核实，方可作为认定案件事实的依据。另外，案件应当在法律规定的期限内调查完毕；因案情复杂需要延期调查的，应报主管领导审查批准。案件调查完毕，承办人员应当按照要求制作《案件调查终结报告》、草拟好行政处罚建议书，连同案卷送本局案件核审机构核审。

案件经核审机构书面核审、同意后，在作出行政处罚决定之前，办案机构应当依法制作《行政处罚告知书》或者《行政处罚听证告知书》，将拟作出行政处罚的事实、理由、依据，拟给予行政处罚的种类、幅度，以及当事人依法享有的权利等事项，依法告知当事人，并应当听取当事人的陈述、申辩意见。当事人在被告知后七日或公告之日起三十日内提出陈述、申辩。行政机关对当事人提出的理由、事实和证据复核后，提交复核报告。行政处罚机关审查调查报告及复核报告后，根据审查结果，作出给予或不给予行政处罚、移送司法部口等决定。

在行政处罚程序中，行政机关在作出责令停产停业、吊销许可证或执照、较大数额的罚款等决定前，当事人有权要求听证。行政机关对那些符合听证程序要求的当事人有告知义务。如果当事人要求举行听证，并且确实符合听证条件的,行政机关应当举行听证会,应依据《行政处罚法》第四十二条规定程序组织。

办案机关作出行政处罚决定后,应当按照要求,制作规范格式的《行政处罚决定书》。《行政处罚法》第三十八条规定,调查终结,行政机关负责人应当对调查结果进行审查,根据不同情况,分别作出如下决定:(一)确有应受行政处罚的违法行为的,根据情节轻重及具体情况,作出行政处罚决定;(二)违法行为轻微,依法可以不予行政处罚的,不予行政处罚;(三)违法事实不能成立的,不得给予行政处罚;(四)违法行为已构成犯罪的,移送司法机关。对情节复杂或者重大违法行为给予较重的行政处罚,行政机关的负责人应当集体讨论决定。

当事人收到决定书后应在规定的期限内履行义务;除非法律另有规定,申请行政复议或提起行政诉讼的,不停止执行行政处罚。对于没收的侵权品,应当销毁或者以其他适当的侵权人同意的其他方式处理;拒不履行处罚义务的,可采取执行罚、抵交罚款、申请法院强制执行的行政强制执行方式。依据本案的案件事实可以得出结论,上海静安市场监管局从立案、调查取证、听证、延期,到最后作出行政处罚决定都是符合相关规定的。

三、计算机软件商业秘密保护与著作权保护的区别

对于计算机软件相关权益的保护,既可通过著作权法予以保护,也可通过商业秘密予以保护,但不同的法律制度所保护的对象是不同的。

著作权法保护就是对计算机软件依据《计算机软件著作权保护条例》(本文简称《软件条例》)的规定予以保护。根据《软件条例》第二条、第三条、第五条的规定,该条例保护的计算机软件指计算机程序及其有关文档。计算机程序是指,为了得到某种结果而可以由计算机等具有信息处理能力的装置执行的代码化指令序列,或者可以被自动转换成代码化指令序列的符号化指令序列或者符号化语句序列。同一计算机程序的源程序和目标程序为同一作品。文档,是指用来描述程序的内容、组成、设计、功能规格、开发情况、测试结果及使用方法的文字资料和图表等,如程序设计说明书、流程图、用户手册等。

可见,本案中的源程序和文档是《软件条例》对计算机软件从著作权角度

给予保护的对象。软件程序和文档只要符合著作权法的要求，就可受到著作权法保护。但著作权法保护的是软件程序作品中有独创性的表达而非思想，因此《软件条例》第六条同时规定："本条例对软件著作权的保护不延及开发软件所用的思想、处理过程、操作方法或者数学概念等。"

另外，对计算机软件也可以依照《反不正当竞争法》中关于商业秘密的规定予以保护。《反不正当竞争法》所保护的是软件程序和文档中可能存在的构成商业秘密的信息，包括技术秘密和经营秘密。技术秘密和经营秘密都是无形的信息，故需要指出软件程序及文档中哪些信息是需要作为具备商业秘密构成要件的信息予以保护，然后依法分析和判断这些秘密信息是否符合商业秘密的构成要件，之后再就构成商业秘密的信息与侵权人获取、披露、使用的信息是否相同或相似进行比对。在此基础上的比对，对判定是否存在侵犯计算机软件中的商业秘密才具有法律上的意义。

最后，因本案为行政案件，案件审理范围仅限于对一审判决及原审被告作出的相关行政处罚的审查，并不涉及对原审原告民事上是否构成侵犯软件著作权的审查认定。相关权利人若认为民事权利受侵害，可以提起民事诉讼，寻求救济。其中，《合同法》对商业秘密的保护主要体现在当事人在合同的订立、履行过程中应当保守商业秘密以及泄密应当承担的法律责任。《合同法》第四十三条规定："当事人在订立合同中知悉的商业秘密，无论合同是否成立，不得泄露或不正当地使用。泄露或不正当使用该商业秘密给对方造成损失的，应当承担损害赔偿责任。"相关当事人在技术开发合同、技术转让合同、承揽合同的订立、履行过程中应当履行的保密义务在合同法分则中亦做了相应明确的规定。另外，《劳动法》《劳动合同法》也规定了用人单位对员工享有竞业禁止的权利、劳动者对用人单位的商业秘密负有保密义务。①

（作者：丛立先　起海霞）

---

① 参见李灿：《论我国商业秘密法律保护的完善》，《中国集体经济》2018 年第 1 期。

未经许可传播金融资讯类作品:

上海智器公司侵犯信息网络传播权行政处罚案

| 典型意义 |

该案是国内首起侵犯金融资讯类文字作品著作权的行政处罚案件。虽然其本质为通过信息网络侵犯文字作品的著作权,但该案的查处对其他网站的类似侵权经营活动起到了有效震慑,不仅向仍存在此类侵权行为的金融类网站或互联网服务商敲响了警钟,也有利于提高及加强金融信息研究报告市场参与者的版权意识及法制意识,从而逐步规范金融信息网络传播行为,保护金融研究成果著作权人的合法权益,促进行业健康发展。在该案的查处过程中,上海市文化执法总队办案人员对金融资讯类文字作品的权利确权作了详细的研究和调查取证,对信息网络传播行为的认定作了认真研究,为行政处罚的正确作出打下坚实的基础。上海市文化执法总队在处理该案时,坚持教育和处罚相结合的原则,通过法制宣传教育和行政处罚促使当事人积极整改。本案为今后同类案件的查处起到示范作用,被列为 2017 年上海法院知识产权司法保护十大案件和"剑网 2017"专项行动典型案例。

| 裁判要旨 |

著作权法保护的不仅是电影、音乐和小说等艺术作品,也保护调研报告、论文等研究成果。市场研究报告只要是撰写者思想观点的独创性表达,就属于受著作权法保护的作品。权利人享有包括信息网络传播权在内的一系列著作权专有权利,未经许可以营利为目的通过网络向公众提供他人原创的市场研究报告,不仅构成对著作权的民事侵权,同时损害公共利益的,行政机关可以依法作出行政处罚。本案当事人未经著作权人许可，将权利人的文字作品及网站内容存储于租用的网络服务器内，通过网络向公众提供，并通过向用户收取有偿阅读服务费的方式获得经营收入，上述行为侵犯了权利人的信息网络传播权，同时损害了公共利益。

|案情介绍|

上海市文化市场行政执法总队行政处罚决定书文号 2520165060

本案的当事人为上海智器投资咨询有限公司（本文简称上海智器公司）。根据企业注册信息，其经营范围为投资咨询（不得从事经纪），证券咨询（不得从事金融、证券、保险业务）；计算机软件（除计算机信息系统安全专用产品）设计、开发、销售。本案的第三人为中信证券股份有限公司、中国国际金融股份有限公司、海通证券股份有限公司、国泰君安证券股份有限公司和方正证券股份有限公司五家具有代表性的证券公司。2016 年 6 月，上述五家证券公司向国家新闻出版广电总局（本文简称国家版权局）投诉，称上海智器公司经营的互联网网站"汇智赢家网"和计算机软件"汇智赢家"未经权利人许可擅自通过信息网络向公众提供权利人的金融信息研究报告，并通过向用户收取有偿阅读服务费的方式获得经营收入，严重损害权利人的合法权益。国家版权局对于投诉情况进行了充分了解分析，予以了投诉受理，将该投诉事件纳入"剑网 2016"行动查处范围。

2016 年 12 月，上海市文化市场行政执法总队（本文简称上海市文化执法总队）接到国家版权局交办《"剑网 2016"专项行动移转函》（权司 2016159号）转上述五家著作权利人《关于"汇智赢家"侵犯著作权的投诉函》，要求查处上海智器公司擅自通过信息网络向公众提供权利人文字作品的侵权行为，上海市文化执法总队受理后，立即组织执法人员对当事人经营的互联网站"汇智赢家网"和计算机软件"汇智赢家"开展调查取证工作，并立案进行查处。

经查明，当事人自 2014 年 11 月起上线经营"汇智赢家网"和计算机软件"汇智赢家"，未经著作权人许可，擅自通过信息网络向公众提供权利人的市场研究报告《平安银行（000001）年报点评：创新转型持续，收入盈利高位放缓

海通证券 2016/03/11》《经济面的积极变化已在发生方正证券 2016/03/12》
等 45 篇文字作品,并通过向用户收取有偿阅读服务费的方式获得经营收入。
当事人向公众提供的文字作品及网站内容均存储于租用的网络服务器内,由
当事人编辑、发布及运营维护。2017 年 3 月 1 日,上海市文化执法总队依据
《信息网络传播权保护条例》第十八条第(一)项的规定,决定对上海智器公司
未经权利人许可,擅自通过信息网络向公众提供他人文字作品的违法行为予
以责令停止侵权。由于案发后当事人主动停止侵权行为并主动关闭网站和停
止运营计算机软件,从轻作出罚款人民币 10 万元的行政处罚。

上海市文化执法总队还在《行政处罚决定书》中向上海智器公司说明了
后续的法律程序。当事人可以在收到行政处罚决定书之日起 60 日内申请行
政复议,或者在收到行政处罚决定书之日起三个月内直接向当地人民法院提
起行政诉讼。行政复议或行政诉讼期间本处罚决定不停止执行。如果申请人
逾期不申请行政复议或者提起行政诉讼,又不履行本处罚决定,经催告仍未履
行义务的,依据《行政强制法》第四十五条的规定,行政执法机关可申请人民
法院强制执行。上海市文化执法总队作出行政处罚之后,上海智器公司既没
有申请行政复议,也没有提起行政诉讼。

| 裁判理由 |

上海市文化执法总队认为:涉案市场研究报告是权利人原创的文字作品,
是撰写人思想观点的独创性表达,属于受著作权法保护的作品。权利人享有
包括信息网络传播权在内的一系列著作权专有权利。上海智器公司未经著作
权人许可,将权利人的文字作品及网站内容存储于租用的网络服务器内,通过
其经营的互联网站"汇智赢家网"和计算机软件"汇智赢家"向公众提供归属
于权利人的金融信息研究报告,同时向用户收取阅读服务费获得经营收入。
上海智器公司的行为侵犯了中信证券股份有限公司、中国国际金融股份有限
公司、海通证券股份有限公司、国泰君安证券股份有限公司和方正证券股份有
限公司五家证券公司就这些市场研究报告所享有的信息网络传播权,严重损
害权利人的合法权益,同时损害公共利益,因而决定对上海智器公司作出行政
处罚。

鉴于案发后当事人主动承认错误,及时向上海市文化执法总队递交整改报告,停止侵权行为并主动关闭网站和停止运营计算机软件,减轻了违法行为的危害后果。经上海市文化执法总队总队长办公室会议集体讨论,决定对上海智器公司未经权利人许可,擅自通过信息网络向公众提供他人文字作品的违法行为予以责令停止侵权,并从轻作出罚款人民币 10 万元的行政处罚。

｜案件分析｜

本案的案情并不复杂,上海智器公司未经著作权人许可,向公众提供归属于权利人的金融信息研究报告,获取经营收入。本案涉及的主要问题包括著作权侵权行政处罚中公共利益的认定以及行政处罚的种类。

一、著作权侵权行政处罚中公共利益的认定

根据我国现行《著作权法》第四十八条的规定,存在该条规定的八种侵权行为时,应承担民事责任;同时损害公共利益的,可以由著作权行政管理部门责令停止侵权行为,没收违法所得,没收、销毁侵权复制品,并可处以罚款;情节严重的,著作权行政管理部门还可以没收主要用于制作侵权复制品的材料、工具、设备等。由此可见,我国只有当侵害著作权的行为同时损害公共利益的情况下,著作权行政管理部门才能对侵犯著作权的行为苛以行政责任。然而,1990 年《著作权法》在规定著作权行政处罚时,并没有规定相关违法行为必须"同时损害公共利益"。1990 年《著作权法》第四十六条在规定违法行为人依法应承担相应民事责任的同时,直接规定"可以由著作权行政管理部门给予没收违法所得、罚款等行政处罚"。2001 年《著作权法》修订后,"公共利益"这一前提才出现在我国著作权法中。但是,何为"损害公共利益",法律并未作出明确解释。因此,国家版权局对"损害公共利益"的解释则是具有指导意义的。

2002 年,国家版权局版权司《关于对著作权法第四十七条①"损害公共利

---

① 此《意见》中提到的《著作权法》第四十七条为 2010 年《著作权法》第二次修订后的第四十八条。

益"问题意见》(权司〔2002〕16 号)(本文简称《意见》)指出:第一,"公共利益"是相对个人利益而言的,泛指国家、社会及公众的利益。第四十七条所列行为不仅是侵权行为,而且扰乱了社会公平竞争环境,破坏了市场经济秩序,导致国家税收的严重流失,特别是在我国加入世界贸易组织(WTO)后,《著作权法》列举的侵权盗版行为,将严重影响我国的对外形象,有关成员国甚至会对我国进行贸易报复,在社会上造成恶劣影响。第二,侵权盗版不只是侵权人和被侵权人之间的个人关系问题,侵权制品在社会上的传播或在市场上的销售,会对社会公众产生误导,损害广大消费者的利益。第三,所列行为与偷盗他人财物性质相同,因此就应承担行政责任甚至刑事责任。《意见》表明 2001年《著作权法》第四十七条列举的所有侵权行为全部符合"损害公共利益"要求。

2006 年,国家版权局《关于查处著作权侵权案件如何理解适用损害公共利益有关问题的复函》(国权办〔2006〕43 号)(本文简称《复函》)再一次就"损害公共利益"问题作出解释:"第四十七条所列侵权行为,均有可能侵犯公共利益。就一般原则而言,向公众传播侵权作品,构成不正当竞争,损害经济秩序就是损害公共利益的具体表现。"《复函》特别指出,在"2002 年 WTO 过渡性审议"中,国家版权局也曾明确答复"构成不正当竞争,危害经济秩序的行为即可认定为损害公共利益"。此答复得到了全国人大法工委、国务院法制办、最高人民法院的认可。相比《意见》而言,《复函》更具客观性,用"均有可能"表明第四十七条所列行为存在不侵犯公共利益的情形。另外,《复函》提供了更为明确的判断标准,将"损害公共利益"解释为"构成不正当竞争,损害经济秩序"。① 而根据我国反不正当竞争法的规定,损害其他经营者的合法权益,扰乱社会经济秩序的行为构成不正当竞争行为。② 因此,《复函》认定"损害公共利益"的著作权侵权行为本质上是对市场经济秩序的破坏。民事

---

① 参见袁学术:《如何界定"损害公共利益"的最低标准》,《中国新闻出版报》2009 年 3 月12 日。

② 《反不正当竞争法》(2017 年修订)第二条第二款:"本法所称的不正当竞争行为,是指经营者在生产经营活动中,违反本法规定,扰乱市场竞争秩序,损害其他经营者或者消费者的合法权益的行为。"

司法保护机制尽管可以就侵权纠纷定分止争,但漫长的诉讼程序并无法及时维护市场经济秩序的公共利益。而著作权行政管理部门在保障私权的过程中具有主动性、强制性和单方性的特点,这使得及时制止侵权行为、维护市场经济秩序成为可能。①

关于著作权侵权中"公共利益的认定",司法实践中最典型的案例是佛山市南海区西樵恒辉印花厂对广东省版权局行政诉讼案。恒辉厂主张,自己的行为完全是一种民事行为,是其与第三人(著作权人)双方的民事纠纷,没有侵犯其他任何人的利益,损害公共利益更无从谈起;广东省版权局则辩称,恒辉厂的行为客观上扰乱了市场经济秩序,妨害了公平竞争的市场环境,这也是不利于文化事业的发展的,因而认定其损害了公共利益。此案经过两级法院的审理,最终维持了原行政处罚决定。②

本案中,上海市文化执法总队认定上海智器公司的侵权行为"同时损害公共利益"时,在一定程度上可以理解为是依据上述思路作出的。上海智器公司未经权利人许可,通过网络向公众提供权利人的文字作品及网站内容并获得经营收入的行为,一定程度上必然因合法经营者在获得合法授权时需要支付授权成本而造成两者之间的不平等竞争,从而损害到同行业中其他合法经营者的利益,妨害了公平竞争的市场环境。在这种情况下,上海市文化执法总队认定这种行为不再单纯的是一种对著作权人的"侵权行为",而可以被认定为"同时损害公共利益"。

二、行政处罚的种类

我国《行政处罚法》规定了行政处罚的种类:第一,警告,该种行政处罚是国家对行政违法行为人的谴责和告诫,是国家对行为人违法行为所作的正式否定评价。适用警告处罚的重要目的,是使被处罚人认识其行为的违法性和对社会的危害,纠正违法行为并不再继续违法。第二,罚款,该种行政处罚是行政机关对行政违法行为人强制收取一定数量金钱,剥夺一定财产权利的制

---

① 参见陈绍玲:《著作权侵权行政执法"公共利益"研究》,《中国版权》2011 年第 5 期。
② 参见杨瑞华:《损害"公共利益"第一辩案》,《现代乡镇》2004 年第 3 期。

裁方法,适用于对多种行政违法行为的制裁。第三,没收违法所得、没收非法财物。没收违法所得,是行政机关将行政违法行为人占有的,通过违法途径和方法取得的财产收归国有的制裁方法。没收非法财物,是行政机关将行政违法行为人非法占有的财产和物品收归国有的制裁方法。第四,责令停产停业,该种行政处罚是行政机关强制命令行政违法行为人暂时或永久地停止生产经营和其他业务活动的制裁方法。第五,暂扣或者吊销许可证、暂扣或者吊销执照,该种行政处罚是行政机关暂时或者永久地撤销行政违法行为人拥有的国家准许其享有某些权利或从事某些活动资格的文件,使其丧失权利和活动资格的制裁方法。第六,行政拘留,即公安机关对违反治安管理的人在短期内剥夺其人身自由的一种强制性惩罚措施。行政处罚法除以列举方式规定了上述行政处罚外,考虑到这六种行政处罚可能不足以处罚行政违法行为,又授权法律和行政法规这两种全国性的法律文件可以创设六种行政处罚以外的其他行政处罚。①

根据我国《著作权法》第四十八条的规定,侵犯著作权行为的行政责任形式包括:责令停止侵权行为,没收违法所得,没收、销毁侵权复制品,并可处以罚款;情节严重的,著作权行政管理部门还可以没收主要用于制作侵权复制品的材料、工具、设备等,从根本上消除其继续制作侵权复制品的可能性。

本案中,上海市文化执法总队对上海智器公司作出的行政处罚包括责令当事人停止侵权行为和处以罚款。对于行政处罚罚款数额的规定,我国《著作权行政处罚实施办法》第三十条规定:著作权行政管理部门作出罚款决定时,罚款数额应当依照《中华人民共和国著作权法实施条例》第三十六条、《计算机软件保护条例》第二十四条的规定和《信息网络传播权保护条例》第十八条、第十九条的规定确定。其中,《著作权法实施条例》和《信息网络传播权保护条例》对著作权侵权行政处罚的规定相一致:非法经营额5万元以上的,可处非法经营额1倍以上5倍以下的罚款;没有非法经营额或者非法经营额5万元以下的,根据情节轻重,可处25万元以下的罚款。《计算机软件保护条

①《中华人民共和国行政处罚法》(2017年修正)第八条:"行政处罚的种类:(一)警告;(二)罚款;(三)没收违法所得、没收非法财物;(四)责令停产停业;(五)暂扣或者吊销许可证、暂扣或者吊销执照;(六)行政拘留;(七)法律、行政法规规定的其他行政处罚。"

例》则依据侵权行为的不同,设定了不同的处罚标准:存在复制或者部分复制,向公众发行、出租、通过信息网络传播著作权人的软件的,可以并处每件100元或者货值金额1倍以上5倍以下的罚款;对于故意避开或者破坏著作权人为保护其软件著作权而采取的技术措施的,故意删除或者改变软件权利管理电子信息的,转让或者许可他人行使著作权人的软件著作权的,则可以并处20万元以下的罚款。为保证依法行政,避免乱罚款现象,相关著作权法也明示了"一事不再罚"原则。

可见,著作权行政处罚部门对于罚款数额的确定享有一定的自由裁量权,但是需要综合考量侵权人的过错程度、侵权时间长短、侵权范围大小及损害后果等情节。① 本案中,行政执法机构在查处过程中并未公布本案具体的非法经营额以及货值金额,而是在考量当事人主动停止侵权行为并主动关闭网站和停止运营计算机软件的基础之上,作出了从轻处罚人民币10万元的决定。

（作者：丛立先　起海霞）

---

① 《著作权行政处罚实施办法》第二十九条:"著作权行政管理部门负责人应当对案件调查报告及复核报告进行审查,并根据审查结果分别作出下列处理决定:(一)确属应当予以行政处罚的违法行为的,根据侵权人的过错程度、侵权时间长短、侵权范围大小及损害后果等情节,予以行政处罚⋯⋯"

数字图书馆非法复制、发行、传播他人作品：

北京优阅盈创公司侵犯文字作品著作权行政处罚案

| 典型意义 |

该案是数字出版领域较为典型的案例,此案中的侵权产品属于受众较少的学术类电子书,所定位的目标市场是总量较小的高校馆藏电子图书市场,往往不会被纳入重点监管范围,容易成为著作权保护的盲区。而高校日益成为资本雄厚、需求量巨大的文化产品消费单位,其所需要的文化产品又具有形式新颖、技术附加值高的特点,相关侵权行为应成为版权执法工作关注的重点。本案的办理,对于加强高校文化市场的监督管理和重点打击以高校为目标市场的版权侵权行为和盗版文化产品具有积极的示范作用。另外,本案的著作权人是国外知名出版社和教育公司,版权行政执法部门从严查处该案,规范了数字图书馆版权秩序,彰显了我国政府严厉打击侵权盗版、保护中外著作权人合法权益、依法严格版权保护的鲜明态度和坚定立场。该案也因此被列入"剑网2017"专项行动典型案例。

| 裁判要旨 |

未经著作权人的许可,将其作品进行数字化后存放在数据库服务器中,供用户搜索、阅读、复制、打印的行为侵犯作品复制权、发行权以及作品信息网络传播权。北京优阅盈创公司于2015年6月至2016年6月期间,未经著作权人爱思唯尔、剑桥大学出版社、施普林格、英富曼、培生教育公司许可,通过其运营的"优阅外文数字图书馆系统"向曲靖师范学院、楚雄师范学院、成都师范学院、四川大学锦城学院、西南民族大学五所大学图书馆销售侵权电子图书。北京优阅盈创公司的侵权行为损害了权利人的合法权益。同时,本案涉案权利人较多,侵权复制品数量大,北京优阅盈创公司获取违法经营额 17.76 万元,违法所得 3000 元,同时损害了公共利益。

｜案情介绍｜

（京）文执罚（2017）第 51054 号

本案的当事人为北京优阅盈创科技有限公司(本文简称北京优阅盈创公司),其经营的"优阅外文数字图书馆系统"是外文电子图书综合提供平台,主要服务于国内高校图书馆。用户可通过该系统页面左侧的图书分类栏或页面上方的图书检索栏对图书进行搜索、阅读、复制、打印,该外文图书数据库系统产品涵盖了工业技术、生物科学、医学、财经、文学、历史、地理等各个学科。

2017 年 4 月,北京市文化市场行政执法总队(本文简称北京市文化执法总队)接到英、美出版商协会下属的爱思唯尔、剑桥大学出版社、施普林格、英富曼、培生教育公司五家权利人举报,称北京优阅盈创公司销售的"优阅外文数字图书馆系统"涉嫌侵犯其著作权。

北京市文化执法总队立即召开专题会议,成立专案组,对线索开展核查工作。2017 年 5 月 4 日,执法人员对北京优阅盈创公司位于海淀区中关村南大街甲 27 号的办公场所及存放服务器的朝阳区铜牛国际大厦数据中心进行检查,调取了销售合同、发票等证据,拷贝和恢复了 500G 的数据库文件,确定了违法事实。5 月 18 日至 6 月 2 日,执法人员又前往曲靖师范学院、楚雄师范学院、成都师范学院、四川大学锦城学院、西南民族大学调取了购买证据,确定了侵权电子图书在数据库中所占的比例,固定了证据链。

北京市文化执法总队通过调查,认定北京优阅盈创公司于 2015 年 6 月至 2016 年 6 月期间,未经著作权人爱思唯尔、剑桥大学出版社、施普林格、英富曼、培生教育公司授权,通过"优阅外文数字图书馆系统"向曲靖师范学院、楚雄师范学院、成都师范学院、四川大学锦城学院、西南民族大学五所大学图书馆销售侵权电子图书。北京优阅盈创公司的侵权行为损害了权利人的合法权益和社会公共利益,违反了《中华人民共和国著作权法》第四十八条第(一)项的规定,违法经营额 17.76 万元,违法所得 3000 元。依据《中华人民共和国著作权法》第四十八条和《中华人民共和国著作权法实施条例》第三十六条的规定,并参照《北京市文化市场综合执法行政处罚裁量基准》最终对当事人作出了没收违法所得 3000 元,罚款 40 万元的行政处罚。

北京市文化执法总队还在《行政处罚决定书》向北京优阅盈创公司说明了后续的法律程序。当事人可以在收到行政处罚决定书之日起 60 日内申请行政复议,或者在收到行政处罚决定书之日起三个月内直接向当地人民法院提起行政诉讼。行政复议或行政诉讼期间本处罚决定不停止执行。如果申请人逾期不申请行政复议或者提起行政诉讼,又不履行本处罚决定,经催告仍未履行义务的,依据《行政强制法》第四十五条的规定,行政执法机关可申请人民法院强制执行。

▎裁判理由▎

北京市文化执法总队认定,北京优阅盈创公司未经著作权人许可,通过其运营的"优阅外文数字图书馆系统"向大学图书馆销售侵权文字作品。其引发的版权问题主要表现为侵犯作品复制权、发行权以及作品信息网络传播权。首先,北京优阅盈创公司未经著作权所有者的许可,将其作品进行数字化后存放在数据库服务器中的行为,侵犯了著作权所有者的复制权。其次,根据我国著作权法的规定,发行权是指以出售或者赠与方式向公众提供作品的原件或者复制件的权利。北京优阅盈创公司未经著作权所有者的许可,将其作品以出售的方式向用户提供,构成侵犯著作权人发行权的行为。最后,我国《著作权法》第十条以及《信息网络传播权保护条例》规定著作权人对其作品享有信息网络传播权。北京优阅盈创公司将图书进行数字化之后,未经著作权人许可,通过互联网向公众提供,构成信息网络传播权侵权。另外,北京市文化执法总队认定,本案涉案权利人较多且侵权复制品数量大,北京优阅盈创公司利用权利人作品获取违法经营额 17.76 万元,违法所得 3000 元,损害了公共利益。综上,给予当事人没收违法所得 3000元,罚款 40 万元的行政处罚。

|案件分析|

一、数字图书馆版权纠纷问题

随着数字化时代的到来,数字图书馆应运而生,并迅速成为信息时代图书馆的主要发展方向。图书馆不再仅仅依赖于纸质图书,电子图书的时代悄然而至。实践中,数字图书数据库或数字图书馆系统的销售形式主要有三种:第一种是销售数字图书数据库或数字图书馆系统时赠送一定数量的电子图书,超过赠送范围的电子图书需要单独购买;第二种是数字图书数据库或数字图书馆系统与相配套的电子图书一并购买一并计价;第三种是单独购买电子图书而不购买数字图书数据库或数字图书馆系统。

本案中,当事人通过其运营的"优阅外文数字图书馆系统"向高校图书馆出售电子图书。但是由于北京优阅盈创公司未通过合法的途径获得数字图书资源,导致了与著作权人的纠纷。数字图书数据库或数字图书馆系统建设的过程中,如何有效地处理著作权保护与图书馆信息资源共享之间的关系,是需要知识产权工作者探索研究的课题。对于数字图书馆版权纠纷的研究,不得不提谷歌数字图书馆项目。谷歌为了打造一个全世界信息资源共享的大型数字图书馆,大量扫描全世界范围的图书,因此受到了各个国家的质疑和控诉。谷歌数字图书馆为了解决版权纠纷问题,除了使用已获许可的图书和进入公共领域的图书外,还利用合理使用制度、"选择—退出"机制、默示许可机制作为应对策略。[①]

其中,合理使用制度作为平衡著作权人和作品使用者之间的利益的重要制度,在促进数字资源合理获得过程中发挥着重要的作用。美国《版权法》第107条规定:"在任何特定情况下,确定对一部作品的使用是否构成合理使用,要考虑的因素应当包括:使用的目的和性质;有版权作品的性质;同整个有版权作品相比所使用的部分的数量和内容的实质性;这种使用对有版权作品的

---

① 参见蒋逸颖、周淑云:《Google 数字图书馆版权获取模式对我国的启示》,《图书馆学研究》2016 年第 13 期。

潜在市场或价值所产生的影响。"在"Authors Guild，v.Google，Inc."案①中，美国法院在综合分析上述四个要素的基础上，认定"谷歌数字图书馆"未经许可扫描复制的目的是便于搜索，因此，其对版权作品使用的目的具有高度的转换性，而且，其向公众展示的文本非常有限，明显未构成对受版权保护图书的市场替代，认定谷歌为提供搜索而对版权作品进行完整数字化复制但仅提供片段浏览的行为属于合理使用，是向社会提供的一项公益服务，符合版权法立法宗旨，不构成对原告版权的侵犯。②

我国《信息网络传播权保护条例》（本文简称《条例》）在我国法律制度中为图书馆合理使用数字版权开了立法的先河。《条例》第七条规定，图书馆可以不经著作权人许可，通过信息网络向本馆馆舍内服务对象提供本馆收藏的合法出版的数字作品和依法为陈列或者保存版本的需要以数字化形式复制的作品，不向其支付报酬，但不得直接或者间接获得经济利益。当事人另有约定的除外。可见，目前我国对图书馆"合理使用"限制条件十分严格，限于为陈列或者保存版本的需要且不得直接或间接获取经济利益。因此，有意见指出，面对新时代网络发展的新形势，文化交流传播与阅读方式的改变，我国的合理使用制度一定程度上会阻碍数字图书馆的发展。在我国《著作权法》第三次修改过程中，就我国著作权法中关于合理使用制度的规定，曾经出现过下述修改意见：在现行《著作权法》第二十二条"权利限制"的十二种法定情形之外，增设兜底条款——"其他情形"。同时，在该条第二款中规定："以前款规定的方式使用作品，不得影响作品的正常使用，也不得不合理的损害著作权人的合法利益"。该修改意见旨在以"开放性列举"辅以"概括性原则"对合理使用制度予以调整。

二、行政处罚中的举证责任

行政诉讼和行政处罚程序中举证责任最重要的区别之一在于，行政处罚中的举证责任分配较为复杂。行政诉讼中法院居中裁判，行政机关、行政相对

---

① Authors Guild，v.Google，Inc.，U.S.Court of Appeals for the Second Circuit(2015).

② 张军华：《美国版权法中数字图书馆合理使用规则及对我国立法的启示》，《图书馆建设》2017年第4期。

人与第三人作为当事人各自承担相应的举证责任。与此不同，在行政处罚的调查过程中，行政机关既有审查当事人证据的责任，也有自身的举证责任。①除此之外，举证责任问题在诉讼程序中有着详细的规定，但行政处罚程序中的举证责任则规定得较简单。当谈到行政处罚程序中的举证责任时，一般以"作出行政处罚的行政机关负举证责任"进行概括。但在具体行政处罚案件中，举证责任问题远没有那么简单。从法理学的角度上说，举证责任有两层含义，即行为责任和结果责任。行为责任是指提供证据证明其主张的责任，又称为主观的举证责任或形式上的举证责任。结果责任又称为败诉风险责任或客观的举证责任，是指负有举证责任的当事人在不能提供足够的证据证明其主张的案件事实时所要承担的不利后果的风险。

我国《行政处罚法》第三十条规定："公民、法人或者其他组织违反行政管理秩序的，依法应当给予行政处罚的，行政机关必须查明事实，违法事实不清的，不得给予行政处罚。"第三十六条规定："除本法第三十三条规定的可以当场作出的行政处罚外，行政机关发现公民、法人或者其他组织有依法应当给予行政处罚的行为的，必须全面、客观、公正地调查，收集证据；必要时，依照法律、法规的规定，可以进行检查。"上述规定表明在行政处罚程序中，举证责任一般由行政机关负担，这是《行政处罚法》规定的举证责任的基本原则。从行为责任上来说，行政机关负有查明违法事实的责任；从结果责任上来说，如果行政机关没有查明违法事实，则不得给予行政处罚。这样规定，一是法律保留原则的要求，在证据的取得上，行政机关具有相当大的人力与资源优势，所有不利的行政决定都必须有事实依据和法律依据；二是利益上的平衡或者说政策上的考虑，通过给予行政机关附加更多的义务，来平衡与当事人之间的力量对比，防止滥用权力。本案中，北京市文化执法总队执法人员对北京优阅盈创公司位于海淀区中关村南大街甲 27 号的办公场所及存放服务器的朝阳区铜牛国际大厦数据中心进行检查，调取了销售合同、发票等证据，拷贝和恢复了500G 的数据库文件，确定了违法事实。另外，执法人员又前往曲靖师范学院、楚雄师范学院、成都师范学院、四川大学锦城学院、西南民族大学调取了购买

---

① 韩思阳：《行政调查中行政相对人的举证责任》，《法学杂志》2018 年第 5 期。

证据,确定了侵权电子图书所占数据库比例,固定了证据链。北京市文化执法总队在此基础上作出行政处罚决定是符合法律规定的。

在行政处罚过程中,作出或者不作出处罚决定所依据的事实均基于行政机关根据当事人、利害关系人提供的证据以及执法人员依法收集的证据。但是,这并不排除行政相对人及其他利害关系人在特定情况下承担相应的举证责任。

首先,行政相对人对有利于自己的积极事实或者对自己享有合法权益的事实负有举证责任。例如,《著作权法》第五十三条规定:"复制品的出版者、制作者不能证明其出版、制作有合法授权的,复制品的发行者或者电影作品或者以类似摄制电影的方法创作的作品、计算机软件、录音录像制品的复制品的出租者不能证明其发行、出租的复制品有合法来源的,应当承担法律责任。"从行为责任上来说,复制品的出版者、制作者负有证明其出版、制作经著作权人合法授权的义务;从结果责任上来说,如果复制品的出版者、制作者不能证明其发行、出租的复制品的来源合法,则需要承担法律上的不利后果。另外,《行政处罚法》第二十七条规定的从轻或者减轻处罚情形,包括当事人主动消除或者减轻违法行为危害后果的,受他人胁迫有违法行为的,配合行政机关查处违法行为有立功表现的,其他依法从轻或者减轻行政处罚的。存在这类情形时,行政相对人自行承担举证责任更为容易且更有利于实现其权利,但行政机关应负告知提示义务。①

其次,《最高人民法院行政诉讼证据规定》第五十九条规定:"被告在行政程序中依照法定程序要求原告提供证据,原告依法应当提供而拒不提供,在诉讼程序中提供的证据,人民法院一般不予采纳。"从该规定也可以看出,在特定行政程序中,行政相对人也负有举证责任。该规定是为了解决在执法实践中,一些相对人对行政机关收集审查证据不配合,对行政机关依法要求提供的证据不提供,甚至对自己有利的证据也不出示的问题。

(作者:丛立先　起海霞)

---

① 参见袁学术:《试论著作权行政处罚中的"举证责任倒置"》,《科技与出版》2012年第1期。

利用 VR 技术传播盗版影视作品：

北京维阿公司侵犯影视作品 著作权行政处罚案

| 典型意义 |

该案是国内第一起利用 VR 技术①传播盗版影视作品被版权部门查处的案件。随着网络技术的发展，著作权侵权行为正在不断出现新的表现形式。新技术的发展为网络知识产权保护带来了新的挑战，在增加网络侵权的可能性的同时，又增加了维权的难度。这就要求行政执法机关结合全新的技术形态，进行调查取证，查处侵权行为。在未来，VR 技术可能会在各个领域进一步发展，给我们的生活带来变革。但同时我们也应看到，VR 技术也存在着诸多的法律问题需要解决。本案在 VR 技术领域对版权保护进行了探索，为规范国内 VR 产业提供了有益借鉴，被列入国家版权局公布的 2017 网络侵权盗版典型案件。

| 裁判要旨 |

对于未取得合法授权而通过信息网络向公众提供受著作权法保护的视频内容的行为，不论是新的形式还是传统的形式，都属于侵犯权利人信息网络传播权的行为。VR 技术不但要依靠必要的 VR 硬件设备（如 VR 眼镜）作为载体，更需要 VR 应用软件和 VR 电影等视频内容以实现形成交互式的三维动态视景。本案中，北京维阿科技未经著作权人许可，通过 VR 播控技术将《蚁

---

① VR(Virtual Reality)，即虚拟现实。虚拟现实技术是一种可以创建和体验虚拟世界的计算机仿真系统，它利用计算机生成一种模拟环境，并形成一种交互式的三维动态视景和实体行为的仿真环境，使用户沉浸到该环境中去。

人》《速度与激情 7》《末日崩塌》等盗版影视作品进行重新编辑和 3D 数字化，然后上传到该公司自营的手机 APP"橙子 VR"上，向公众提供，侵犯了著作权人的信息网络传播权。

| 案情介绍 |

（京）文执罚（2017）第 51024 号

本案的当事人北京橙子维阿科技有限公司（本文简称北京维阿公司）于 2015 年 7 月成立，是基于移动端的 VR 内容聚合平台。北京维阿公司开发的手机 APP"橙子 VR"是目前主流的 VR 内容聚合平台之一，能够兼容市场上大多数主流 VR 硬件和软件，上线一年就覆盖了超过 65%的 VR 用户。

本案的第三人是美国电影协会（The Motion Picture Association of America），就大量影视作品享有著作权及相关权。2017 年 3 月，北京市文化市场行政执法总队（本文简称北京市文化执法总队）接到美国电影协会举报，指出"橙子 VR" APP 上存在大量盗版影视作品。根据美国电影协会投诉线索，北京市文化执法总队经取证查实，自 2016 年 7 月起，北京维阿公司未经权利人许可，通过其开发的"橙子 VR" APP 提供《蚁人》《速度与激情 7》《末日崩塌》等影视作品的点播服务。

2017 年 3 月 22 日，基于侵权事实，北京市文化执法总队最终认定北京维阿公司未经著作权人许可，通过信息网络向公众传播美国电影协会拥有著作权的多部作品，构成侵权，同时损害公共利益。根据《中华人民共和国著作权法》第四十八条第（一）项和《中华人民共和国著作权法实施条例》第三十六条的规定，作出罚款 3 万元的行政处罚决定。

北京市文化执法总队还在《行政处罚决定书》向北京维阿公司说明了后续的法律程序。当事人可以在收到行政处罚决定书之日起 60 日内申请行政复议，或者在收到行政处罚决定书之日起三个月内直接向当地人民法院提起行政诉讼。行政复议或行政诉讼期间本处罚决定不停止执行。如果申请人逾期不申请行政复议或者提起行政诉讼，又不履行本处罚决定，经催告仍未履行义务的，依据《行政强制法》第四十五条的规定，行政执法机关可申请人民法院强制执行。

| 裁判理由 |

行政执法机关作出行政处罚决定前,需要首先查明涉案作品是否应受到我国著作权法保护。根据《著作权法》第二条第二款的规定:"外国人、无国籍人的作品根据其作者所属国或者经常居住地国同中国签订的协议或者共同参加的国际条约享有的著作权,受本法保护。"中国和美国都是《伯尔尼公约》《世界版权公约》《与贸易有关的知识产权协议》的成员。因此,美国电影协会的影视作品,一经完成并符合我国著作权法的相关规定,即受中国著作权法的保护。

北京市文化执法总队指出,根据《著作权法》第十条的规定,信息网络传播权是以有线或者无线方式向公众提供作品,使公众可以在其个人选定的时间和地点获得作品的权利。经查证,北京维阿公司未经著作权人许可,通过VR播控技术将《蚁人》《速度与激情7》《末日崩塌》等影视作品进行重新编辑和3D数字化,然后上传到该公司自营的手机APP"橙子VR"上向公众提供点播服务的行为,侵犯了著作权人的信息网络传播权。同时,北京市文化执法总队指出,北京维阿公司传播盗版影视作品的行为同时损害社会公共利益。综上,根据《中华人民共和国著作权法》第四十八条第(一)项和《中华人民共和国著作权法实施条例》第三十六条的规定作出罚款3万元的行政处罚。

| 案件分析 |

本案的案情相对简单,北京维阿公司通过VR播控技术将美国电影协会拥有著作权的影视作品上传到该公司自营的手机APP"橙子VR"上供公众观看。北京市文化执法总队作出行政处罚后,北京维阿公司既没有申请行政复议,也没有提起行政诉讼。鉴于本案的著作权人是外国组织,这就涉及对外国人著作权保护的问题。另外,网络服务提供商和内容提供商侵权责任的区别也是本案值得进一步讨论的问题。

一、外国人著作权保护

地域性是著作权与生俱来的一个特性,一国国民在其境内创作完成的作品,在其他国家并不当然地受到承认和保护,除非有国际条约、双边协定或多边协定的特别规定。目前,我国加入的国际著作权条约有《伯尔尼公约》《世界版权公约》《世界知识产权组织版权条约》《与贸易有关的知识产权协议》等。其中,《伯尔尼公约》第三条规定,作者只要具有以下情形,其作品就可以在《伯尔尼公约》所有成员国受到保护:一是作者为成员国的国民,其作品无论是否已经出版;二是作者并非成员国的国民,但其作品首先在成员国出版,或者在成员国和非成员国同时出版;三是作者并非成员国的国民,但在成员国有惯常住所。

我国《著作权法》也对外国人及无国籍人作品的保护进行了专门的规定。《著作权法》第二条第二款规定:"外国人、无国籍人的作品根据其作者所属国或者经常居住地国同中国签订的协议或者共同参加国际条约享有的著作权,受本法保护。"我国《著作权法》第二条第三款规定:"外国人、无国籍人的作品首先在中国境内出版的,依照本法享有著作权。"从该款规定没有看出,外国人作品在中国首次出版,无论该外国人是否为同中国签订的协议或者共同参加国际条约的成员国的国民,或该外国人或无国籍人是否在成员国有经常居住地,该外国人或无国籍人的作品都可以受我国的著作权法保护。我国《著作权法》第二条第四款规定:"未与中国签订协议或者共同参加国际条约的国家的作者以及无国籍人的作品首次在中国参加的国际条约的成员国出版的,或者在成员国和非成员国同时出版的,受本法保护。"可以看出,我国《著作权法》关于外国人及无国籍人作品保护的规定与《伯尔尼公约》是一致的。

另外,我国著作权法采用自动保护原则。作品一经创作完成,只要符合《著作权法》的相关作品规定,既不要求登记,也不要求发表,也无须在复制物上加注著作权标记,就可以享有著作权。本案中,中国和美国都是《伯尔尼公约》《世界版权公约》《与贸易有关的知识产权协议》的成员。因此,依据我国《著作权法》第二条第二款的规定,美国电影协会影视作品的著作权应受到我国著作权法保护。他人未经美国电影协会许可,不得行使著作权专有权控制的行为。

二、网络服务提供商的侵权责任

互联网产业、技术的迅猛发展使得作品得以广泛的传播。其中，网络服务提供商对于作品在网络环境中的传播不可或缺。我国立法目前并未对"网络服务提供商"一词作出明确的界定。2013 年修订的《信息网络传播权保护条例》（本文简称《条例》）第二十条至第二十三条依照所提供服务的种类，将网络服务提供商划分为网络自动接入、自动传输服务提供商，系统缓存服务提供商，信息存储服务提供商和网络搜索、链接服务提供商四类。通常情况下，上述四类网络服务提供商不会发生直接侵犯他人著作权的行为。因为，这些网络提供商只提供了技术服务，或者是信息服务，又或者提供的是技术服务和信息服务的结合，并没有提供作品，那么就不可能成立版权侵权责任。[1] 当作品在网络上传播时，最可能发生侵权的是网络内容提供商。因此，就侵权责任的注意义务和免责事由而言，将网络技术服务提供商与网络内容提供商相区别是具有合理性的。[2]

首先，网络内容提供商直接向用户提供内容方面的服务，其权限包括文字内容的组织、编辑、筛选等，因而具备充分的管理权限，并因此需要承担高度注意义务，以免自己的行为对他人的合法权益造成侵害，如果没有尽到上述义务，就应当承担侵权责任。然而，网络技术服务提供商只是提供了技术服务或者是信息服务，又或者两种服务的结合，其所负担的只是避免他人利用自己的技术从事侵权行为的注意义务。面对海量的网络信息，要求网络技术服务提供商一一审核网络上发布的信息，并且确认网站上的内容都不存在侵害他人作品权利的可能，是不可能也不合理的。[3] 为了平衡著作权人和网络服务提供商之间的利益，发展出一系列网络版权侵权责任规则，例如技术中立原则、避风港原则等。

---

[1] 参见丛立先：《网络交易平台提供商：侵权责任是这样认定的》，《中国新闻出版广电报》2016 年 7 月 28 日。

[2] 参见翁洁：《对我国网络服务提供者的法律界定》，《新疆教育学院学报》2017 年第 3 期。

[3] 叶和申：《论网络技术服务提供商与内容提供商的侵权责任差异》，《商》2015 年第 51 期。

其次，网络内容提供商和技术服务提供商的免责事由不同。网络内容提供商依据《侵权责任法》第三章规定的免责事由免责。但是网络技术服务提供商却具备了更多的免责事由。根据《条例》，对提供信息存储空间或者提供搜索、链接服务的网络服务提供者，权利人认为其服务所涉及的作品、表演、录音录像制品，侵犯自己的信息网络传播权或者被删除、改变了自己的权利管理电子信息的，可以向该网络服务提供者提交书面通知，要求网络服务提供者删除该作品、表演、录音录像制品，或者断开与该作品、表演、录音录像制品的链接。如果技术服务提供商接到通知后采取了及时必要的措施，那么其无需承担责任。根据《侵权责任法》第三十六条，网络技术服务提供商承担侵权责任的行为模式有两种：第一种，网络服务提供商在接到被侵权人侵权的通知后未采取删除、屏蔽等必要措施，应对损害的扩大部分承担连带责任；第二种，网络服务提供商知道网络用户侵权后未采取必要措施，承担连带责任。

但是某些情况下，同一民事主体也存在既是网络技术服务提供商也是内容提供商的情况。通常来说，VR 技术的实现不但要依靠 VR 应用软件作为载体，更需要大量的内容才能实现。这些内容其实就是通过 VR 应用软件播放的电影等影视作品。VR 影视作品的著作权侵权十分普遍，目前大多数用户并不是通过购买正版影视作品的方式来体验 VR 电影，而是通过网络下载盗版 VR 电影来播放观看。① 本案中，北京维阿公司未经许可，通过 VR 播控技术将归属于权利人的影视作品进行重新编辑和 3D 数字化，然后上传到该公司自营的手机 APP"橙子 VR"上供观众观看。北京维阿公司不仅提供播放器软件，还提供了侵权作品供用户使用。因此，北京维阿公司既是内容提供商也是网络技术服务提供商，应当承担侵权责任。

（作者：丛立先　起海霞）

---

① 参见刘迪：《VR 技术潜在的法律问题研究》，《法制与经济》2017 年第 2 期。

行政处罚与刑事制裁的衔接：

广州"MTV235"网侵犯影视作品著作权行政处罚案

| 典型意义 |

本案属于行政处罚与刑事制裁相衔接的情形,明确了行政处罚和刑事责任两者并行不悖的原则。尽管行政处罚与刑事制裁两者所调整的对象范围、适用的法律条文、实施的机关、所获得的效果都不尽相同,但是两种责任在立法层面和法律适用上并非是对立排斥的关系。本案充分展现了行政处罚与刑事制裁制度在著作权保护领域的有效衔接。同时,本案还是利用网络链接侵犯信息网络传播权的典型案例,对于今后行政机关查处类似案件具有借鉴意义。该案因此被国家版权局、全国"扫黄打非"办公室、公安部治安局、最高人民法院、最高人民检察院等五部门列为挂牌督办案件以及"剑网2017"专项行动典型案例。

| 裁判要旨 |

设链网站未经权利人许可,通过链接形式聚合视频资源,使公众无需通过被链网站就能够直接在设链网站上播放、下载或者以其他方式获得作品,其服务性质已经从技术服务转变为内容提供服务,构成信息网络传播权侵权。本案中,侵权人未经著作权人许可,通过破解原视频网站的收费视频账号密码系统,在其建立和经营的"MTV235"网站上,先后发布多家公司的电影、电视等作品以供公众观看,并去掉原视频地址上的广告,投放百度联盟的广告以实现营利目的。"MTV235"网站的侵权行为不仅损害了权利人的合法利益,同时损害了公共利益,应依法受到行政处罚。

| 案情介绍 |

本案的当事人为汤某,负责经营"MTV235在线手机电影天堂"网站(本文简称"MTV235"网站)。2017年5月18日,广州市文化市场综合行政执法总队(本文简称广州市文化执法总队)根据上级转办线索对"MTV235"网站涉嫌侵犯著作权进行立案调查。

执法人员登录国家企业信用信息公示系统查询到该网站由广州某有限公司经营,联系人为汤某,该网站采取租用服务器空间的方式提供服务。经调查,"MTV235"网站通过设置榜单、目录、索引、描述性段落、内容简介等方式进行推荐,将各大视频网站进行聚合,让公众可以在其网页上直接以下载、浏览或者其他方式获得作品。网站首页设置"电影""电视""动漫""综艺""游戏直播""电视直播"等栏目,公众点击进入任一栏目,均能提供在线播放等服务活动,并且支持苹果手机、安卓手机、平板播放。

经核查,"MTV235"网站共计1165个页面,合计44905部视频,且每日定期更新40至50部,例如《战狼2》最新影视作品、《鲜花与牛奋》《男舍男分》《刀剑神域》日本动漫等违规禁止内容。操作原理是用户点击"MTV235"网站中罗列的视频链接标签时,"MTV235"网站向视频所在网站服务器发送请求,并根据视频所在网站服务器的回复,解析提取视频文件数据,在"MTV235"网站的播放器中进行在线播放;在解析过程中,去掉原视频地址上的广告,并破解原视频网站的收费视频账号密码系统,直接进行在线播放。

广州市文化执法总队向国内多家知名视频网站求证"MTV235"网站视频内容是否获得授权,经浙江天猫技术网络有限公司、深圳市腾讯计算机系统有限公司等确认"MTV235"网站未经许可传播他人作品共584部合计11324集;经北京百度网讯科技有限公司出具情况说明,证实"MTV235"网站的广告来源是百度广告联盟,确认网站通过投放百度联盟的广告以实现营利目的,共计获利8338.84元。

综上,广州市文化执法总队认定,汤某开办的"MTV235"网站,未经权利人许可通过信息网络向公众提供大量侵权影视作品,以广告方式获得经济收益,侵犯了他人的信息网络传播权,同时也损害了公共利益;且侵权数量众多,未经许可传播他人作品 584 部合计 1 万余集,根据司法解释定义的作品数量计算,当事人侵权作品数量应当为 1 万余部,侵权数量已经远远超过刑事追诉标准。考虑到当事人在执法检查过程中能正确认识自己的错误,积极配合执法。广州市文化执法总队依据国务院《信息网络传播权保护条例》第十九条第(二)项规定作出如下行政处罚:一是责令当事人停止侵权行为;二是没收违法所得 5208.03 元;三是罚款人民币 225000 元;同时将该案移送市公安局追究刑事责任。

2018 年 4 月 13 日,广州市白云区人民法院一审判决:被告人汤某以营利为目的,未经著作权人许可,发行电影、电视等作品,情节严重,其行为触犯了《刑法》规定,以侵犯著作权罪追究其刑事责任,判处汤某有期徒刑一年,并处罚金四万元,追缴违法所得 3130.81 元,没收作案工具电脑 1 台。① 被告不服一审判决提起上诉,称原判量刑过重,广东省广州市中级人民法院经审理后,决定撤销一审法院第一项对上诉人的量刑部分,改判为判处有期徒刑九个月,并处罚金人民币 10000 元。②

| 裁判理由 |

我国《著作权法》第十条规定,信息网络传播权即以有线或者无线方式向公众提供作品,使公众可以在其个人选定的时间和地点获得作品的权利。广州市文化执法总队认定,侵权人通过技术破解措施在其经营的"MTV235"网站上,先后发布多家公司的电影、电视等作品 584 部 11324 集,非法向公众提供在线播放服务。汤某经营的"MTV235"网站并非仅提供链接技术服务,还进行了选择、编辑、整理、专题分类等行为,导致信息网络传播权人本应获取的利益在一定范围内落空,构成信息网络传播权侵权。

根据我国《著作权法》第四十八条的规定,著作权侵权行为同时损害公共利益的,可以由著作权行政管理部门责令停止侵权行为,没收违法所得,没收、销毁侵权复制品,并可处以罚款;情节严重的,著作权行政管理部门还

---

① 广东省广州市白云区人民法院(2018)粤 0111 刑初第 795 号。
② 广东省广州市中级人民法院(2018)粤 01 刑终第 1067 号。

可以没收主要用于制作侵权复制品的材料、工具、设备等；构成犯罪的，依法追究刑事责任。广州市文化执法总队认定，"MTV235"网站在播放作品时避开原前置广告，通过投放百度联盟的广告以实现营利目的，损害公共利益，依法作出行政处罚。另外，广州市文化执法总队在查处过程中发现，侵权人未经许可传播他人作品 584 部合计 1 万余集，当事人传播的侵权作品数量已经远远超过刑事追诉标准。因此，同时将该案移送市公安局追究刑事责任。

| 案件分析 |

一、链接服务提供商的侵权责任

对于普通链接，著作权法持宽容态度，通常不认为构成侵权。1998 年的《数字千禧年版权法案》（本文简称 DMCA）将链接作为信息定位工具（Information Location Tools）加以规范，从间接侵权的角度规定设链者的侵权责任，并在一定程度上对责任范围进行限制。欧洲也采取了与 DMCA 规则类似的普通链接侵权责任规则。中国著作权法同样接受国际上通行的规则，即普通链接的设链者并不直接接触和利用作品，因此并不直接侵害著作权人所享有复制权、发行权、信息网络传播权等专有权。①

网络提供服务商一般不是直接侵权者，没有直接参与侵犯著作权的行为，但由于其提供了平台或工具，不可避免需要对避免著作权受到侵犯承担一定的注意义务，既让网络服务提供商承担注意义务又不至于扼杀网络服务提供商的积极性，必须在两者之间找到一种平衡。国务院 2013 年修订的《信息网络传播权保护条例》（本文简称《条例》）中的规定则体现了这种平衡。《条例》第二十三条规定："网络服务提供商为服务对象提供搜索或者链接服务，在接到权利人的通知书后，根据本条例规定断开与侵权的作品、表演、录音录像制品的链接的，不承担赔偿责任；但是，明知或者应知所链接的作品、表演、录音录像制品侵权的，应当承担共同侵权责任。"该条已经明确了搜索或者链

---

① 参见崔国斌：《加框链接的著作权法规制》，《政治与法律》2014 年第 5 期。

接服务提供商承担的是过错责任。也就是说,链接服务提供商只有在提供服务过程中,存在过错而侵犯他人权利的,才承担相应责任。而这里所指的"搜索或者链接服务"应为普通链接。因为通常认为,主观过错并不是著作权侵权的构成要件,它只影响到赔偿责任的承担。如果存在故意侵权、恶意侵权、反复侵权等情形,则可增加损害赔偿数额。如果是过失侵权或无过错责任,则可以减轻或免除损害赔偿责任。而对于未经权利人许可或法律的规定而实施受著作权专有权控制的行为,不管有没有过错,都构成著作权侵权,承担停止侵权的责任。

《条例》第二十三条规定的链接服务提供商的主观过错包括"明知"和"应知"。最高人民法院 2012 年发布的《关于审理侵害信息网络传播权民事纠纷案件适用法律若干问题的规定》(本文简称《规定》)第十三条规定:"网络服务提供者接到权利人以书信、传真、电子邮件等方式提交的通知,未及时采取删除、屏蔽、断开链接等必要措施的,人民法院应当认定其明知相关侵害信息网络传播权行为。"通过判断链接服务提供商在收到权利人的"通知"后是否履行删除侵权作品的作为义务来认定"明知"的情形是具有合理性的。对于权利人来说,向链接服务提供商发出"通知"就是维护自己权益的实际行动。如果链接服务提供商在收到通知后怠于采取必要行动,则可以认定链接服务提供商存在"明知"这一主观状态。①

为了认定网络服务提供商侵权责任的主观要件"应知",《规定》第九条指出,判断"应知"的前提是侵权的"具体事实明显"。在此基础上,列出判断时所需考虑的因素:第一,基于网络服务提供商提供服务的性质、方式及其引发侵权的可能性大小,应当具备的管理信息的能力;第二,传播的作品、表演、录音录像制品的类型、知名度及侵权信息的明显程度;第三,网络服务提供商是否主动对作品、表演、录音录像制品进行了选择、编辑、修改、推荐等;第四,网络服务提供商是否积极采取了预防侵权的合理措施;第五,网络服务提供商是否设置便捷程序接收侵权通知并及时对侵权通知作出合理的反应;第六,网络

---

① 参见程伟:《论网络服务提供者著作权间接侵权的过错认定》,硕士学位论文,安徽大学,2018 年,第 11 页。

服务提供商是否针对同一网络用户的重复侵权行为采取了相应的合理措施；第七，其他相关因素。另外，《规定》还将网络服务提供商是否获利这一因素纳入考量。从网络用户提供的作品、表演、录音录像制品中直接获得经济利益的网络服务提供商，对其网络用户侵害信息网络传播权的行为负有较高的注意义务。而"直接获得经济利益"是指网络服务提供商针对特定作品、表演、录音录像制品投放广告获取收益，或者获取与其传播的作品、表演、录音录像制品存在其他特定联系的经济利益，不包括网络服务提供商因提供网络服务而收取一般性广告费、服务费等。

本案中，"MTV235"网站上罗列的视频链接并非上文讨论的普通链接。当用户点击"MTV235"网站中罗列的视频链接标签时，"MTV235"网站通过解析和提取视频所在网站服务器中文件数据，去掉原视频地址上的广告，并破解原视频网站的收费视频账号密码系统，直接进行在线播放。"MTV235"网站未经权利人许可，通过链接形式聚合视频资源，使公众无需通过被链网站就能够直接在设链网站上播放、下载或者以其他方式获得作品。在这种情况下，"MTV235"网站的服务性质已经从普通的链接技术服务转变为内容提供服务，构成了向公众提供作品的行为。未经许可通过信息网络向公众提供作品的行为，属于信息网络传播权控制的范围。

二、行政处罚与刑事制裁

从我国《著作权法》第四十八条的规定可以看出，在侵犯著作权的案件中，当事人的违法行为不仅侵犯了著作权人的合法权益，还可能同时触犯行政处罚规范和刑法规范。著作权行政执法的介入前提必须是存在侵权行为同时损害公共利益的情形。另外，如果侵权行为构成犯罪的，还可以由公安机关、检察机关和法院介入，追究侵权人的刑事责任。

司法实践中，行政处罚与刑事制裁相衔接的情形包括两种：第一种是"先罚后刑"，即行政机关给予行为人行政处罚后移送司法机关追究其刑事责任；第二种是行政机关在履职过程中认为违法行为已经构成犯罪而移送司法机关依法追究其刑事责任后，再依据相关行政法律法规追究违法行为人行政责任，可称为"先刑后罚"。

（一）"先罚后刑"情形下的适用原则

其一，同质罚相折抵。此种情形是当前行政处罚和刑事制裁竞合的主要情形，依据《行政处罚法》第二十八条规定："违法行为构成犯罪，法院判处拘役或者有期徒刑时，行政机关已经给予当事人行政拘留的，应当依法折抵相应刑期。违法行为构成犯罪，法院判处罚金时，行政机关已经给予当事人罚款的，应当折抵相应罚金。"由此可以归纳出"先罚后刑"情况下"同质罚相折抵"原则，即行政拘留与剥夺人身自由类的刑罚，罚款与刑事罚金可以相互折抵。

其二，不同罚则各自适用。国务院《行政执法机关移送涉嫌犯罪案件的规定》第十一条规定："行政执法机关对应当向公安机关移送的涉嫌犯罪案件，不得以行政处罚代替移送。行政执法机关向公安机关移送涉嫌犯罪案件前已经作出的警告，责令停产停业，暂扣或者吊销许可证、暂扣或者吊销执照的行政处罚决定，不停止执行。"据此，可以推导出"先罚后刑"情况下"不同罚则各自适用"的原则。

本案则属于"先罚后刑"的情形。该案的行政处罚包括：责令当事人停止侵权行为；没收违法所得 5208.03 元；罚款 225000 元。而法院最终判处汤某有期徒刑九个月，并处罚金 10000 元，追缴违法所得 3130.81 元，没收作案工具电脑一台。可以看出，该案的行政处罚与刑事制裁是遵循"同质罚相折抵"和"不同罚则各自适用"原则作出的。

（二）"先刑后罚"情形下的适用原则

对于行政机关移送司法机关追究刑事责任的案件，对行为人还应当追究行政责任的，行政机关也必须追究其行政责任。但因"先刑后罚"的情形具有自身的特性，在适用双重处罚时应当灵活把握"刑事优先"原则。根据刑事优先原则、司法权与行政权的效力位阶以及现有法律法规，可以推导出以下适用原则。

其一，刑事判决优先。根据《食品药品行政执法与刑事司法衔接工作办法》第十五条的规定，对于人民法院已经作出的生效裁判的案件，依法还应当由食品药品监管部门作出吊销许可证等行政处罚的，食品药品监管部门可以依据法院生效裁判认定的事实和证据依法予以行政处罚。由此可见，在刑事判决之后需要继续追究行为人行政责任的，行政机关应当以刑事裁判所认定的事实和证据为依据作出行政处罚。

其二，同质罚不再罚。对于行政处罚和刑事制裁所具有的性质相近的处罚种类，即罚金与罚款，限制人身自由的刑罚与行政拘留，司法机关已经给予行为人刑罚处罚，行政机关不能再给予其同质行政处罚。

其三，特有罚可再处罚。基于行政犯自身的特殊性和行政领域法律法规所规定的特殊处罚方式，刑事制裁并不能当然地吸收或替代行政处罚。在已经判处刑罚后，行政机关认为需要依法追究行为人特定行政责任的，可以再给予其相应的行政处罚。[①]

（作者：丛立先　起海霞）

---

① 参见黄小伦、罗关洪：《区别情形处理行政处罚与刑事处罚竞合适用》，《检察日报》2017年6月26日，http://www.spp.gov.cn/llyj/201706/t20170626_193917.shtml，最后访问时间：2018年9月1日。

国 外 篇

GUOWAI PIAN

API 的版权保护问题：

甲骨文诉谷歌侵犯版权案

| 典型意义 |

谷歌公司旗下的安卓系统已成为全球最流行的移动智能终端操作系统，而 Java 语言以其跨平台和开源特性历经二十年成为开发者世界中最具影响力的编程语言。两家计算机软件开发巨头就 Java 应用程序编程界面（API）能否获得版权保护已经进行了长达八年的诉讼，目前双方的版权拉锯战还在继续。该案件解决的是计算机软件的保护边界问题，各界对此给予密切的关注，其判决结果在一定程度上会对计算机软件开发行业产生影响，因此被称为"可能影响计算机软件行业未来"的案件。

| 裁判要旨 |

短语和名称往往不能获得版权保护，但是由短语和名称的排列和层次关系的设计构成的复杂的界面代码，符合独创性表达要求的，可以受到版权法的保护。另外，不能因为特定的表达中寓含了一个"操作方法"就完全排除了该表达仍可获得版权保护的可能。

在判断某一使用作品的行为是否构成合理使用时，需要综合考量以下四个因素：第一，使用的目的和性质，包括该种使用是否为商业性使用，或者使用是否出于非营利性的教育目的等；第二，被使用作品的性质，即作品是具有高度原创性的，还是包含大量公有领域的材料；第三，被使用部分占原作的比例和被使用部分的重要程度；第四，对作品的潜在市场和作品价值的影响。

| 案情介绍 |

Oracle America, Inc.v.Google, Inc., 872 F.Supp.2d 974, 976 (N.D.Cal.2012).

Oracle America,Inc.,v.Google Inc.,750 F.3d 1339(Fed.Cir.2014).

Google Inc.v.OracleAmerica.,Inc.,135 S.Ct.2887(2015)(Mem.).

OracleAmerica.,Inc.v.Google Inc.,No.C 10-03561,2016 WL 5393938(N.D.Cal.Sept.27,2016).

Oracle America,Inc.,v.Google Inc.,886 F.3d 1179(Fed.Cir.2018).

本案的当事人为甲骨文股份有限公司（Oracle America,Inc.,本文简称甲骨文公司）和谷歌公司（Google,Inc.）。Java 编程语言最初由 Sun 微系统公司（SunMicrosystems,Inc.,本文简称 Sun 公司）于 20 世纪 90 年代开发,2010 年甲骨文公司收购了 Sun 公司之后,Java 相关的知识产权便被转让至甲骨文公司。

Java 平台是一个使用 Java 语言编写和运行程序的计算机软件。程序员通过 Java 平台编写的程序可以在不同类型的计算机硬件上运行,而不必重写编写程序。有了 Java,程序员可以"一次编写,随处运行"。Java 标准第二版（本文简称 Java SE）平台包括 Java 虚拟机和 Java API 等。Java API 是一组预先编写的 Java 源代码程序,可以跨设备执行并提供诸如连接到互联网或访问某种类型的文件等指令。

Java API 被组织成包、类、公式。具体来说,一个 API 包是类的集合,每一类包含公式和其他元素。API 包中包含了两种源代码:一是"声明代码",即辨识预先写好的功能;二是"实施代码",让电脑依循既定步骤从事预定的功能。为了执行包含在程序中某一特定的功能,程序员调用 Java 的"声明代码",在声明代码之后,公式中"实施代码"接受输入并向计算机逐步指示执行声明功能。因此,程序员通过使用这些 API,就不必从头编写新的代码来实现其软件中的每个功能,也不用再针对每类设备去改代码了。截至 2008 年本案发生时为止,Java SE 已经包含 166 个 API 包,分为 3000 个类,包含 3 万多个方式。

谷歌公司在 2005 年 8 月正式收购安卓公司来开发智能手机或装置的软件操作系统与平台。经过双方在庭审时质证,地方法院认定,谷歌在利用 Java 来开发本身的操作系统时,几乎完全复制了 Java SE 中的 37 个包的名称和功能,但也投注了本身的资源开发出了不同的代码来执行其中 600 个不同的"类别"和超过 6000 种的"方法"。

2010 年,甲骨文公司在美国联邦地方法院加州北区分院向谷歌公司提起侵权之诉,诉称谷歌公司未经许可,复制了甲骨文公司享有版权的 37 个 Java API,并将其使用在谷歌公司自己的软件上推向市场。甲骨文公司认为上述复制行为侵犯了 37 个 API 包中的声明代码以及框架、顺序与组织的版权等权利,且谷歌公司因复制行为获得了大量利润。

本案中,没有争议的是谷歌公司可免费自行使用 Java 程序语言,由谷歌公司使用 Java 程序语言自行开发出的 600 个不同的"类别"和超过 6000 种的"方法"也没有侵犯甲骨文公司的版权。另外,双方关于谷歌复制了甲骨文 37 个 API 包也是没有争议的。因此,本案的争议焦点是:第一,甲骨文公司对于 37 个 API 包的声明代码以及框架、顺序与组织可否获得版权保护? 第二,谷歌公司能否以合理使用作为抗辩?

| 裁判理由 |

从 2010 年甲骨文公司提起侵权之诉到 2018 年 3 月,该案件经过了下述法院的审理:

一、地方法院判决

2010 年,甲骨文公司在美国联邦地方法院加州北区分院向谷歌公司提起侵权之诉。由于陪审团未对合理使用问题达成共识,法院未对此问题作出裁决。而对于 Java API 是否受版权保护的问题,法院判决 Java API 中的很多代码都是短语和名称,独创性不足,无法满足受版权保护的要求。

其次,法院认定涉案宣言或宣示指令等框架性、顺序性和组织性的程序构成"操作方法",仍然属于"思想"的范畴,根据美国《版权法》第 102 条(b)款将"操作方法"排除于版权保护之外的规定,裁定 Java API 不受版权法保护。

二、上诉法院判决

2012 年 10 月,甲骨文公司上诉至联邦巡回上诉法院。上诉法院推翻了一审判决中关于 Java API 不构成作品的认定。联邦巡回上诉法院表示,虽然短语和名称往往不能获得版权法保护,但是这些短语和名称的排列和层次关系的设计也可能符合独创性的要求,构成受版权法保护的作品。甲骨文公司主张的不是单个短语和名称的保护,而是数个短语和名称的组合享有版权。同时,上诉法院指出,一审法院错用了"混同原则",Java API 不是唯一的,其存在着可替代的表达,API 代码中包含的思想并没有和其表达混同。另外,上诉法院表示并不能因为特定的表达中寓含了一个"操作方法"就完全排除了该表达仍可获得版权保护的可能。

但对于谷歌复制享有版权法保护的甲骨文程序是否构成合理使用,因为在初审时陪审团对此并未达成共识,而地方法院的判决也未触及,所以就这个部分发回地方法院重审。

三、发回重审

2014 年 10 月,谷歌公司不服判决,向美国最高法院提出了上诉申请。最高法院在听取了美国政府的意见后,决定不受理谷歌的上诉请求,维持了上诉法院认为 Java API 受版权法保护的判决。2016 年 5 月,该案被发回地方法院,针对合理使用问题进行复审。案件回到地方法院后,陪审团经过审理,作出关于合理使用问题的裁决。陪审团支持了谷歌的观点,即谷歌对 API 的使用构成合理使用。

四、再次上诉至联邦巡回上诉法院

2016 年 10 月,甲骨文公司再次上诉至联邦巡回上诉法院。联邦巡回上诉法院肯定了合理使用的判定既是法律问题也是事实问题,并从构成合理使用的四个要素分析入手,认为谷歌在安卓系统中复制甲骨文公司 Java API 的 37 个数据包不构成合理使用。因此,联邦巡回上诉法院推翻了地方法院关于谷歌公司对甲骨文公司的 37 个 Java API 数据包的复制构成合理使用的裁决。下文是上诉法院对合理使用四要素的分析:

第一,在谷歌公司使用被诉侵权作品的目的上,上诉法院认为找不到大量证据证明其非商业目的而使用,安卓系统是免费的事实并不能使其对 Java API 的复制构成合理使用,虽然谷歌称其收入来源于广告而非安卓系统,但商业性并不取决于谷歌如何获得收益。法院还分析了谷歌对 Java API 的使用不构成转换性使用,其使用目的与作品之前的使用目的相同,用途相同,没有创造出新的表达,因而不构成转换性使用。

第二,就版权作品性质而言,地方法院认为尽管代码具有独创性达到了版权法保护的要求,但功能性占据了主导地位。因而在对被使用作品的性质进行分析时,地方法院作出了不利于甲骨文公司的判断。然而,上诉法院认为有争议的 37 个数据包的独创性是明显的,应受到版权法的保护。

第三,在对复制的数量和质量因素进行分析时,上诉法院认为,复制的内容对构建安卓平台来说是非常重要的,因此在对该要素进行分析的基础上,上诉法院作出了不利于谷歌公司的判定。

第四,在对作品的潜在市场的影响这一因素的分析中,上诉法院认为,就侵权行为对版权人的实际市场危害来说,早在安卓发布之前,Java SE 就在早期智能移动设备上使用多年,因此谷歌公司的行为对甲骨文公司的实际市场造成了损害,有大量证据表明安卓构成了对 Java SE 的替代。另外,将 Java SE 授权给具有更高处理能力的智能手机也是甲骨文的潜在市场。

在综合考虑合理使用四要素的基础上,上诉法院裁定谷歌在安卓系统中复制甲骨文公司 Java API 的 37 个数据包不构成合理使用。

|案件分析|

本案主要围绕 Java API 的可版权性以及合理使用制度的界限两个问题展开。

一、API 的可版权性

纵观知识产权的发展历史,计算机软件能否受到版权保护,从 20 世纪 70 年代到 90 年代一直是备受争议的问题,其中的考量在于版权本身的局限性以及扩张版权来适应计算机软件所具有的功能特性是否适当的问题。[①] 随着《与贸易有关的知识产权协定》(本文简称 TRIPs 协定)[②]等国际公约把计算

---

① 参见孙远钊:《计算机软件应用程序界面(API)的著作权保护——兼评美国"甲骨文公司诉谷歌公司"侵权案》,《中国版权》2015 年第 5 期。

② 《与贸易有关的知识产权协定》第十条第一款:"计算机程序,无论是源代码还是目标代码,应作为《伯尔尼公约》(1971)项下的文字作品加以保护。"

机软件的程序代码明确纳入版权的保护范围后,看似相关争议已经得到解决。但在具体案件中,判断一个软件程序中的哪些具体部分可以受到版权保护却并不容易。本案中,美国地方法院和上诉法院分别对 Java API 的声明指代码及其框架、顺序与组织能否获得版权保护进行了具体分析。而关于是否应该给予 Java API 版权保护的问题,美国地方法院认为 Java API 可以受到版权法保护,而上诉法院则判定不应给予 Java API 版权保护。

　　一般来说,依据英美的版权法体系,只要相关的表达来自作者,就满足了独创性的要求。而依据欧洲大陆的著作权法体系,相关的表达不仅仅应当来自于作者,还要求一定的创作高度。本案中,对于独创性要件的分析,一审地方法院指出独创性中的"创"要求至少有最低程度的创造性,而短语和名称往往因为无法满足必要的长度和一定的深度,从而无法满足创造性的要求,在一般情况下不受版权法保护。而谷歌所复制的 7000 行声明代码是由一段一段的短语以及名称所组成,没有实际意义,独创性不足。而上诉法院就独创性要件的分析推翻了一审法院的判决。上诉法院指出,虽然短语和名称往往不能获得版权法保护,但是对这些短语和名称的排列和层次关系的设计也可能构成符合独创性要求的作品。甲骨文主张的不是单个短语和名称的保护,而是数个短语和名称的组合享有的版权,因此满足独创性的要求。

　　至于版权法意义上的"表达",不得不提"思想表达二分法"这一基本原则。"思想表达二分法"是指版权法的保护范围限于表达而不及于其中的思想。TRIPs 协定第九条第二款①和我国《计算机软件保护条例》第六条②正是关于该原则的规定。然而,某些情况下,版权法也不保护表达。根据"混同原则",某种思想的表达方式只有一种或非常有限的几种。这种情况下,表达和思想发生了混同,此时版权法不给予保护。另外,版权法也不保护适用"场景原则"的情形,即很多作品里都会出现一个场景,对这个场景进行描述,方式

---

① 《与贸易有关的知识产权协定》第九条第二款:"版权的保护应该延及表达方式,但不延及思想、程序、操作方法或数学概念本身。"
② 《计算机软件保护条例》第六条:"本条例对软件著作权的保护不延及开发软件所用的思想、处理过程、操作方法或者数学概念等。"

也极为有限,因此不再保护对这个场景的描述。本案中,上诉法院指出一审法院错用了"混同原则",Java API 存在着可替代的表达,Java API 代码中包含的思想并没有和其表达混同。

阻碍 Java API 获得版权法保护的另一障碍是版权法的保护不延及操作方法,而这种争议的根源是软件作品的实用性特点。一审法院认为,谷歌公司复制的宣言或宣示指令(declaration line)等框架性、顺序性和组织性的程序构成了"操作方法",不受版权法的保护。上诉法院则指出,Java API 虽然有一定的功能性,但并不妨碍其作为表达受到版权法的保护,因为使用其他的表达一样可以实现这些功能,这体现了 Java API 个性化的选择。这些代码虽然是指示电脑完成相应操作的命令,但也可能含有受到版权法保护的表达。不能因为特定的表达中寓含了一个"操作方法"就完全排除了该表达仍可获得版权保护的可能。

二、合理使用制度

合理使用制度作为限制版权人权利的一项重要制度,其正当性在于有效维持权利人和社会公众之间的利益平衡,同时也从另一方面体现法律上的公平正义原则。《伯尔尼公约》《与贸易有关的知识产权协定》《世界知识产权组织版权条约》①均规定了合理使用的三个前提:第一,只能在特殊情况下作出;第二,与作品的正常利用不相冲突;第三,没有不合理地损害权利人的合法权益。这就是所谓的"三步检验标准"。② 我国也已将该标准转化为国内立法,《著作权法实施条例》第二十一条规定:"依照著作权法有关规定,使用可以不经著作权人许可的已经发表的作品的,不得影响该作品的正常使用,也不得不合理地损害著作权人的合法利益"。根据体系解释规则,该条中的"有关规定",应为《著作权法》第二十二条列举的十二种合理使用的情形。

我国《著作权法》第三次修改过程中,就有意见指出:现行《著作权法》第

---

① 《伯尔尼公约》第九条第二款;TRIPs 第十三条;WCT 第十条。
② 参见王迁:《知识产权法教程》(第四版),中国人民大学出版社 2014 年版,第 220 页。

二十二条的列举式条文缺乏开放性,在现行《著作权法》第二十二条"权利限制"的十二种法定情形之外,增设兜底条款——"其他情形"。同时,在该条第二款中规定:"以前款规定的方式使用作品,不得影响作品的正常使用,也不得不合理的损害著作权人的合法利益"。该修改意见旨在以"开放性列举"辅以"概括性原则"对合理使用制度予以调整。此种修改意见与由北京市第一中级人民法院和北京市高级人民法院审理的"王莘诉谷歌、谷翔公司案"的判决思路在一定程度上是一致的。

在"王莘诉谷歌、谷翔公司案"中,法院在处理合理使用的边界问题时,综合参考了"三步检验标准"和美国《版权法》第107条的四要素——使用的目的和性质、有版权作品的性质、同整个有版权作品相比所使用的部分的数量和内容的实质性、这种使用对有版权作品的潜在市场或价值所产生的影响。2011年,北京市第一中级人民法院作出一审判决:"在特定情形下,如果他人未经版权人许可而实施的著作权所控制的行为并未与作品的正常利用相冲突,也没有不合理地损害著作权人的合法利益,则通常可以认定此种使用行为构成对著作权的合理使用,不属于侵犯著作权的行为。"[1]上述措辞表明法院在判定是否构成合理使用时采用了"三步检验法"。法官在二审判决中,则依据美国《版权法》四要素的逻辑对合理使用的判定进行了阐明:"考虑到人民法院已经在司法实践中认定《著作权法》第二十二条规定之外的特殊情形也可以构成合理使用,因此在谷歌公司主张并证明涉案复制行为属于合理使用的特殊情形时,该行为也可以被认定为构成合理使用。在判断涉案复制行为是否构成《著作权法》第二十二条规定之外的合理使用特殊情形时,应当严格掌握认定标准,综合考虑各种相关因素。判断是否构成合理使用的考量因素包括使用作品的目的和性质、受著作权保护作品的性质、所使用部分的性质及其在整个作品中的比例、使用行为是否影响了作品正常使用、使用行为是否不合理地损害著作权人的合法利益等。而且,使用人应当对上述考量因素中涉及的事实问题承担举证责任。"[2]从上述法院关于合理使用的判决可以看出,

---

[1] 北京市第一中级人民法院(2011)一中(民)初字第1321号民事判决书。
[2] 北京市高级人民法院(2013)高(民)终字第1221号民事判决书。

法院在司法实践中已经打破了《著作权法》第二十二条列举的十二种合理使用的情形。

（作者：丛立先　起海霞）

BitTorrent 网络服务商的帮助侵权责任：

美国 BMG 公司诉 Cox 公司侵犯版权案

| 典型意义 |

网络服务提供商在网络运作中充当着非常重要的角色,其保证了网络的畅通和数字化信息的迅捷传递。但是正因为其在网络运作中的重要作用,网络服务提供商不断被卷入网络版权的侵权纠纷,时常成为版权侵权案件的被告。因此,合理认定网络服务提供商的版权侵权责任对于平衡网络服务提供商、版权人和网络用户之间的利益,对保护版权人的合法权益,鼓励作品在网络环境下的传播和使用十分必要。虽然我国网络版权侵权责任的规则和制度与世界先进国家基本保持同步,但是也存在着规则多而杂、制度体系混乱的现实问题。对网络版权侵权的相关规则和制度进行梳理,构建和完善网络版权侵权责任的法律制度体系十分必要。

| 裁判要旨 |

美国司法判例将帮助侵权(contributory infringement)描述为"知道侵权活动而引诱、促使或者以物质帮助他人实施侵权"。构成帮助侵权需要行为人的主观意图是故意,至少是故意视而不见(willful blindness),仅仅疏忽是不充分的。其中,"应该知道"在主观状态上属于疏忽,因此不能作为判定构成帮助侵权的判断标准。

对于替代侵权的认定,美国司法判例形成的两个要件为:第一,替代侵权者有能力制止侵权活动;第二,替代侵权者由他人的侵权活动获得了直接的经济收益。其中,"直接的经济收益"不包括网络服务提供商向其用户定期收取的固定费用。

想要获得避风港规则的保护,网络服务提供商必须证明满足《数字千年版权法》(Digital Millennium Copyright Act,本文简称 DMCA)§512(i)(1)(A)

256

中的条件,即"采用并告知其用户或账户持有者,在适当的时候对重复侵权者停止服务的政策,并以合理的方式执行这一政策",此处的"重复侵权者"不限于被裁决侵权者。

产品具有"实质非侵权用途"并不意味着生产者永远可以免于承担帮助侵权责任。如果提供产品的意图是为了促成版权侵权,则可能构成帮助侵权。

| 案情介绍 |

BMG Rights Management(US)LLC et al.v.Cox Enterprises Inc.et al. 149 F.Supp.3d 634(E.D.VA.2015).

BMG Rights Management(US)LLC et al.v.Cox Enterprises Inc.et al. 881 F.3d 293(4th Cir.2018).

本案的原告(二审被上诉人)美国 BMG 版权管理公司("BMG Rights Management(US)LLC",本文简称 BMG 公司)是全球五大唱片公司之一,拥有很多音乐作品的版权。本案的被告(二审上诉人)美国通信公司 Cox("Cox Enterprises Inc.",本文简称 Cox 公司)为一家网络服务提供中介公司,通过收取月费,为大约 450 万用户提供高速网络服务。

Cox 公司的用户可以通过叫作 BitTorrent 的技术来分享文件。BitTorrent 不是一个软件,而是一个关于计算机之间通讯的协议。这种技术就是我们通常所称的"点对点传播"。但与通常的点对点分享不同的是,BitTorrent 可以使用户在同一时间通过多点传输获得文件,即使提供文件的点仅拥有文件的一部分。也就是说,当用户下载了文件的一部分时,他就可以向其他用户分享文件了,同时可以继续下载剩余的文件。

Cox 公司作为网络服务提供中介,不制作或出售利用 BitTorrent 技术的软件,也不在自己的服务器上储存侵权材料。为了避免承担法律责任,Cox 公司采取了一种自动控制系统来应对版权所有人的侵权通知,此系统基于 Cox 公司之前收到过多少针对特定用户的侵权通知来决定是否采取行动,被称为"十三次通知"政策。

当第一次接到特定用户的侵权通知时,Cox 公司并不采取行动;第二到七次接到用户的侵权通知后,Cox 公司会向被声称侵权用户发送一封警告邮件;

第八到九次接到用户的侵权通知后,Cox 公司会限制用户访问包含侵权警告的特定网页,但用户可以通过单击"确认"来激活整个服务;在接到十到十一次通知后,Cox 公司会暂停服务,要求被声称侵权用户联系 Cox 公司的技术人员,技术人员在向用户解释暂停的原因和建议用户移除侵权内容后,用户便可以再次激活服务;在接到第十二次通知后,Cox 公司要求被声称侵权用户与一个特定的技术人员联系,技术人员对该用户作出停止侵权行为的警告后,用户仍可以激活服务;在第十三次接到用户的侵权通知后,Cox 公司会暂停对该用户的服务,并在这时第一次考虑是否终止对该用户的服务。但是截至原告提起诉讼时,Cox 公司从来没有自动终止过对其用户的服务。Cox 公司的"十三次通知"政策也有其限制。Cox 公司限制版权人或版权机构每天发送通知的数量。在对用户的侵权行为计数时,Cox 公司每天对一个用户只计一次数,并且 Cox 公司每六个月即进行重新计数。

Rightscorp 公司（"Rightscorp, Inc."）是一家在美国洛杉矶成立的版权管理公司。BMG 公司雇佣 Rightscorp 公司监控 BitTorrent 上的侵权活动,来保护音乐作品的版权。发现侵权行为后,Rightscorp 公司会向 Cox 公司发送一封包含作品名称,IP 地址和时间戳以及有权代理的通知。

在 BMG 公司雇佣 Rightscorp 公司之前,Cox 公司因对 Rightscorp 公司向其发送的侵权通知中包含的结算条款不满,将 Rightscorp 公司拉入了黑名单。因此,Rightscorp 公司代理 BMG 公司向 Cox 公司发送的大量侵权通知,Cox 公司一封也没有看过。在知道 Cox 公司将其拉入了黑名单后,Rightscorp 公司改为向 Cox 公司发送邮件。

2014 年 11 月 26 日,BMG 公司向美国联邦地方法院弗吉尼亚东区分院提交了起诉状,诉称 Cox 公司对其用户在 2012 年 2 月至 2014 年 11 月期间发生的直接侵权行为构成帮助侵权和替代侵权。Cox 公司提出了一系列抗辩,其中包括依据 DMCA §512 的规定,网络服务提供商可以受到避风港规则的保护。随后,地方法院作出即决判决（summary judgment）①,裁定 Cox 公司不满

---

① 根据《布莱克法律词典》（第 8 版）的解释,即决判决是指对于重要事实（material fact）不存在实质争点,且动议人有权将其主张或者抗辩作为法律问题（a matter of law）（由法官进行裁判）而获得的判决。

足 DMCA §512 条中规定的获得避风港规则保护的要求,构成故意帮助侵权,判处 2500 万美元损失赔偿金;同时,Cox 公司还需赔偿原告 800 万美元的诉讼律师费。

2017 年 10 月 25 日,Cox 公司向联邦第四巡回上诉法院提起上诉,诉称一审法院裁定其不能受到避风港规则保护的判决错误,并主张陪审员在一审过程中被错误指引。2018 年 2 月 1 日,联邦第四巡回上诉法院维持了地区法院对 BMG 公司关于 DMCA §512 中避风港抗辩的即决判决,但是由于地方法院错误地指示陪审团帮助侵权的主观意图包括"应当知道",因此撤销一审认定 Cox 公司构成故意侵权的部分,并发回重审。

| 裁判理由 |

一、Cox 公司不具备受 DMCA §512 中避风港规则保护的条件

一审法院指出想要获得避风港规则的保护,网络服务提供商必须证明满足 DMCA §512(i)(1)(A)中的条件,即"采用并告知其用户或账户持有者,在适当的时候对重复侵权者停止服务的政策,并以合理的方式执行这一政策"。一审法院指出,Cox 公司的"十三次通知"制度是针对重复侵权者的停止服务政策。Cox 公司在形式上采取并告知了其用户或账户持有者"十三次通知"制度。那么,判定 Cox 公司能否主张避风港原则来免除责任的关键在于其是否"合理实施"了该停止服务政策。然而,证据表明 Cox 公司在终止对其用户的服务后,用户总是可以激活服务。Cox 公司仅象征性地终止对其用户的服务,这些用户在短时间内可以任意地激活服务。Cox 公司一直在采取行动避免合理地执行这些措施。因此,一审法院判决 Cox 公司不具备受 DMCA §512 中避风港规则保护的条件。

另外,Cox 公司在上诉中称,一审法院裁定其不能受到避风港规则保护的判决错误,因为只有"被裁决侵权者"才能构成 DMCA §512(i)(1)(A)中的"重复侵权者"。法院指出,DMCA 在 §512(g)(1)中区分了"被声称侵权行为"和"被裁决为侵权的行为",立法者注意到了这种区分。但是,§512(i)中使用的"侵权者"说明法律并没有将此处的侵权者限于被裁决侵权者。上诉

法院通过对一些先例的回顾,指出 Cox 公司并没有找出一个案子支持其主张。最终,联邦第四巡回上诉法院维持了地区法院对 BMG 公司关于 DMCA §512 中避风港抗辩的判决。

二、Cox 公司的行为构成帮助侵权

美国司法判例将帮助侵权描述为"知道侵权活动而引诱、促使或者以物质帮助他人实施侵权"。对于帮助侵权人的主观过错,法院明确了帮助侵权人的主观意图是故意,即事实上知道他人侵权行为的存在,或者故意对他人的侵权行为视而不见。一审法院在判决中指出,在全面考虑案件事实和相关证据的基础上,一个理性的陪审团应当认定 Cox 公司拒绝接收 Rightscorp 公司的侵权通知是不合理,且 Rightscorp 公司在 Cox 公司拒绝接收其侵权通知后向 Cox 公司发送邮件的行为表明 Cox 公司知道用户侵权行为的存在。另外,BMG 公司提出,Cox 公司在收到侵权通知后未停止服务及其拒绝接收 Rightscorp 公司的侵权通知的行为,足以表明 Cox 公司对侵权行为故意视而不见。

对于替代侵权的认定,美国司法判例形成的两个要件为:第一,替代侵权者有能力制止侵权活动;第二,替代侵权者由他人的侵权活动获得了直接的经济收益。一审法院认定,Cox 公司与其客户之间存在合同关系,使得 Cox 公司有能力阻止或限制其客户侵犯 BMG 公司的合法权益。另外,Cox 公司每个月向其用户收取固定费用,无论这些用户是否将 Cox 公司的服务用于侵权还是非侵权目的。因此,Cox 公司定期收取的费用不能认定为侵权活动带来的直接经济收益。最终,陪审团裁定 Cox 公司的行为构成帮助侵权而非替代侵权。

另外,Cox 公司在上诉中主张,其提供的技术具有"实质非侵权用途",因而不构成对其用户的帮助侵权,法院认为这一主张是没有价值的,产品具有"实质非侵权用途"并不意味着生产者永远可以免于承担共同侵权责任。Grokster 案①已经澄清,产品是否具有实质非侵权用途不重要,重要的是提供

---

① Metro-Goldwyn-Mayer Studios Inc.v.Grokster,Ltd.,545 U.S.913,125 S.Ct.2764,162 L.Ed.2d 781(2005).

产品的意图是不是为了促成版权侵权。因此，上诉法院认定 Cox 公司的该抗辩不成立。

三、帮助侵权行为人的主观意图是故意

对于帮助侵权人的主观过错，法院明确构成帮助侵权需要行为人的主观意图是故意，至少是故意视而不见，仅仅疏忽是不充分的。并由此认为，地方法院错误地指示陪审团 Cox 公司可能会因知道或应当知道（疏忽）其用户的直接侵权行为而承担帮助侵权的责任。联邦第四巡回上诉法院维持了地区法院对 BMG 公司关于 DMCA §512(a)中避风港抗辩的判决，但是由于存在对陪审团错误的指示，撤销并发回重审。

｜案件分析｜

本案中，被告 Cox 公司因为对其用户的侵权行为管控不力而被判定承担侵权责任。案件的争议集中在 Cox 公司作为网络服务提供商的侵权责任认定以及其能否主张避风港原则来免除责任。

一、网络服务提供商的侵权责任

在版权侵权责任理论中，一直存在着"直接侵权"与"间接侵权"的划分。我国著作权法没有明文规定间接侵权，德国只是笼统地对间接侵权作出了规定，英国则是明文规定了版权间接侵权，而美国的"间接侵权责任"规则是通过司法判例逐渐形成的。美国法院依据普通法上已经确立的原则，将间接侵权责任分为帮助侵权和替代侵权。[1] 1971 年美国第二上诉法院判决的 Gershwin Publishing Corp 案[2]，将帮助侵权描述为"知道侵权活动而引诱、促使或者以物质帮助他人实施侵权，可以作为帮助侵权者而承担责任"。随后，1984 年美国最高法院判决的索尼案[3]将帮助侵权理论阐释为"帮助侵权仅是

---

[1]　参见张景南：《著作权间接侵权责任问题研究》，《法制博览》2018 年第 5 期。

[2]　Gershwin Publishing Corp. v. Columbia Artists Magaement, Inc., 443F. 2d. 1159, 1162 (2dCir. 1971).

[3]　Sony Corp. of American v. Universal City Studios, 464 U.S. 417, 435 (1984).

一个更广泛的问题,它解决在哪些情况下对自己没有亲自参与的他人行为负责"。

替代侵权的概念最早产生于 1963 年的 Shapiro 案①。在该案中,法院提出了判定替代侵犯版权的两个标准:一是替代侵权者有能力制止侵权活动,二是替代侵权者由他人的侵权活动获得了直接的经济收益。本案中,陪审团裁定 Cox 公司的行为构成帮助侵权而非替代侵权。首先,Cox 公司与其客户之间存在合同关系,使得 Cox 公司有能力阻止或限制其客户侵犯 BMG 公司的合法权益。另外,Cox 公司每个月向其用户收取固定费用,无论他们是否将 Cox 公司的服务用于侵权或非侵权目的,因此 Cox 公司定期收取的费用不能认定为侵权活动带来的直接经济收益。

2012 年颁布的《最高人民法院关于审理侵害信息网络传播权民事纠纷案件适用法律若干问题的规定》(本文简称《信息网络传播权若干问题的规定》)第七条规定了网络服务提供商的"帮助侵权行为"和"教唆侵权行为"。其中,帮助侵权行为是指网络服务提供商明知或者应知网络用户利用网络服务侵害信息网络传播权,未采取删除、屏蔽、断开链接等必要措施,或者提供技术支持等帮助行为。教唆侵权行为是指网络服务提供商以言语、推介技术支持、奖励积分等方式诱导、鼓励网络用户实施侵害信息网络传播权行为。在我国司法实践中,通常根据共同侵权理论来认定网络服务提供商的侵权责任。值得注意的是,我国的"帮助侵权"与美国的"间接侵权中的帮助侵权"虽然字面相近,但理论基础、分类标准和责任承担其实有一定差异。②

二、避风港规则

网络信息技术的进步使得作品的传播不再局限于传统的出版方式。起诉网络服务提供商侵害信息网络传播权可视为版权维权最有效的手段之一,而"避风港规则"往往是网络服务提供商主张免责的重要理由。美国 1988 年颁布的 DMCA 最早规定了避风港原则,美国国会的报告表明避风港规则的立法

---

① Shapiro,Bernstein and Co.v.H.L.Green Co.,316 F.2d 304(2d Cir.1963).

② 王晋:《中美版权间接侵权制度之不同》,《黑龙江省政法管理干部学院学报》2016 年第 5 期。

目的主要有两个:第一,明确服务提供商可能的版权侵权责任,使服务提供商可以在准确预测法律风险的情况下,正常经营和发展信息产业。第二,建立一种激励机制,鼓励服务提供商与版权人密切合作,共同应对数字网络环境中的版权侵权问题,有效制止网络侵权行为的蔓延。也就是说,在计算机迅速发展的信息时代,避风港规则是为了在信息技术产业发展和保护版权人利益之间找到平衡点,既避免苛以网络服务提供商过多的责任,又防止侵权者通过网络大肆侵犯版权人利益,阻碍其创作的热情。①

美国 DMCA 第 512 条确立了避风港规则,规定了四种网络服务提供商(传输通道服务提供商、系统缓存服务提供商、空间存储服务提供商、信息检索服务提供商)的免责情形。DMCA 规定要受避风港规则的庇护,网络服务提供商必须满足的条件:第一,采用并告知关于在适当的时候对重复侵权者停止服务的政策。如在网站上发表声明,说明在什么情况下会对多少次以上的重复侵权者停止服务。第二,以合理的方式执行这一政策,如建立健全的通知举报制度,包括指定接收侵权通知的代理人,提供代理人正确的联系方式等。并在知道有反复侵权的用户存在时,或者在收到对某一侵权者的多次举报后,停止对其提供服务。本案中,Cox 公司采用和告知的"十三次通知"制度,则属于针对重复侵权者的停止服务政策,因此满足了第一个条件。判定 Cox 公司是否"合理实施"了该停止服务政策是判定 Cox 公司能否主张避风港原则来免除责任的关键。然而,证据表明 Cox 公司仅仅象征性地终止对用户的服务,Cox 公司在终止对用户的服务后,其用户在短时间内可以任意地激活服务。法院因此判决 Cox 公司不具备受 DMCA 中避风港规则保护的条件。

概括来讲,避风港规则就是"通知删除"规则。其中,"通知"是指被侵权人发现自己的权益被侵犯时,有权决定是否通知网络服务提供商。而"删除"则属于网络服务提供商的义务,即在接收到被侵权的通知后应采取合理或必要的措施。借鉴 DMCA 的经验,我国《侵权责任法》《信息网络传播权保护条例》(本文简称《条例》)和《信息网络传播权若干问题的规定》中均包含了关于避风港规则的规定。《侵权责任法》第三十六条第一款规定网络服务提供

---

① 陈瑜:《中美避风港规则比较研究》,《法制与社会》2013 年第 7 期。

商在接到被侵权人侵权的通知后未采取删除、屏蔽、断开链接等必要措施，应对损害的扩大部分承担连带责任。《条例》的第二十条至第二十三条规定了网络服务提供商在自动接入、传输、储存、提供空间和链接服务时不承担赔偿责任的情形和免责的条件措施，从规范上确立了我国的避风港条款。2012 年颁布的《信息网络传播权若干问题的规定》第六条从客观行为和主观方面规定了网络服务提供商免于赔偿的条件，即客观上网络服务提供商能够证明其仅提供网络服务，且主观上不存在过错。

（作者：丛立先　起海霞）

"粉丝作品"版权侵权的认定：

《星际迷航》版权纠纷案

| 典型意义 |

粉丝通过创作作品来表达对某些电影或电视节目的热爱或对原作的敬意,在现实生活中是非常常见的。所谓的粉丝作品,并非一个严格的法律术语。它泛指那些由热心的受众利用版权作品进行再创作的行为。然而,在"粉丝作品"的制作过程中会不可避免地使用到原作的元素或片段,从而引发版权侵权纠纷。本案详尽地分析了如何认定这些"粉丝制作人"的责任以及版权合理使用的边界问题,对于解决该类版权纠纷案件具有借鉴意义。

| 裁判要旨 |

判断是否构成版权侵权时,采取"接触加实质性相似"的规则。其中,对于是否构成实质性相似的判定应结合抽象分离法与整体比较法,即将不受版权法保护的部分剥离出来,将受保护的部分与参照作品进行对比。法院同时也指出,不能完全不考虑不受保护的部分,而无视作品整体的表达。如果对不受版权法保护的部分的选择和编排体现独创性,也是可以受到版权法保护的。

合理使用可以作为免除被告侵权责任的抗辩理由。在确定是否构成合理使用时,需要考量版权法设立的目的——促进科学和有用技术的进步,并综合衡量以下四个要素进行判定:第一,使用的目的和性质;第二,版权作品的性质;第三,同整个有版权作品相比所使用的部分的数量和内容的实质性;第四,这种使用对版权作品的潜在市场或价值所产生的影响。

| 案情介绍 |

Paramount Pictures Corporation.& CBS Studios Inc.v.Axanar Productions,Inc.& Alec Peters.United States District Court,C.D.California.（2016 WL 2967959）.

Paramount Pictures Corporation.& CBS Studios Inc.v.Axanar Productions,Inc.& Alec Peters.United States District Court,C.D.California.（2017 WL 83506）.

本案的原告美国派拉蒙影视公司（Paramount Pictures Corporation,本文简称派拉蒙公司）和 CBS 电影公司（CBS Studios Inc.,本文简称 CBS 公司），分别拥有《星际迷航》的电影和电视剧版权。《星际迷航》是流行的科幻影视系列，在全球拥有众多粉丝。截至两原告提起诉讼时,CBS 公司已经制作了六系列的《星际迷航》电视剧,而派拉蒙公司从 1979 年开始制作了 13 部标准长度的电影,最近的一部在 2016 年进行放映。另外,原告还许可了许多衍生作品,例如书籍、游戏和视听作品。

本案的被告为 Axanar 制片公司（Axanar Productions, Inc.,本文简称 Axanar 公司）和该制片公司的总裁兼编剧 Alec Peters（本文简称 Peters）。Peters 是《星际迷航》的粉丝,想制造自己的星际迷航产品。被告为了制作"完全专业"的电影产品,雇佣了很多以前为星际迷航工作过的专业团队。另外,被告在 Kickstarter 和 Indiegogo 网站上通过众筹的方式筹得超过 100 万美元的资金,并制作出了一部 21 分钟的电影——《星际迷航:阿克纳之战的前序》（Star Trek:Prelude to Axanar）。该作品将剧情发生时间设置为原作《星际迷航》的前 21 年,被告将其发布在 YouTube 上,为制作一部标准长度的电影筹备资金,此外被告还完成了电影剧本并发布了其中的一处场景（the"Vulcan Scene"）。

2016 年 3 月 11 日,派拉蒙公司和 CBS 公司向法院提交起诉状,称被告的行为构成对其作品的侵权。其中,被告 Peters 对于 Axanar 公司的直接侵权行为构成帮助侵权（contributory infringement）和替代侵权（vicarious infringement）。被告提出驳回此案的动议（Motion to Dismiss）,请求法院不受理该案件。经过初步审理,法院裁定驳回被告的动议,继续对该案件进行审理。

随后,原告和被告都向法院提出即决判决动议(summary judgment)①。法院指出,案件的核心问题包括:第一,法院对该案件是否拥有管辖权;第二,被告拍摄的电影是否与原告受版权保护的作品《星际迷航》构成实质性相似;第三,被告是否享有《版权法》中的合理使用抗辩;第四,被告 Peters 的行为是否构成帮助侵权和替代侵权。由于案件中对于重要事实还存在实质争点,法院裁定驳回原告和被告的即决判决动议。

裁判理由

一、管辖权问题

被告提出,其作品尚未完成,原告还未获得提起诉讼的成熟时机,因此法院对该案不具有管辖权。法院表示,司法成熟原则(The Doctrine of Ripeness)来源于宪法对司法权的限制,避免法院审查仅是推测的不适合由法院审查的抽象争议。而本案的争议并不是抽象的,因此法院对该案件拥有管辖权。

二、实质性相似的判定

法院提出,判断是否构成版权侵权采取"接触加实质性相似"的规则。本案中,双方当事人对于原告为涉案作品的版权所有人以及被告接触过这些作品是没有争议的,那么剩下的问题就是对实质性相似的判定。

在判定实质性相似时,法院提到了内外部测试法,即通过外部测试和内部测试来判定作品是否实质性相似。外部测试是指由外在的、客观的标准来判断两个作品是否有实质相似的思想和表达;而内部测试则是根据"正常、理性的人是否会发现两部作品的总体印象和感觉是相似的"来作出判定。

在进行外部测试时,法庭将不受版权法保护的部分剥离出来,将受保护的部分与参照作品进行对比。法院同时也指出,不能完全不考虑不受保护的部分,而无视作品整体的表达。另外,如果对不受版权保护的部分的选择和编排

① 根据《布莱克法律词典》(第 8 版)的解释,即决判决是指对于重要事实(material fact)不存在实质争点,且动议人有权将其主张或者抗辩作为法律问题(a matter of law)(由法官进行裁判)而获得的判决。

体现独创性,也是可以享受版权保护的,针对被告使用原告作品中的人物形象和物种不受版权保护的主张,法院引用了第九巡回法院对人物形象是否受版权保护的"三部分测试法":第一,人物形象一般必须具有物理和观念上的品质;第二,形象被充分的描绘,无论何时出现都会被作为同一形象感知;第三,人物形象必须特别显著,包含一些特别的表达元素。

以此方法为指导,法院经分析后认为原告人物形象符合版权保护的条件,被告的使用构成版权侵权。针对被告对原告作品中的一些设置,如行星、宇宙飞船、教堂等元素的利用,法院认为,所有这些元素都出现在被告的电影中,即使这些单个元素自身不具备独创性因而不能受到版权法保护,但是对这些大量元素的选择和编排可以受到版权保护。

通过分析,法院认为客观上被告构成对原告作品的侵权。另外,法院指出,在即决判决中,如果法院作出了外部测试,内部测试必须留给陪审团来解决。因此,判定被告是否构成侵权需要等陪审团作出判断才能最终认定。

三、合理使用

合理使用可以作为免除被告侵权责任的抗辩理由。在确定是否构成合理使用时,需要结合版权法设立的目的,并综合衡量合理使用的四个要素进行判定。

在对被告是否享有合理使用抗辩进行分析时,法院认为:第一,在使用被诉侵权作品的目的上,被告对作品没有添加新的表达、意义或传递新的信息。在对被告不具有商业目的的主张进行分析时,法院认为,尽管被告免费提供作品,但其利用发布的电影前序成功地募得了资金,构成间接获利。第二,就版权作品性质而言,原告的作品具有独创性,符合版权保护的条件。第三,在对使用作品的质量和数量进行分析时,法院认为,被告对原告作品中的元素的使用遍及了被告的作品,每一个场景都唤起了粉丝对星际迷航的回忆。第四,在对是否构成对原作品市场的替代进行分析时,法院认为,"市场"包括原告对作品进行利用的市场和可能许可别人开发的市场。被告意在为粉丝提供一个替代途径来审视《星际迷航》,被告在网上免费提供其制作的电影会对原告市场造成损害。综上,法院判决被告的行为不构成合理使用。

四、帮助侵权和替代侵权

在分析被告 Peters 是否构成帮助侵权时,法院认为 Peters 实质性地投入到了侵权作品的创作过程中,例如创作电影剧本。这些投入促成了 Axanar 公司的侵权行为。在对替代侵权进行分析时,法院认为,Peters 作为 Axanar 公司的总裁,负责监管和控制该公司,并直接从电影制品中获利,符合替代侵权的要件。但是只有在认定 Axanar 公司构成侵权的基础上,判定被告 Peters 是否构成帮助侵权或替代侵权才具有意义。因此,法院指出,最后将根据陪审团对被告和原告的作品是否构成实质性相似的判断,具体分析 Peters 应该承担何种侵权责任。

| 案件分析 |

2016 年 6 月,案件还在审理过程中,派拉蒙公司和 CBS 公司就联手推出了星际迷航粉丝剧规章准则。短短十条内容,对粉丝作品的时间、标题、内容、演员阵容以及非商业性作出了规定,可以说是基本断了目前所有制作中的粉丝剧的后路。而在版权法层面,判定"粉丝作品"是否侵犯权利人的合法权益,需要首先判定原作与"粉丝作品"是否构成实质性相似。即使两者构成实质性相似,"粉丝作品"的制作人仍可以主张合理使用制度作为不构成版权侵权的抗辩。另外,本案中适用的驳回起诉的动议和请求即决判决的动议属于美国司法中重要的民事诉讼制度,下文将对这些问题展开分析。

一、实质性相似判定方法

本案在判定是否构成实质性相似时,运用了几种常见的判断方法,包括抽象分离法、整体比较法以及内外部测试法。这几种关于实质性相似的判断方法都是在美国司法判例中总结出来的。

抽象分离法,又称三步法标准,确立于 1992 年的阿尔泰案(Altai 案)①。阿尔泰案首先通过抽象的方式区分作品中的思想与表达;其次,过滤掉计算机

---

① Computer Associates International,Inc.v.Altai,Inc.982 F.2d 693,706-11(2d Cir.19992).

程序中不受保护的各种元素,包括设计思想、由技术效率导致的设计元素、标准化技术以及由兼容硬件、软件等外部因素界定的结构等;最后,将原告作品中受保护的表达因素与被控侵权的部分进行比对,如果两者关于计算机程序的表达整体上构成实质性相似,且实质性相似系被告复制行为所造成,则判定侵权成立。总结来说,其分为抽象、过滤和比较三个步骤。首先利用思想、表达二分法进行层层抽象,然后将作品中不属于著作权法保护对象的部分,如思想、操作方法等过滤掉,最后将剩余的部分也就是具有独创性的表达部分进行比较,最终确定是否构成实质性相似。

整体比较法,又叫整体观感法,该概念来源于美国1970年的罗斯贺卡与联合卡片公司纠纷案①,其指的是以普通、理性的观众角度对作品是否构成实质性相似作出判断。该比对方法是指将作品作为一个整体,以一般读者的感受进行判断,更强调普通公众对作品的感受,注重读者的欣赏体验,对思想和表达不做技术上的区分。整体比较法在操作上相对简单,强调的是普通受众整体感受的比对。整体比较法将公众对不受保护的元素的自由使用与权利人的权益保护结合起来,是一种较为合理的做法。本案中,法院在判决中明确指出不能完全不考虑不受保护的部分,而无视作品整体的表达。

内外部测试法在斯德、马蒂克罗夫特电视与麦当劳公司纠纷案②中被首先提出。第九巡回上诉法院在1997年的 Seuss Enterprises, L.P. v. Penguin Books USA, Inc 案③中表明内外部测试法的两个标准:外部测试是指由外在的、客观的标准来判断两个作品是否有实质相似的思想和表达;内部测试则是根据"正常、理性的人是否会发现两部作品的总体印象和感觉是相似的"来作出判定。内外部测试法在美国判例中较为常见,内外部测试法在一定意义上更像是抽象测试法与整体观感法的结合。

二、驳回起诉动议和即决判决动议

在提交诉状后,诉讼当事人向法庭提出的每一项请求都必须以动议形式

---

① Roth Greeting Cards VS United Card Co., 429 F.2d 1106(9th Cir.1997).

② Sid and Marty Krofft Television v.McDonald's Corp.562 F.2d 1157.

③ Dr Seuss Enterprises,L.P.v.Penguin Books USA,Inc.,109 F.3d 1394,1398(9th Cir.1997).

提出。也就是说,动议是在提交诉状后当事人为请求法院发布一项命令而提出的申请。动议按时间顺序可分为:审前动议(pre-trial motions)、庭审中动议(trial motions)、审后动议(after-trial motions)。审前动议是美国民事诉讼最重要的步骤之一。确立这些审前程序的目的非常简单:清除无关的事项,准许当事人获得信息,并且确定是否存在适于审判的争点,旨在导向一个有效率的审判机制。审前动议主要包括:请求挖掘证据的动议(motion to discover)、请求驳回起诉的动议(motion to dismiss)、即决判决动议(motion for summary judgement)、因对方无故不到庭应诉故请求法庭作缺席判决的动议(motion for default judgement)。本案中,原告派拉蒙公司和CBS公司提交诉状后,被告提出请求法庭驳回对方起诉的动议,法院裁定驳回被告的动议,继续对该案件进行审理。随后,原告和被告都向法院提出即决判决动议。法院指出,由于案件事实还存在争议点,法院裁定驳回原告和被告的即决判决的动议。

请求法院驳回对方起诉的动议是被告被送达起诉状后用来回应起诉状的方式,其效果等同于提交答辩状。驳回起诉动议就是请求法院认定,即使起诉状中的事实主张属实,原告的诉讼请求在法律上仍然不能获得支持。驳回起诉动议不能用来质疑原告指控的事实的真实性,因为在这个阶段原告的指控都假设为属实,但是被告可以在后续的诉讼过程中对原告主张的事实的真实性提出质疑。驳回起诉动议通常基于以下理由:缺乏管辖权、不便审理法则(forum non conveniens)、避让法则(abstention)。如果被告驳回起诉的动议被法院裁定驳回,被告可以继续提交答辩状。本案中,被告提出请求法庭驳回对方起诉的动议,但是法院裁定驳回被告的动议,被告提交答辩状之后,法院继续对该案件进行审理。

即决判决是英美法系一项重要的民事诉讼制度,起源于英国1855年"票据交易法案"(the Bills of Exchange Act),该法案允许根据某些类型的商业证书提出请求以加快债务的执行,后来在美国联邦和各州扩大到可适用于除某些侵权案件和违背婚约的诉讼案件之外的几乎所有普通法案件,成为美国民事诉讼法中最核心最基本的制度之一。[1]

---

[1] 参见傅郁林:《美国的简易判决程序》,法律出版社2003年版,第5页。

美国的即决判决制度主要规定在《美国联邦民事诉讼规则》第56条。该条(c)款明确规定:"当事人要通过提供诉答文书、对质询书的答复、宣誓陈述书和自认等材料来证明关于案件的重要事实(material fact)不存在真正争点(genuine issue),且申请人有权获得作为法律问题的判决,那么法院就应当作出即决判决。"根据该规定,申请即决判决需要满足的条件包括:第一,能够证明关于案件的重要事实不存在真正争点,其中的"重要事实"通常理解为可能影响案件审理结果的事实;第二,能够证明申请人有权获得关于法律问题的判决,其中的"法律问题"是和"事实问题"相对应的。适用即决判决的目的并不是由法官认定案件事实,而是由法官判断是否存在需要进行审理查明的事实争点,从而确定需要经过庭审的争点和不必经过庭审的争点,以避免无益的庭审,节省诉讼资源。该法第56条(a)款规定了申请主体,任何一方当事人都可以向法院申请即决判决的动议,除此之外,法院也可以在没有当事人申请的情况下依职权作出即决判决。第56条(b)款规定了申请时间,原告可以在诉讼开始之日起满20天之后申请即决判决,而被告则可以在任何时间申请。但是如果法院已经确定了开庭审理时间,那么就需要在庭审10日前提出申请,原因在于即决判决属于审前结案程序中的一种,自然需要在庭审开始前进行。

另外,由于当事人要求即决判决的动议不仅可以就全案提出,也可以就案件部分事实和主张提出,如果法院就部分案件事实作出即决判决,则排除了此部分事实的庭审必要性。本案中,原告就侵权责任确认和禁令主张申请即决判决的动议,而被告就全案提出即决判决的动议。由于案件事实还存在争议点,法院裁定驳回原告和被告的即决判决的动议。

（作者：丛立先　起海霞）

销售链接型机顶盒是否涉及向公众传播权：

荷兰 Brein 基金会诉 Jack Frederik Wullems 版权侵权纠纷案

|典型意义|

欧盟法院（CJEU）认定了"向公众传播权"（right of communication to the public）的外延和受豁免的临时复制行为的范畴，并对销售预装了能够通过不跳转链接播放非法流媒体内容①之软件的多媒体设备是否构成侵权作出了认定。本案为荷兰社会组织提起的知识产权公益诉讼，荷兰国内法院在进行审理的过程中就本案两个核心法律问题及相关法律条款的解释提呈欧盟法院进行裁决，入选法律文书为欧洲法院针对荷兰国内法院提呈的法律问题的裁决。本案通常被欧洲法学界及实务界简称为"Filmspeler 案"，其体现了欧盟法院在处理信息网络传播权问题，尤其是不需将作品复制到自己服务器上即可向公众展示作品的不跳转链接问题上的态度变化，并且体现了在面对大范围侵权时由社会组织提出知识产权公益诉讼的合理性和可行性，对我国处理相关的信息网络传播权纠纷的思路、公权力或社会组织介入版权纠纷中的益处与可行性等问题具有较大的参考价值。

|裁判要旨|

一、对《欧盟议会和理事会关于协调信息社会中版权和相关权某些方面的第 2001/29/EC 号指令》②（本文简称《指令》）第 3 条中的"向公众传播权"

---

① 流媒体是指采用流式传输的方式在 Internet 播放的媒体格式，表现为可以在线播放的多媒体内容。

② Directive 2001/ 29/ EC of the European Parliament and of the Council of 22 May 2001 on the Harmonization of Certain Aspects of Copyright and Related Rights in the Information Society, Official Journal of European Communities, 167/10, June 22, 2001. Hereafter cited as EU Copyright Directive.

应作宽泛解释,权利人享有能够禁止第三方未经许可传播其受版权法保护的作品的权利,销售预装了能够通过不跳转链接播放非法流媒体内容之软件的多媒体设备,属于"向公众传播"。

二、对于《指令》第5(1)条中可以获得豁免的临时复制行为及其五项条件应作严格解释,法院有必要审查相关的流媒体活动是否构成对受保护作品的合法使用。利用多媒体设备上的预装软件通过第三方获取未经授权的流媒体作品这一过程中的临时复制不构成此条款所规定的行为,不应受豁免。

| 案情介绍 |

Case C-527/15

本案被告 Jack Frederik Wullems 是一名自然人;本案原告 Stichting Brein 全称为"荷兰娱乐业权利保护组织"(Bescherming Rechten Entertainment Industrie Nederland),是由荷兰的集体管理组织、电影协会、娱乐零售商协会等与娱乐业相关的社会组织共同组成的基金会法人,其成员包括作家、艺术家、出品商、制作商、发行商等,系荷兰娱乐行业的联合反盗版组织。该组织旨在研究反盗版策略和指令,应对大规模的版权侵权行为,并对此进行调查、起诉、提供信息咨询等。[①]

本案被告 Jack Frederik Wullems 通过"Filmspeler.nl"网站和其他网站,销售一种名为"Filmspeler"的多媒体播放设备(机顶盒),它可以与电视屏幕相连播放多媒体内容。Wullems 在这种设备中安装了一个开源的用户操作界面,并预先安装了一些第三方软件,其中一款软件能够提供可不跳转链接至第三方网站的流媒体资源的超链接,用户只需要进行简单的点击操作,就可以直接通过这样的方式观看这些网站提供的已获授权或未获授权的视听作品。而且,在销售该设备的广告中,Wullems 明确指出用户可以通过该设备免费且容易地获取未经版权人授权的视听内容,并将此作为该设备的特征进行宣传。

2014 年 5 月 22 日,原告向被告提出停止销售该类多媒体设备的要求,并于 2014 年 7 月 1 日向荷兰法院 Rechtbank Midden-Nederland 提起诉讼,认为

---

① See BREIN,https://stichtingbrein.nl;"Stichting"为荷兰语中的"基金会"。

被告的行为涉及《指令》第三条的"向公众传播"，对广大视听作品的版权人构成侵权。此后，该荷兰法院就本案两个核心法律问题及其涉及的《指令》中的两个条款(即界定"向公众传播"的《指令》第 3 条和界定能获得侵权豁免的临时复制行为的《指令》第 5(1)条)如何解释，提呈欧盟法院进行裁决。2017 年 4 月 26 日，欧盟法院针对这两项问题作出了相应的裁决。

| **裁判理由** |

一、《指令》第 3 条的解释与"向公众传播"

根据《指令》第 3(1)条，[①]版权人享有预防性权利，能够禁止第三方未经许可传播其受版权法保护的作品。法院指出，《指令》中的引述(9)与引述(10)清楚地表明，《指令》旨在为作者提供较高程度的版权保护，而引述(23)要求对"向公众传播"的概念进行较为宽泛的解释。在此前提下，法院结合判例法，就"传播行为"与"公众"两方面进行了讨论。

(一)传播行为

首先，根据在先判例 Svensson 案，[②]在网站上提供可点击链接，且通过该链接可访问发布于另一网站无访问限制的版权作品的行为属于传播行为。其次，由于该案中被告销售的多媒体设备中已预装相关软件能够使用户进行相似的行为并达到相同的效果，且用户链接的网站不易为公众所识别也经常更换，这意味着被告并非只是在销售能够进行传播行为的物理设备，因此被告的行为并不符合引述(27)中提及的"仅仅提供用于进行传播的物理设备本身并不等同于传播"。最后，被告使得用户能够通过其预装的软件利用流媒体技术观看第三方网站上未获许可的作品，而如果没有被告的介入行为用户原则上无法接触到这些作品。此外，被告在充分知晓其行为后果的情况下实施了这样的行为，并将其作为广告内容进行宣传。因此，法院认为在《指令》第 3

---

① 《指令》第 3 条：向公众传播作品的权利以及向公众提供其他客体的权利。1. 成员国应规定作者享有授权或禁止任何通过有线或无线的方式向公众传播其作品的专有权，包括将其作品向公众提供，使公众中的成员在其个人选择的地点和时间可获得这些作品……

② Nils Svensson and Others v Retriever Sverige AB，Case C-466/12.

条第(1)款的含义下,提供带有预装软件的多媒体设备,并使得用户能在未经版权所有者同意的情况下直接访问受保护的作品,是一种传播行为。

（二）向"公众"传播

法院指出,依其判例法,向"公众"传播包含两种含义:第一,采用与以往不同的技术手段进行传播;第二,向"新公众"传播,即当版权所有者自身或授权对其作品进行首次传播时,并未考虑到这些人的公众身份,即未将其作为传播对象。

一方面,在 Svensson 案中,争议行为是在网站上发布超链接,链接到另一个已征得版权所有者同意、可以从此处获取其受保护的作品的网站,这种行为不会被认定为向新公众传播,因为在权利人同意一个网站不受限制地传播他们的作品时,所有的互联网用户都被纳入相关的"公众"范畴中。而本案中涉及的超链接能够链接到许多未经版权人许可非法传播其作品的网站,因此多媒体设备的用户满足前述"新公众"条件。

另一方面,在 GS Media 案中,①欧盟法院认为提供这样的一个超链接可以在三种不同的情况下构成对公众的传播:第一,知道或应当知道自己设置的超链接能够接触到非法放置在互联网上的作品;第二,允许用户绕过对网站的访问限制的链接(例如需要订阅才能合法观看的多媒体内容);第三,提供超链接的行为是为了牟利,这种情况代表一种可被反驳的假设,即该内容是在发布者在充分了解作品的受保护性质以及可能缺乏版权所有者同意的情形下发布的。

荷兰国内法院的资料显示,该多媒体设备已经为大量消费者所购买,而通过预装软件传播非法流媒体作品的范围,涉及所有可能取得此设备且具有互联网连接的公众,因而该传播行为针对的对象系已购买该设备的消费者和"数量不特定的潜在接收者"(indeterminate number of potential recipients)。在本案中,对该设备的销售是在被告在对相关情况完全知情的情况下进行的营利性行为,即其预装的软件中含有超链接,这些超链接可以在未经版权所有者同意的情况下提供受保护的作品,这在"Filmspeler"设备的广告中有明确说明。因此,欧盟法院认为销售包含能够提供超链接的预装软件的多媒体播放

---

① GS Media BV v Sanoma Media Netherlands BV and Others, Case C-160/15.

设备,并可以通过这种超链接将受保护作品在未经版权人同意的情况下提供给用户的行为,在《指令》3(1)条款的含义下,构成对"公众"的传播。

综上所述,欧盟法院最终裁决《指令》第 3 条中的"向公众传播"的概念必须被解释为包含销售类似于涉案多媒体设备的行为,即该设备预装了相关软件,使得用户可以通过网络访问超链接,以获取第三方网站在未经版权人许可的情况下非法提供的作品。

二、《指令》5(1)条的解释与"临时复制"

《指令》第 5 条①是有关版权侵权的例外与限制条款,规定了一些能够豁免于《指令》第 2 条规定的复制权,免于承担侵权责任的特殊情形。根据文义和判例,《指令》第 5(1)条中受豁免的临时复制行为必须同时满足五项条件:第一,该行为是临时的;第二,该行为是短暂的或附带的;第三,该行为是某个技术过程中不可获取的重要组成部分;第四,该行为的唯一目的是通过媒介在第三方间实现网络传输或是对作品或受保护客体的合法使用;第五,该行为没有独立的经济意义。此外,法院指出对《指令》5(1)条的解释也必须依据指令第 5(5)条,即条款中的例外情况只适用于涉案行为应当不与作品或其他客体的正常利用相冲突、也无损权利人合法利益的特殊情况。

欧盟法院认为,临时复制例外在本案中的适用性取决于第 5(1)条中的第四个条件,法院有必要审查相关的流媒体活动是否构成对受保护作品的合法使用。法院注意到,如其广告所示,该设备对用户的主要吸引力来自于预先安装的包含相关超链接内容的软件。在这种情况下,法院认为现该设备的购买者明确知晓且蓄意购买该设备以访问未授权的版权作品。而考虑到《指令》第 5(1)条,法院认为该多媒体设备中的临时复制行为会对版权作品的合理利用产生不利影响,并且会对版权人的合法利益造成不合理的损害,因而通常会

---

① 《指令》第 5 条:"例外与限制。1.第二条所指的临时复制行为,如果是短暂的或偶然的[以及]是技术过程中必要的不可分割的组成部分,其唯一目的是:(a)使作品或其他客体在网络中通过中间服务商在第三方之间传输成为可能,或(b)使作品或其他客体的合法使用成为可能,并且该行为没有独立的经济意义,应免除第二条规定的复制权……5.第 1、2、3 和 4 款中规定的例外与限制应只适用于某些不与作品或其他客体的正常利用相抵触、也不无理损害权利人合法利益的特殊情况。"

使得有关受保护作品的合法交易数量减少。

鉴于上述情况,欧盟法院裁定,在多媒体设备上采用流媒体技术通过第三方网站获取未授权版权作品所涉及的临时复制行为,不符合《指令》第5(1)及(5)条所载明的条件。

| 案件分析 |

本案有关《指令》5(1)条的解释与争议行为是否可以构成受豁免的"临时复制"的判定较为清晰准确,主要争议在于对《指令》第3(1)条"向公众传播权"的扩张解释。此外,本案作为知识产权公益诉讼,于我国司法实践而言具有特殊性,同样具有探讨的价值。

一、欧盟法下的"向公众传播权"

在版权法体系中,有一类权利被称为"公开传播权",它是版权的重要权利内容之一,控制的是以不转移作品有形载体所有权或占有的方式向公众传播作品,使公众得以欣赏或使用作品内容的行为。[1] 公开传播权又可以分为"向公众传播权"和"在公众传播权",[2]二者的区别在于是否向不在传播地的公众传播。具体到我国,"向公众传播权"包括了我国著作权法中的广播权和信息网络传播权,而"在公众传播权"包括了我国著作权法意义上的表演权、放映权和展览权。

我国的《著作权法》并未规定概括性的"向公众传播权",而是借鉴了《世界知识产权组织版权条约》(WCT)第8条中的部分语句增设了一项"信息网络传播权",以其与原有的广播权共同规制向公众传播行为,但也造成了这两项权利在适用过程中的诸多摩擦。[3] 但该项权利在《伯尔尼公约》和WCT等国际公约中已经得以确立。欧盟地区的相关立法便是借鉴了WCT的做法,相

---

① 参见王迁:《知识产权法教程》,中国人民大学出版社2014年版,第146—147页。

② 参见万勇:《论向公众传播权》,中国法律出版社2014年版。

③ 参见王文敏:《向公众传播权的立法构想》,《时代法学》2016年第1期;梅术文:《"三网合一"背景下的广播权及其限制》,《法学》2012年第2期;王迁:《我国〈著作权法〉中的"转播"——兼评近期案例和〈著作权法修改草案〉》,《法学家》2014年第5期。

较于美国利用特殊的发行权与公开表演权来规制向公众传播行为的复杂模式而言较为清晰和直接,对我国立法与司法也具有相当重要的参考价值。欧盟法中有关向公众传播权的范围主要考察两个要件,即是本案中的"传播行为"和"公众",这样的判断模式不拘泥于作品传播的具体技术形式,更能适应不断发展的技术环境,尤其是互联网交互性传播的特点,因此对我国的相关立法与司法领域也具有重要的参考价值。

本案的争议行为表面上虽然是销售多媒体设备,但真正的争议点在于由被告所预装的软件中包含能够链接至非法视频网站的超链接,因而该案件的重点便在于这种提供指向非法视频网站链接的行为是否构成《指令》3(1)条的"向公众传播"。

在本案中,法院对《指令》3(1)条的"向公众传播"采取了宽泛解释,但其对于"传播行为"和"公众"的解释都存在较大争议。而且,虽然本案表面上是对"传播行为"与"公众"的文义解释,但其中暗含了对网络链接行为与传播作品问题中"服务器标准"的摒弃以及对"新公众标准"的认可。

(一)链接行为与"传播"行为

首先,"传播"要件需要存在传播作品的行为。本案在判断不跳转链接行为时援引了 2014 年判决的 Svensson 案,在该案中,欧盟法院同样认为"传播"的含义应当是宽泛的,只要作品有为公众所接收之可能,相关行为均足以构成"传播",而提供能够链接到流媒体网站的超链接已经足以使得用户具备获得(have access to)作品的可能,应当属于版权法上的传播行为,本案亦采此观点,并以此为起点分析本案中的一系列问题。

然而,欧洲版权协会认为,所有的传播(communication)都以传输行为(transmission)的存在为前提,即存在技术上的发起行为(emission),它使得作品为公众可以接收。因此,链接并没有传输作品,链接仅仅向公众提供了网页所在位置的信息,而是否进入网页取决于用户自身。在 Svensson 案判决前,欧盟版权协会还向欧盟法院对此提交了一份书面意见,①但欧盟法院并未采纳。

---

① See European Copyright Society, Opinion on the Reference to the CJEU in Case C-466/12 Svensson, Feb.15,2013,para.10,available at https://europeancopyrightsociety.org/opinion-on-the-reference-to-the-cjeu-in-case-c-46612-svensson.

此外,这种链接的行为依赖于第三方事先传播内容的行为,链接所指向的作品被从网络上移除时,此时链接仍然完好,但是失去了效用,这从反面说明了链接本身并不含有作品。链接实际上是一种内容的"中介",并未对其指向的内容进行任何的控制。① 因此,反对意见认为链接传播的仅仅是作品的网络地址,而不是作品,并不满足传播的要件,不构成向公众传播。

事实上,如果以"提供链接"为本案考察的要点,法院的裁决实际上是将《指令》第3条中的传播行为进行了扩张解释,不限于实际传输(transmit)作品的行为,而是变成了使得用户能够接触(have access to)作品的行为,这样的扩张在欧盟的立法框架下产生巨大的争议并不令人意外。因为,结合对《世界知识产权组织版权条约》(WCT)第8条和《关于提交外交会议讨论有关文学艺术作品保护若干问题的条约实质性条款的基础提案》(本文简称《基础提案》)第10条的分析,②只有将作品置于服务器的初始提供才构成向公众传播,而网络链接仅仅提供访问第三方服务器的途径,并未直接对作品进行传输。这也是前些年为我国司法实务中普遍接受的网络链接是否构成提供作品问题的"服务器标准"③的由来。

可以看出,该问题主要争议点在于,"传播行为"应当根据技术手段来判断,还是从该技术实现的功能来判断。正如我国对于这一问题的学理探讨已经逐渐深入并发觉"服务器标准"的局限性一般,④欧盟法院目前明确地对《指令》第3(1)条中的"传播"作出扩张解释也不无道理,因为应当追寻《基础提案》提出"初始提供"限定的真正目的,一旦这个目的与"向公众传播权"的规制范围本身并无决定性关系,那么服务器标准的限定也就失去立足点。

但是,既然要从该技术实现的功能来判断,就不得不区分跳转链接与不跳转链接。跳转链接包括直接跳转至被链网站主页的普通链接,以及从设链网站页面绕过被链网站主页直接链接至目标网页的深层链接,总之都会进行网

---

① See Crookes v.Newton,［2011］SCC 47,［2011］SCR 269,at［26］,［30］.

② 参见张金平:《信息网络传播权中"向公众提供"的内涵》,《清华法学》2018年第2期。

③ 参见北京知识产权法院(2016)京73民终字第143号民事判决书;刘家瑞:《为何历史选择了服务器标准——兼论聚合链接的归责原则》,《知识产权》2017年第2期等。

④ 参见刘银良:《论服务器标准的局限》,《法学杂志》2018年第5期;崔国斌:《加框链接的著作权法规制》,《政治与法律》2014年第5期等。

页的跳转和显示，使得用户直接访问被链接网页；而不跳转链接指的是能够使被链接网页的部分内容在设链网站的网页上直接呈现的网络链接，而不涉及网页的跳转和整个网页的显示，①较为典型的是通过网页上的部分窗口展示第三方网站视频内容的加框链接。从欧盟法院与欧洲版权协会的不同意见来看，前者对于"链接"的描述更接近不将网络地址直接展现在用户面前，也不需经过相关网页即可直接连接至其他网站中的流媒体内容的不跳转链接，而后者的描述更接近于使用户直接进入被链接网站的跳转链接。对于跳转链接而言，提供普通的网络链接地址不论从技术手段还是该技术实现的功能的角度，都满足欧盟版权会所叙述的"仅仅向公众提供了网页所在位置的信息"，不应当认定为构成《指令》第 3 条的向公众传播。

而本案系较为典型的不跳转链接行为，法院在对《指令》第 3 条进行扩张解释时实际上也是以不跳转链接为基础进行的，却并未指出其在本案中认定的另一项事实其实能够说明不跳转链接的一些特性。由于本案中用户链接的网站不易为公众所识别也经常更换，实际上是被告的软件对这些链接进行筛选并提供给用户，以保证其可以通过具有流媒体技术的软件链接至相关的非法视频网站。这一事实其实是法院认定"如果没有被告的介入行为用户原则上无法接触到这些作品"的理由之一。因为一般来说，提供普通网络链接的行为并不需要物理设备、网络技术手段的帮助，对于普通链接本身，不利用被告所提供的设备也能够从其他途径获知。但是，被告的设备和其中的软件并非单单告知一个非法视频网站的地址，而是通过技术手段不断收集、整理、聚合网络上的各类信息，在其软件中形成综合性的分析，以动态的方式改变提供给用户的链接地址，从而达到使用户能够通过其软件链接至非法网站观看未经授权的作品之目的。从这一层面来看，被告的行为并非简单地提供链接，而是通过对大量链接进行综合性分析的手段，达到一个最终目的：无论用户最后链接至哪个网站，都是直接通过其对设备的简单点选和操作，观看到未经授权传播于第三方网站中的流媒体内容。这就明显与单纯提供普通链接时，链接

---

① 参见吕长军：《简析深度链接、加框链接与盗链》，《中国版权》2016 年第 2 期；崔国斌：《加框链接的著作权法规制》，《政治与法律》2014 年第 5 期；范长军：《加框链接直接侵权判断的"新公众标准"》，《法学》2018 年第 2 期等。

会因所指地址下的内容被删除而失去意义的情况不同。

实际上，将不跳转链接定性为构成对作品的向公众提供，符合《基础提案》第10.14目前段的要求，只要通过行为人的行为实现了作品向公众提供，无须考虑实现该功能的具体技术；至于该目后段的解释只是对前几句的细化和提供示例，会受到当时技术的限制，在当今技术发展到无需通过传输中的临时复制品而可直接实现作品可为公众所获得、满足其合理需求的时候，①如该案判决一样突破其局限性不无合理性。

再进一步而言，如果网络用户单纯向他人分享能够访问第三方非法视频网站的普通链接，也不应当构成对版权法上"向公众传播权"的侵害。但倘若发布链接者与提供盗版内容的网站存在任何合作关系，甚至包括用户因可通过"用户推广活动"等方式获得对于使用该网站的费用优惠等，都应当依具体情况判定为与网站共同侵权行为或是间接侵权行为，而无涉发布普通链接行为本身对于"向公众传播权"的侵害。

本案对于"向公众传播"的扩张解释使得在其网站、软件等本身虽然不存储盗版内容，但提供可以使用户不经过点击普通链接前往第三方网页就直接访问存储于其他网站的互联网资源的不跳转链接的行为，亦落入"向公众传播权"的控制范围，这也为认定提供 Torrent 种子文件和 Magnet 磁力链接的互联网资源索引站的相关行为提供了标准。因此，该案被 2017 年 6 月 14 日的 Stichting Brein v Ziggo BV and XS4All Internet BV 案②援引作为先例，以裁决文件分享网站"海盗湾"提供追踪互联网上存储的盗版作品索引系统并提供不跳转链接的行为。

（二）适用"新公众标准"的争议性

本案在"公众"问题上同样综合了 Svensson 案和 GS Media 案中的意见，建立在 Svensson 案的"新公众标准"的基础之上，即《指令》第 3 条下的传播行为需面向版权者未将其作为合法传播对象的公众。

虽然由于在 GS Media 案和本案中，争议行为都是提供对于未经版权人许

---

① 张金平：《信息网络传播权中"向公众提供"的内涵》，《清华法学》2018 年第 2 期。
② Stichting Brein v Ziggo BV and XS4All Internet BV，C-610/15.

可提供流媒体的网站链接,能够满足新公众标准,但这一标准是否系判定公开传播行为的必要条件却值得商榷。法院的判断标准意味着公开传播权存在权利用尽的问题。但是,公开传播权控制的是以不转移作品有形载体所有权或占有的方式向公众传播作品的行为,并不同于控制转移作品有形载体的发行权,并不应当存在权利用尽的问题。《指令》第3(3)条也明确规定:"第1款和第2款所指的权利不得因本条列出的任何向公众传播或向公众提供的行为而穷竭。"实际上,在考虑向公众传播权时,接受传播内容的"公众"是否为作者初始许可时所预见的并不重要,只要传播行为针对不特定的大多数人,都应当认定为满足"公众"条件。实际上,在该案判决两个月后,将本案援引为先例的 Stichting Brein v Ziggo BV and XS4All Internet BV 案在判定"向公众传播"问题时就并未提出"新公众"要求,只需传播给不特定的多数人即可。

综上所述,即便本案认定涉案行为侵犯《指令》第3(1)条的"向公众传播权"的结论正确,但其对于"传播行为"和"公众"问题的论证过程都存在一定瑕疵,在对《指令》第3(1)条进行扩张解释的过程中也未考虑到普通链接与不跳转链接的性质区分。

二、知识产权公益诉讼与我国检察院支持起诉的知识产权案件

本案的另一个特殊之处在于本案原告系反盗版的社会组织而非版权人,虽然其中的部分成员系版权集体管理组织,但其并非基于其自身管理的版权进行起诉,因而本案应当属于行业协会作为原告的知识产权公益诉讼。

我国在2017年同样发生了一起涉及大规模著作权侵权的案件,即湖南长沙市中国音像著作权集体管理协会(本文简称音集协)因著作权侵权纠纷申请支持起诉系列案。音集协因发现长沙市天心区湘府吉园娱乐城、黎庆,未经授权,擅自在其经营的 KTV 娱乐场所内以卡拉 OK 方式,向公众放映200余首 MV 音乐电视作品,且自身维权受阻,于是申请天心区人民检察院支持起诉。2017年2月20日,音集协向长沙市天心区人民检察院提交20起案件支持起诉案件申请。天心区检察院经审查认为,长沙市天心区湘府吉园娱乐城、黎庆侵权行为,违反了《中华人民共和国著作权法》第四十八条之规定,侵犯了申请人的著作权。该侵权行为,不仅损害了申请人的正当权益,还破坏了正常的市场竞争秩序。天

心区人民检察院于同年 3 月 15 日向天心区法院发出支持起诉书，并出庭支持起诉。在司法机关和检察机关的共同努力下，当事人达成了赔偿和解协议。2017 年 5 月 22 日，法院根据音集协的申请，作出撤诉裁定。

无论是公益诉讼还是申请检察院支持起诉，这两种方式都在两个不同的层面上起到了相应的作用：第一，从私权保护的角度而言，这在一定程度上缓解了面对涉及众多权利人、众多作品的大范围侵权时，权利人难以独立起诉或因认为起诉收益较低而选择不起诉的问题，保护了版权人的个人权利；第二，这还为维护受保护作品在市场上的正常传播秩序、促进相关行业健康发展等公共利益起到了重要的作用。

而两种方式的区别主要表现在起诉主体及其诉权来源的不同。公益诉讼的主体并不是直接享有版权及其相关权利的主体，而是依据各国法律具备特殊条件的主体，例如本案中的反盗版组织 Stichting Brein；这不同于支持起诉案中，原告仍然是经权利人授权、集中行使权利人的有关权利并以自己的名义进行法律行为和诉讼行为的集体管理组织。目前，我国并无法律对知识产权公益诉讼的条件、主体范围等作出明文规定，形成判决的知识产权公益诉讼案例也极少，典型案例如"乌苏里船歌案"①中也未明确说明知识产权公益诉讼的主体范围究竟应当依何标准进行判断。考虑到知识产权公益诉讼的特殊功能及其必要性，在我国已逐步构建起条件更为明确的公益诉讼制度的大方向下，对知识产权公益诉讼的主体、受案范围等作出明确规定是可行的。

（作者：丛立先　刘乾）

---

① 参见北京市第二中级人民法院（2001）二中知初字第 223 号、北京市高级人民法院（2003）高民终字第 246 号。

版权侵权犯罪中的威慑性判决:

英国 Regina 诉 Wayne Evans 侵犯版权案

| 典型意义 |

随着互联网技术的不断发展,通过互联网对作品进行复制和传播已经十分容易,而且这类版权侵权行为涉及的侵权作品数量、传播侵权作品的范围等都较为庞大,其中许多情节严重的已触犯刑法。面对互联网领域中的大范围版权侵权,司法机关如何进行有效的治理着实是一个难题。本案被告通过其网站向公众提供下载盗版音乐种子文件的链接,并指示用户通过种子文件下载来自第三方网站的盗版音乐资源,在收到许多权利人作出的"停止并终止"通知后仍持续前述行为。本案认定通过网站提供能够链接至第三方网站并下载盗版音乐的种子文件,属于传播侵犯版权的复制品的行为,情节严重时应当构成犯罪;认定即便侵权人实施侵权行为并非出于营利目的,但其行为对相关的版权所有者和表演者造成了实际损失,而且除了可以被识别和量化的金钱损失外,这种行为会对相关产业的发展和其盈利能力产生更为广泛的负面影响,而且追查这类违法行为相对困难;肯定了在特殊情况下针对侵犯版权罪进行威慑性判决的合理性和重要性;并结合本案相关事实,对信息网络环境下的版权侵权犯罪的量刑因素进行总结和分析,共提出了七项可供参考的量刑标准。本案为英国司法实务处理相类似案件的量刑问题提供了重要的示例和思路,亦对我国司法实务中与信息网络传播相关的版权刑事案件的量刑问题有一定参考价值。

| 裁判要旨 |

一、通过网站提供能够链接至第三方网站并下载盗版音乐的种子文件,属于传播侵犯版权的复制品的行为,情节严重时应当构成犯罪。可以结合公众经由受版权人许可的合法途径下载作品所应当支付的报酬与盗版作品被下载的次数等因素确定侵权行为给版权人造成的损失。

二、非法下载和传播往往很难调查和发现。它可能会给音乐和娱乐行业带来严重的问题和损失，这种损失尽管难以量化，但是实际存在的。因此在特殊的情况下，针对信息网络环境下严重侵犯版权的犯罪行为进行威慑性判决是合理且重要的。

三、通过互联网进行的版权侵权犯罪中，法院在量刑上应当保持灵活性的立场，使判决结果符合特定罪行和特定犯罪的具体情况，对于量刑而言有七条可以参照的标准，包括调查难度与对行业造成的损失，非法活动持续时间，被告因非法活动所获利益，版权人因侵权行为遭受的损失和对相关行业的负面影响，参考有关欺诈、贿赂和洗钱罪的量刑指南，个人减灾、协助公权力或承认罪行等行为，判决即时监禁的适当性等参考因素。

| 案情介绍 |

［2017］EWCA Crim 139,14 February 2017

本案原告"Regina"指代英国的女王，表示国家的公诉部门以女王的名义对被告提出公诉；本案上诉人、原审被告 Wayne Evans 是一名自然人。

在英国，通常而言，任何想在互联网上提供受版权法保护的音乐作品的发行、流媒体服务或是下载服务的主体，都需要获得英国表演权利委员会（Performing Right Society）的授权许可。Wayne Evans 是利物浦的一位 DJ 和网站运营商，他并未获得这样的许可。Evans 控制和经营着三个网站，这三个网站共享一个互联网协议地址，且他们是基于上诉人所注册的电子邮件账户所建立的。虽然这些网站本身并不存储受版权法保护的作品，但他通过运营该网站提供下载盗版音乐种子文件的链接，并指示用户通过种子文件下载来自第三方网站中的盗版音乐资源。上诉人运营的这些网站通过架设代理服务器等方式，使得用户可以轻易地访问互联网上的内容，并为访问这些内容的用户赋予一定程度的匿名性，或是绕过网络封锁访问一些可能被英国互联网服务提供商屏蔽的网站。

网站管理员（即上诉人）Wayne Evans 曾多次收到"停止并终止"的通知

（cease and desist notices），它们对信息的接受者发出警告，指出如果接受者继续进行他的活动，他或将面临起诉。但上诉人仍旧继续他的前述行为。

在调查过程中，侦查机关采取了一些测试性的行为，以确定网站管理者的身份。2015 年 5 月 22 日，侦查机关进行了一次从上诉人的"www.deejayportal.com"网站购买无伴奏合唱音乐的测试，使得调查人员确认该网站具有超过 168000 名用户。2015 年 6 月 16 日和 2015 年 7 月 15 日的测试性采购中，调查人员发现网站明显作出了一些改进，包括制作了密码系统等，并获取了相关证据，证明上诉人每天都在维护其用来帮助用户下载种子文件的网站。调查显示，从 2014 年 1 月初到 2015 年 6 月底这大约 18 个月的时间中，一首阿卡贝拉（无伴奏合唱）的歌曲通过该网站被下载了 13.5 万次，此外，上诉人运营的其中一个网站专门给用户访问英国前 40 单曲排行榜上的歌曲，这些歌曲通过运营人的网站被下载了 523000 余次，每次有 40 首歌曲被同时下载。

在测试性购买结束后，侦查机关对使用的 IP 地址进行了进一步侦查，随后针对上诉人的家庭地址执行了一份搜查令。2015 年 9 月 3 日，警方在利物浦发现了上诉人实施前述行为的设备，没收了一台电脑及大量外部硬盘。经调查，自 2008 年 1 月起，其在许多社交网站上都表明了自己作为涉案网站管理员的身份，并将访问其社交网站的用户引导至其运营的前述网站中。不过，没有证据表明上诉人从这些活动中获利多少。其网站中有一个可供用户进行在线"捐赠"的设备，但表明发生过捐赠行为的证据非常有限。

在调查过程中，上诉人最初否认接收到任何"停止并终止"的通知，并坚称其当然认为其行为是合法的。但在侦查机关搜查其住宅时发现了一本日记，其中提到他曾收到过这样的通知。在随后的一次讯问中，上诉人才对此予以承认。同时，上诉人承认其在自己网站上提供音乐种子文件的行为，但其表示其主要目的在于将音乐在爱好者之间进行分享，并否认其对下载行为收费，表示自己只是利用户捐款来支付服务器费用，因此否认自己具有营利性目的。

本案涉及对被告的两类犯罪行为提出指控：第一，散播侵犯版权的复制品的行为，构成英国《1988 年版权、外观设计和专利法案》①第 107（1）e 条中规

---

① See *The Copyright, Designs and Patents Act* 1988(*c* 48).

定的有关向公众散播侵犯版权的复制品的罪名;第二,持有以欺诈为使用目的的物品,违反《欺诈罪法令》①第6(1)条款。最终,上诉人被原审法院判决数罪并罚,共判处12个月的监禁。本案在经过一审后,上诉人对罪名无异议,但认为量刑过重,且未充分考虑到其系初犯,且其动机不是获取经济利益,也几乎没有经济利益,因此上诉至英格兰和威尔士上诉法院(England and Wales Court of Appeal)。

裁判理由

首先,有关版权人所受的具体损害,法院主要从现有证据进行推算。法院指出,通过英国表演权利委员会许可的合法途径下载每首阿卡贝拉(无伴奏合唱)歌曲需要支付5便士,因此上诉人提供的超过13万次的下载行为至少将产生6790英镑的损害。同样,对于英国排名前40位的单曲排行榜相关内容,每次的下载量都是40首,每首至少价值5便士,这意味着上诉人的行为可能为英国表演权利委员会造成了超过1040000英镑的经济损失。但这两项数额是理论上的推算而非实际情况,因为这暗含了如果不是通过上诉人的网站下载,人们将都是从合法途径获得这些歌曲的假设,而且后一项中的40首歌曲并非每周都有变化。

其次,法院认为虽然上诉人的动机可能不是为自己牟利,但毫无疑问其行为对相关的版权所有者和表演者造成了实际损失。此外,除了可以被识别和量化的金钱损失外,法院认为这种行为会对音乐产业的发展和盈利能力产生更为广泛的有害影响,虽然难以量化,但这种损害是实际存在的。法院认为,正如美国早已在侵犯知识产权问题上所确立的制度一般,在保护为社会经济作出贡献的相关产业之意义上,进行威慑性判决是具有正当性的。

另一个重要的原因在于,追查和调查这类违法行为相当困难,而且上诉人自身曾具备缓解损害的可能性,但他的行为一直是持续的,即使在收到"停止并终止"的通知后上诉人仍然继续进行相关活动。他的涉案行为持续了很长时间,且为了达到其目的使用了精密的设备。

---

① See *The Fraud Act* 2006(*c* 35).

因此，上诉法院认为，原审法官在其量刑裁判过程中考虑到了所有相关问题，并充分考虑出了上诉人在减刑方面所能提出的抗辩和一切其他事项，对该案进行了正确的评价，因而维持原审的判决。

法院还表示，在这类犯罪中，法院在量刑上应当保持灵活性的立场，使判决结果符合特定罪行和特定犯罪的具体情况。因此，上诉法院提出，建议在这类涉及非法分销侵犯版权作品的案件中，可以考虑以下因素：

第一，非法下载和传播往往很难调查和发现。它可能会给音乐和娱乐行业带来严重的问题和损失（尽管难以量化，但是实际存在的）。在这种情况下，威慑性判决是适当的。

第二，始终与非法活动持续的时间长短（包括"停止并终止"通知送达后的任何延续）高度相关。

第三，始终与被告因非法活动而获得的利益相关。

第四，无论被告是否获得了丰厚的利益，都与被告的行为对版权人造成的可以精确计算的损失以及对音乐行业造成的更广泛的无法精确量化的影响相关。

第五，虽然对于侵犯版权的刑事犯罪并无任何量刑指南（Definitive Guideline），但在某些情况下，法官可以将有关欺诈、贿赂和洗钱罪的量刑指南作为权威参考。

第六，个人减轻犯罪行为的影响、对公权力的协助和承认罪行等都应当作为考量因素。

第七，在非法传播侵犯版权的物品的情况下，判决即时监禁可能是恰当的，除非该违法活动是非常业余的、轻微的或短暂的，或者存在特别强有力的减责事由或其他特殊情况。

| 案件分析 |

首先，本案涉及的与版权相关的刑事条款系英国《1988 年版权、外观设计和专利法案》第 107(1)(e)条，该条规定：任何人在未经版权所有者许可的情况下，在交易之外的其他过程中散播明知或有理由相信系侵犯受版权保护的作品的复制品，达到故意对版权人造成影响的程度，即构成犯罪。

本条针对的行为是对侵犯版权的物品的散播（distribute），其含义应当是指对于"向公众传播权"的侵犯。2003年的《英国版权和相关权条例》（UK Copyright and Related Rights Regulations 2003）曾废除《1988年版权、外观设计和专利法案》第7条的"有线传输服务"（cable programme service），同时引入了"向公众传播权"（right of communication to the public），①与欧盟的相关立法进行了衔接。② 在本案中，法院判断提供能链接并下载第三方网站盗版音乐资源的行为构成对于该条款的侵犯，实质上在一定程度上扩张了"向公众传播权"的适用范围，因为原审被告并未将侵权复制品存储于自己的服务器上，但这样的扩张与欧盟法院的判决趋势相一致，③且并非本案上诉判决所处理的争议内容所在，在此不展开讨论。

本案上诉判决的核心内容在于提出对原审被告所涉的版权犯罪的量刑标准，其重要意义主要体现在几个方面：

第一，在暂无针对版权犯罪的量刑指南的现状下，法院结合案件事实，通过整理现有规范和提出一些新标准，共总结出七项各有侧重的参考因素，为版权犯罪的量刑提供了重要参考。其中，第二条非法活动持续的时间、第三条被告因非法活动所得的利益、第六条对于个人减灾、协助公权力（立功）和承认罪行（自首或坦白）的认定，都与一般刑事案件的量刑标准类似，属于对现有规范的整理。若非法活动持续的时间较长，甚至如同本案中侵权人在收到"停止且终止"通知后仍持续进行侵权行为，可以认定侵权人具有主观故意和较大的主观恶意；被告因非法活动所得的利益能够体现侵犯版权犯罪行为的情节严重程度；个人在有条件的情况下是否主动减少其侵权行为造成的影响、是否协助公权力进行安检侦查、是否主动承认罪行或供述案件事实等也都是

---

① 参见龙井瑢：《探析链接版权法律责任在欧盟和英国的新发展——兼评中国相关版权司法实践》，《法学杂志》2014年第12期。

② See Directive 2001/29/EC of the European Parliament and of the Council of 22 May 2001 on the Harmonization of Certain Aspects of Copyright and Related Rights in the Information Society, Official Journal of European Communities, 167/10, June 22, 2001. Hereafter cited as EU Copyright Directive.

③ See Nils Svensson and Others v Retriever Sverige AB, Case C-466/12.; GS Media BV v Sanoma Media Netherlands BV and Others, Case C-160/15; Stichting Brein v. Jack Frederik Wullems (Filmspeler), Case C-527/15, etc.

影响量刑程度的重要因素。

第二,在第四条参考因素中,法院认定无论被告是否获得丰厚利益,被告的行为对版权人造成的可以精确计算的损失以及对音乐行业造成的更广泛的无法精确量化的负面影响都应当被考察。一方面,这指出了知识产权本身在私权属性之外还涵盖对公共利益的保护;另一方面,更明确指出了侵犯版权罪这一知识产权刑事保护手段,应当承载一部分对于版权所涉的公共利益的保护功能。在本案中,版权刑事保护具体表现为对大量版权人共同提供保护,以及对于音乐行业的行业发展、市场秩序、盈利机制等公共利益的维护,这明确了侵犯版权罪所要保护的法益包括个人的版权及与版权相关的社会公共利益,体现了版权刑事保护的应有之义。在我国,侵犯知识产权罪均被规定于《中华人民共和国刑法》分则第三章"破坏社会主义市场经济秩序罪"下,这也表明我国同样认可侵犯知识产权罪应当是对个人的知识产权以及知识产权所涉及的市场经济秩序等公共利益进行的刑事规制。

第三,在第一条参考因素中,法院指出非法下载和传播往往很难调查和发现,并且它可能会给音乐和娱乐行业带来严重的问题和损失,因此对于知识产权犯罪适用威慑性判决是适当的。这其中暗含了对于刑事量刑的法经济学分析,即在量刑建议进一步完善的过程中,立法者期望在既定司法资源的制约下达到社会福利最大化,在制度供给过程中应最大程度形成威慑力,并最为有效地使用司法资源制定相关法律。[1] 首先,如果想要有效地减少社会的犯罪,威吓有犯罪意图的潜在犯罪者,就要使得实施犯罪的刑罚成本始终高于其犯罪收益。其次,刑罚成本由两部分组成,一是刑法规定的应然刑罚水平,即刑罚;二是犯罪在多大程度上得到追究,即受罚概率。[2] 具体就网络环境下的新型知识产权犯罪而言,正如法院所言,发现犯罪行为以及最终成功追究犯罪者刑事责任的整个过程,相较于其他类型的犯罪行为更为困难,因此这类版权犯罪行为的受罚概率较低,若要有效控制这类犯罪的发生率,就有必要提高刑罚的水平;同时,对于刑罚水平的合理认定也应当考虑到侵犯版权犯罪对于行业秩

---

① 参见周晓唯、冯薇:《公正量刑的法经济学分析》,《制度经济学研究》2009 年第 4 期。
② 参见李川:《刑法基本原则的经济学分析:以刑事威慑为例》,《求索》2008 年第 5 期。

序等公共利益的保护功能。因此从两方面而言，在此类刑罚中适用威慑性判决应当是合理且有必要的。

第四，法院在第五条中提出可以参照其他犯罪的"量刑指南"中影响量刑的相关因素，并在第七条中依据对其他犯罪的"量刑指南"的分析，指出在非法传播侵犯版权的物品的情况下，判决即时监禁可能是恰当的，除非该违法活动是非常业余的、轻微的或短暂的，或者存在特别强有力的减责事由或其他特殊情况。这对法院今后裁判版权侵权刑事案件具有一定的参考价值，因为这类犯罪与侵犯版权类犯罪都同时涉及对侵害财产权和相关公共利益的刑法规制，在量刑的标准和思路上应当具有较高的一致性，在针对版权侵权犯罪的"量刑指南"尚未出台前作为参照是较为合理的。

综上所述，本案认定通过网站提供能够链接至第三方网站并下载盗版音乐的种子文件，属于传播侵犯版权的复制品的犯罪行为，并指出在特殊的情况下，针对侵犯版权罪进行威慑性判决是合理且重要的，进而提出有关版权侵权犯罪的七条较为合理的量刑标准。本案整体认定较为准确，提出的量刑标准也具有合理性和可行性，能够指引司法实务合理对待版权侵权案件量刑问题上的诸多不确定因素。近年来，无论国内还是国外，版权侵权的刑事制裁问题都被提到了版权法改革的议事日程上。本案明晰了版权刑事保护的制度目标、实际功能及实施方式，对于我国的著作权刑事司法亦有重要的参考价值。

（作者：丛立先　刘乾）

策划编辑:李媛媛
责任编辑:李琳娜
装帧设计:周方亚
责任校对:陈艳华

图书在版编目(CIP)数据

版权前沿案例评析:2017—2018/王志 主编. —北京:人民出版社,2018.12
ISBN 978－7－01－018961－1

Ⅰ.①版… Ⅱ.①王… Ⅲ.①版权-案例-中国 Ⅳ.①D923.415

中国版本图书馆 CIP 数据核字(2018)第 285293 号

版权前沿案例评析(2017—2018)
BANQUAN QIANYAN ANLI PINGXI (2017—2018)

王志 主编 蔡玫 执行主编

人 民 出 版 社 出版发行
(100706 北京市东城区隆福寺街 99 号)

环球东方(北京)印务有限公司印刷 新华书店经销

2018 年 12 月第 1 版 2018 年 12 月北京第 1 次印刷
开本:710 毫米×1000 毫米 1/16 印张:19
字数:287 千字

ISBN 978－7－01－018961－1 定价:59.00 元

邮购地址 100706 北京市东城区隆福寺街 99 号
人民东方图书销售中心 电话 (010)65250042 65289539